Vorwort

Dieser Reiseführer gehört zur neuen Baedeker-Generation. In Zusammenarbeit mit der Allianz Versicherungs-AG erscheinen bei Baedeker durchgehend farbig illustrierte Reiseführer in handlichem Format. Die Gestaltung entspricht den Gewohnheiten modernen Reisens: Nützliche Hinweise werden in der Randspalte neben den Beschreibungen herausgestellt. Diese Anordnung gestattet eine einfache und rasche Handhabung. Der vorliegende Band hat La Palma zum Thema, die nordwestlichste der Kanarischen Inseln. Vorgestellt wird daneben die kleinere, vom Tourismus noch kaum vereinnahmte Nachbarinsel Hierro.

Der Reiseführer gliedert sich in drei Hauptteile: Im ersten Teil wird über die Insel La Palma im allgemeinen, Naturraum, Klima, Pflanzen und Tiere, Bevölkerung, Wirtschaft, Umweltschutz, Geschichte, altkanarische Bevölkerung, berühmte Persönlichkeiten, Kunst und Kultur berichtet. Eine kleine Sammlung von Literaturzitaten leitet über zum zweiten Teil, in dem zunächst zwei Vorschläge für Inselrundfahrten gemacht werden, um dann die Reiseziele im einzelnen zu beschreiben. Daran schließt ein drit-

Üppiges Grün: Landschaft bei Puntallana im regenreichen Nordosten der Insel

ter Teil mit reichhaltigen praktischen Informationen, die dem Benutzer das Zurechtfinden vor Ort wesentlich erleichtern. Sowohl die Reiseziele als auch die Informationen sind alphabetisch geordnet.

Baedeker Reiseführer zeichnen sich durch Konzentration auf das Wesentliche sowie Benutzerfreundlichkeit aus. Sie enthalten eine Vielzahl eigens entwickelter Pläne und zahlreiche farbige Abbildungen. Zu diesem Reiseführer gehört als integrierender Bestandteil eine ausführliche Inselkarte, auf der die im Text behandelten Reiseziele anhand der jeweils angegebenen Kartenkoordinaten leicht zu lokalisieren sind. Wir wünschen Ihnen mit dem Baedeker Allianz Reiseführer viel Freude und einen erlebnisreichen Aufenthalt auf der "Isla Bonita"!

Baedeker
Verlag Karl Baedeker

Inhalt

Natur, Kultur Geschichte
Seite 8 – 53

Zahlen und Fakten 10
Allgemeines 10 · Naturraum 12 · Klima 14 · Pflanzen und Tiere 16 · Bevölkerung 22 · Wirtschaft 25 · Umweltschutz 29

Geschichte 31

Reiseziele von A bis Z
Seite 54 – 129

Routenvorschläge 56

Barlovento 60
Breña Alta 62
Breña Baja 62
Cumbre Nueva · Cumbre Vieja 63
El Paso 65
Fuencaliente 70
Garafía 74
Hierro (El Hierro) 77
Los Cancajos 90
Los Llanos de Aridane 92
Los Sauces 95
Mazo (Villa de Mazo) 97
Parque Nacional de la Caldera de Taburiente 100
Puerto de Tazacorte 107
Puerto Naos 109
Puntagorda 110
Puntallana 112
San Andrés 114
Santa Cruz de la Palma 115
Tazacorte 127
Tijarafe 129

Praktische Informationen von A bis Z
Seite 130 – 174

Anreise 132 · Apotheken 132 · Ärztliche Hilfe 132 · Auskunft 133 · Autobusverkehr 134 · Autohilfe 135 · Camping 135 · Einkäufe, Souvenirs 136 · Elektrizität 137 · Essen und Trinken 137 · Fähren 140 · Feiertage 141 · Flugverkehr 141 · Freizeitparks 141 · Geld 142 · Hotels und Apartments 142 · Kleidung 147 · Konsulate 147 · Kraftstoff 148 ·

Register 175

Verzeichnis der Karten und graphischen Darstellungen 178

Bildnachweis 178

Impressum 179

Baedeker
Allianz  Reiseführer

La Palma
Hierro

VERLAG KARL BAEDEKER

Hinweise zur Benutzung

Sternchen (Asterisken) als typographische Mittel zur Hervorhebung bedeutender Bau- und Kunstwerke, Naturschönheiten und Aussichten, aber auch guter Unterkunfts- und Gaststätten hat Karl Baedeker im Jahre 1846 eingeführt; sie werden auch in diesem Reiseführer verwendet: Besonders Beachtenswertes ist durch * einen vorangestellten "Baedeker-Stern", einzigartige Sehenswürdigkeiten sind durch ** zwei Sternchen gekennzeichnet.

Zur raschen Lokalisierung der Reiseziele von A bis Z auf der beigegebenen Inselkarte sind die entsprechenden Koordinaten der Kartennetzmaschen jeweils neben der Überschrift in Rotdruck hervorgehoben: Santa Cruz de la Palma **C 2**.

Farbige Streifen an den rechten Seitenrändern erleichtern das Auffinden der Großkapitel des vorliegenden Reiseführers: Die Farbe Blau steht für die Einleitung (Natur, Kultur, Geschichte), die Farbe Rot für die Reiseziele, und die Farbe Gelb markiert die praktischen Informationen.

Wenn aus der Fülle von Unterkunfts-, Gast- und Einkaufsstätten nur eine wohlüberlegte Auswahl getroffen ist, so sei damit gegen andere Häuser kein Vorurteil erweckt.

Da die Angaben eines solchen Reiseführers in der heute so schnellebigen Zeit fast ständig Veränderungen unterworfen sind, kann der Verlag weder Gewähr für die absolute Richtigkeit leisten noch die Haftung oder Verantwortung für eventuelle inhaltliche Fehler übernehmen. Auch lehrt die Erfahrung, daß sich Irrtümer kaum gänzlich vermeiden lassen.

Baedeker ist ständig bemüht, die Qualität seiner Reiseführer noch zu steigern und ihren Inhalt weiter zu vervollkommnen. Hierbei können ganz besonders die Erfahrungen und Urteile aus dem Benutzerkreis als wertvolle Hilfe gar nicht hoch genug eingeschätzt werden. Vor allem **Ihre Kritik, Berichtigungen und Verbesserungsvorschläge sind uns stets willkommen**. Sie helfen damit, die nächste Auflage noch aktueller zu gestalten. Bitte schreiben Sie in jedem Falle an die

Baedeker-Redaktion
Karl Baedeker GmbH
Marco-Polo-Zentrum
Postfach 31 62
D-73751 Ostfildern
Tel. 0711/4502-262, Fax (07 11) 45 02-343
E-Mail: baedeker@mairs.de, www.baedeker.com

Der Verlag dankt Ihnen im voraus bestens für Ihre Mitteilungen. Jede Einsenderin und jeder Einsender nimmt an einer jeweils zum Jahresende unter Ausschluß des Rechtsweges stattfindenden Verlosung einer Städtekurzreise für zwei Personen nach London teil. Falls Sie gewonnen haben, werden Sie benachrichtigt. Ihre Zuschrift sollte also neben der Angabe des Buchtitels und der Auflage, auf welche Sie sich beziehen, auch Ihren Namen und Ihre Anschrift enthalten. Die Informationen werden selbstredend vertraulich behandelt und die persönlichen Daten nicht gespeichert.

◀ *S. 1: Die Kanarische Palme kann als Wahrzeichen der Insel gelten, wenngleich sich der Inselname nicht vom spanischen Begriff für Palme herleitet (vgl. S. 11).*

Altkanarische Bevölkerung 38

Berühmte Persönlichkeiten 43

Kunst und Kultur 47

La Palma in Zitaten 51

Kriminalität 148 · Literaturempfehlungen 148 · Märkte 149 · Mietwagen 150 · Museen 150 · Nachtleben 151 · Notrufe 151 · Öffnungszeiten 151 · Polizei 152 · Post 152 · Reisedokumente 152 · Reisezeit 153 · Restaurants 153 · Rundfunk, Fernsehen 158 · Sport 158 · Sprache 159 · Strände 165 · Taxi 168 · Telefon 168 · Trinkgeld 169 ·

Trinkwasser 169 · Veranstaltungskalender 169 · Verkehrsvorschriften 172 · Wandern 172 · Zeit 173 · Zeitschriften, Zeitungen 173 · Zollbestimmungen 174

Baedeker Specials

Eroberung mit Heimtücke 34/35
Puros – ein reiner Genuß 66/67
Vom Aussterben bedroht! 86/87

Blick ins Weltall 104/105
Die "Bajada" –
  alle fünf Jahre wieder 124/125

La Isla

... "die schöne Insel" oder auch "La Isla verde", "die grüne Insel", nennen sie die Einheimischen stolz. Aber nicht nur sie! Fast in jedem Zeitungsartikel und natürlich in jedem Reiseführer – also auch hier – wird die nordwestlichste Kanareninsel mit diesen blumigen Attributen geschmückt.

Ist La Palma noch die "schöne Insel", die vom Tourismus kaum vereinnahmte Insel, die ich Mitte der achtziger Jahre kennengelernt habe? Etwas skeptisch sehe ich der Landung auf La Palmas kleinem Flughafen, den mittlerweile auch viele ausländische Chartergesellschaften anfliegen, entgegen. Der Wettergott meint es nicht gut mit uns. Ein schlechtes Omen! Dicke Passatwolken stauen sich an den Berghängen im Osten der Insel. Der schon eingepackte Pulli wird erst einmal wieder hervorgeholt, denn es ist nicht nur bewölkt, sondern auch recht frisch auf der Isla bonita, bemerken wir nach der Landung. Doch egal, wir müssen nur noch unseren Mietwagen in Empfang nehmen – wer auf La Palma wandern möchte, wird kaum ohne Auto auskommen –, dann soll es gleich losgehen, in den Nordwesten der Insel. Bei Las Tricias haben wir ein kleines Ferienhaus vorgebucht.

Holz-
balkone:

*typisch für
kanarische
Architektur*

Die von Santa Cruz nach Westen führende Straße windet sich aufwärts. Urwaldähnliche Vegetation umfängt uns. Der Nebel ist so dicht, daß wir die Scheinwerfer anschalten müssen. Dann durchfahren wir den Cumbre-Tunnel. Wird es am Ende nicht heller? Auch diesmal hat es mit dem Wetterphänomen auf La Palma seine Ordnung. Die aus Nordosten heranziehenden Passatwolken stauen sich an den Berg-

Inselheiligtum

*das Santuario de Nuestra Señora
de las Nieves bewahrt die Statue
der Inselschutzheiligen.*

Märkte ...

*sind nicht nur zum
Einkaufen da!*

bonita

hängen der in Nord-Süd-Richtung verlaufenden Cumbre, fließen über den Gebirgskamm hinweg und lösen sich auf. Strahlender Sonnenschein empfängt uns auf der Westseite der Cumbre und taucht die malerische Berglandschaft in hübsches Licht. So habe ich La Palma in Erinnerung. Einige Häuschen mögen in El Paso und Los Llanos de Aridane hinzugekommen sein, konstatiere ich bei der Weiterfahrt, doch grundsätzlich scheint sich der Charakter der Insel nicht verändert zu haben. Nur Schilder wie "Deutscher Bäcker – 50 m", oder "Bioladen, nächste Kreuzung rechts" nehmen sich etwas befremdlich aus. Die letzten Häuser von Los Llanos bleiben zurück, in Kurven geht es durch die üppig grüne Landschaft bergauf zum Weiler Las Tricias. Hier scheint die Zeit stehengeblieben zu sein. Wir fragen im Ort nach der Lage unseres Feriendomizils. Man läßt es sich nicht nehmen, uns dorthin zu geleiten. Es ist eines der restaurierten Bauernhäuschen, die unter dem Schlagwort "Turismo Rural", also "ländlicher Tourismus", zu komfortablen Ferienunterkünften umgebaut wurden. Ganz einsam steht es in der Landschaft, daneben ein alter Drachenbaum, grüne Wiesen und Blumen ringsum, tief unten das blaue Meer – für mich hat sich die Frage schon am Ankunftstag entschieden: La Palma ist noch immer die "Isla bonita" auch wenn sie mittlerweile aus ihrem Dornröschenschlaf erwacht ist.

Drago:
den Urpalmeros war er heilig!

Sonne, Sand
und Meer – findet man bei Puerto Naos, im Westen der Insel.

Vulkanlandschaft
von karger Schönheit in der Cumbre Vieja

Natur, Kultur
Geschichte

Zahlen und Fakten

Allgemeines

Lage und Größe

La Palma ist die nordwestlichste der Kanarischen Inseln. Der Kanarische Archipel setzt sich aus sieben Inseln und sechs kleineren Eilanden zusammen. Er liegt vor der nordwestafrikanischen Küste im Atlantik, auf der Höhe des Kap Juby (Marokko), also Mittelsahara. Die östlichste Insel, Fuerteventura, ist nur ca. 100 km vom afrikanischen Festland entfernt. Der Archipel erstreckt sich über 500 km von Osten nach Westen und 200 km von Norden nach Süden.

Kanarische Inseln

Lage: von 27° 38' und 29° 35' nördlicher Breite und von 13° 20' bis 18° 14' westlicher Länge

Hauptinseln: Teneriffa, La Palma, La Gomera, El Hierro, Gran Canaria, Lanzarote, Fuerteventura

Fläche: 7541 km² (davon entfallen 706 km² auf La Palma)

Bevölkerung: 1,6 Mio. (auf La Palma leben ca. 90 000 Menschen)

Sprache: Spanisch

Vom Mutterland Spanien (Cádiz) ist La Palma rund 1100 km, von Deutschland über 3000 km und von der afrikanischen Küste 445 km entfernt. Die

◀ *An der Westküste zeigt sich La Palma meist von seiner sonnigen Seite. Entsprechend karger ist die Vegetation, einzelne Drachenbäume setzen Akzente im Landschaftsbild.*

Allgemeines

Entfernungen zu den anderen westlichen Kanareninseln betragen: La Gomera (55 km), El Hierro (65 km) und Teneriffa (85 km).
La Palma, in ihrem Umriß einem langgezogenen Dreieck ähnlich, ist mit 706 km² die drittkleinste Insel des Archipels. Die größte Ost-West-Erstreckung beträgt 28 km, die größte Nord-Süd-Erstreckung 45 km.

Lage und Größe (Fortsetzung)

Wie die Insel La Palma zu ihrem Namen kam, ist ungeklärt. La Palma – die Insel der Palmen? Das spanische Wort "palma" bedeutet aber auf deutsch "Palmenzweig" – Palme heißt "palmera". Der spanische Geschichtsschreiber José de Viera y Clavijo (1731 – 1813) vermutet, ohne hierfür, wie er selbst anmerkt, einen schlüssigen Beweis zu haben, daß Seeleute aus Mallorca als erste Siedler im 14. Jh. (1311) auf das kanarische Eiland gelangten und diesem zu Ehren der Hauptstadt ihrer Heimatinsel den Namen "La Palma" gaben. Ihren vollständigen Namen – "Isla de San Miguel de la Palma" – verdankt die Insel dem 29. September, dem Festtag des heiligen Michael (Miguel). An diesem Tag im Jahr 1492 ging Alonso Fernández de Lugo mit einem Expeditionskorps bei Tazacorte an Land, womit die Eroberung von La Palma ihren Anfang nahm.

Namensherkunft

Landschaft wie im Schwarzwald – und doch liegt La Palma auf demselben Breitengrad wie Florida (USA).

Die Kanarischen Inseln gliedern sich in zwei spanische Provinzen. La Palma gehört zusammen mit den westlichen Inseln Teneriffa (span. Tenerife), Gomera und Hierro zur Provinz Santa Cruz de Tenerife (Hauptstadt Santa Cruz). Die Provinz Las Palmas de Gran Canaria (Hauptstadt Las Palmas) umfaßt die im östlichen Teil des Archipels gelegenen Inseln Gran Canaria, Fuerteventura und Lanzarote, die Inselchen La Graciosa, Alegranza, Montaña Clara und Lobos sowie die Felsenriffe Roque del Oeste und Roque del Este. Zusammen bilden die beiden Provinzen seit 1982 die Autonome Region Kanarische Inseln (Comunidad Autónoma de Canarias), deren Selbstverwaltungsrechte mit denen der Bundesländer in Deutschland vergleichbar sind. Gewählt wird ein Parlament mit 60 Abgeordneten. Santa

Verwaltung

Naturraum

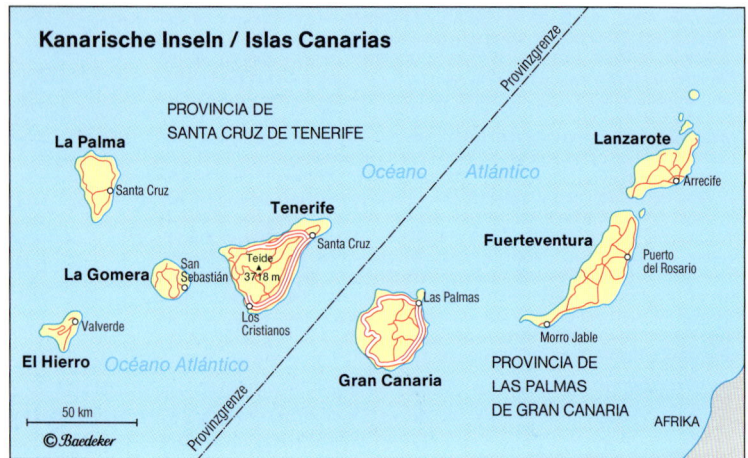

Verwaltung (Fortsetzung)

Cruz und Las Palmas wechseln sich alle vier Jahre als Hauptstadt der Autonomen Region ab. An der Spitze der beiden kanarischen Provinzen steht jeweils ein von Madrid ernannter Gouverneur mit Sitz in Santa Cruz bzw. Las Palmas. Eine gewisse Selbstverwaltung besitzt jede Insel im Cabildo Insular (Inselrat); diese Instanz ist u.a. zuständig für das Gesundheitswesen, den Straßenbau, die Wasserversorgung und den Bereich Kultur. Jede Insel ist in kleinere Verwaltungseinheiten (municipios) unterteilt. Auf La Palma gibt es 14 dieser Gemeindebezirke. Unterste örtliche Behörde ist das Ayuntamiento (Bürgermeisteramt).

Naturraum

Alter des Archipels

Geologisch betrachtet sind die Kanarischen Inseln recht jung, wobei das Alter der Inseln von Ost nach West stark abnimmt. Während die östlichen Inseln Lanzarote und Fuerteventura auf ein Alter von 16 – 20 Mio. Jahren geschätzt werden, und Gran Canaria vor rund 13 – 14 Mio. Jahren entstand, begannen sich die westlichen Eilande viel später über den Meeresspiegel anzuheben: Teneriffa und Gomera vermutlich vor 8 – 12 Mio. Jahren, Hierro und La Palma erst vor 2 – 3 Mio. Jahren.

Entstehung des Archipels

Über die erdgeschichtliche Entstehung des Archipels gibt es immer noch keine vollständig ausreichende Erklärung. Als wissenschaftlich unhaltbar gilt seit langem die Hypothese vom versunkenen Kontinent Atlantis, wie sie der griechische Philosoph Platon im Kritias-Dialog überlieferte und wonach die Kanaren die Überreste dieses Erdteils bilden, der sich angeblich von der westafrikanischen Küste bis nach Amerika erstreckt haben soll. Eindeutig widerlegt ist auch die frühere Annahme, nach welcher die Kanarischen Inseln, zumindest Lanzarote und Fuerteventura, einst Teile des afrikanischen Kontinents waren.
Erwiesen ist, daß alle Inseln vulkanischen Ursprungs sind. In den 1970er Jahren versuchte man ihre Entstehung – in Analogie zu den Hawaii-Inseln – mit dem Modell der "Hot Spots" zu erklären. Demnach habe sich an bestimmten, immer gleichen Stellen des Erdmantels im Laufe von Jahrmillionen Magma (durch Erdwärme aufgeschmolzenes Gestein) angesammelt und durch Eruptionen entleert. Bei einem derartigen Vorgang seien zunächst die Inseln Lanzarote und Fuerteventura entstanden. Durch die Kon-

Naturraum

tinentaldrift (mit einer in diesem Bereich geschätzten Wanderung der Kontinente von 2 bis 3 cm pro Jahr) habe sich die Position der Kanaren immer weiter nach Osten verlagert. Das Magmazentrum im Erdmantel sei erneut aufgefüllt worden, durch das wiederum nach oben drängende Magma hätten sich neue Vulkaninseln gebildet, als letzte La Palma und Hierro. Mittlerweile ist diese Theorie überholt. Im Gegensatz zu den Hawaii-Inseln sind die Kanaren nicht linear angeordnet. Zudem kam es beispielsweise auf Lanzarote noch in historischer Zeit zu Vulkanausbrüchen, während der letzte Ausbruch auf Gomera schon 1 Mio. Jahre zurückliegt.

Heute ist man sich in der Forschung weitgehend darüber einig, daß die Kanaren auf gehobenen Schollen des hier in rund 4000 m Tiefe liegenden Atlantikbodens lagern. Diese Schollenbruchstücke, die wie einzelne Keile unterschiedlich hoch gehoben wurden, entstanden, als der im Bereich des Archipels zwischen 150 – 180 Mio. Jahre alte Ozeanboden bei seiner Wanderung nach Osten vor der afrikanischen Küste durch tektonische Kräfte, die auch aus dem Zusammenstoß der afrikanischen mit der europäischen Platte resultierten, gestaucht und zerbrochen wurde. Auf diesen Schollen bauten sich dann ab dem mittleren Tertiär (vor ca. 30 – 40 Mio. Jahren) durch vulkanische Prozesse nach und nach die einzelnen Inseln auf, bis vor 16 – 20 Mio. Jahren die ersten obermeerischen Eruptivgesteine Lanzarote und Fuerteventura entstehen ließen. Unter den so gewachsenen kanarischen Gebirgsmassiven ist La Palma, die zweithöchste Insel des Archipels, ein wahrer Gigant: Ihre Gesamthöhe beträgt rund 6500 m. Allerdings befinden sich etwa 95% der Gesteinsmasse unter dem Meer; nur 5% der Inselbergmasse ragen über dem Meeresspiegel auf.

Entstehung des Archipels (Fortsetzung)

Bis in jüngste Zeit ereigneten sich auf den Kanaren immer wieder Vulkanausbrüche. Auf Lanzarote wurden dabei in den Jahren 1730 – 1736 und 1824 große Teile der Insel fast völlig verwüstet. Auf Teneriffa kam es 1798

Vulkanismus

La Palmas Süden war Schauplatz des letzten Vulkanausbruchs auf den Kanaren. Nur allmählich siedeln sich auf den Lavaflächen wieder Pflanzen an.

Klima

Naturraum (Fortsetzung)

und 1909 zu Eruptionen. Schauplatz der letzten Vulkanausbrüche war La Palma: 1949 verwüsteten die Ausbrüche dreier Vulkane größere Gebiete im Inselsüden. Den Ausbruch des Teneguía 1971 kündeten schon Wochen vorher grollende Erdstöße an. Bei mehreren Eruptionen wurden Lava, Asche und Gesteinsbrocken an die Erdoberfläche befördert. Die Lavamassen ergossen sich mit einer Geschwindigkeit von bis zu 120 m pro Minute Richtung Meer und richteten daher kaum Schäden an. Bis heute ist an der Inselsüdspitze unterhalb von Fuencaliente die Vulkantätigkeit immer noch nicht völlig abgeschlossen. Verschiedenenorts werden auf den vegetationslosen Kratern nur wenige Meter, manchmal nur Zentimeter unter der Erdoberfläche extrem heiße Bodentemperaturen verzeichnet.

Landesnatur

Das Zentrum der herzförmigen Insel bildet die Caldera de Taburiente mit dem höchsten Gipfel, dem Roque de los Muchachos (2426 m ü.d.M.), dem zweithöchsten Berg des Kanarischen Archipels. Damit weist die Insel im Vergleich zu ihrer Fläche die größten Höhen der Erde auf. Das Gebirge zieht sich ringförmig um die Insel, nach Süden setzt es sich in dem schmalen Kamm der Cumbre Nueva fort, die schließlich in die Cumbre Vieja mit ihren über 100 Vulkankegeln und Kratern übergeht. Mit diesem Gebirgsmassiv wird die Insel in zwei Hälften, in die West- und Ostseite, geteilt. Zu den Küsten hin fällt der Gebirgszug steil ab, nur wenige Buchten mit schwarzem Sand unterbrechen die schroffe Küstenlinie. Die Buchten liegen meist am Ausgang von Barrancos, tiefen Schluchten, die vom Zentrum der Insel zu den Küsten hin verlaufen. Sie wurden vor Jahrtausenden durch reißende Gebirgsbäche gebildet (vor allem im Nordteil und in der Caldera de Taburiente gibt es zahlreiche Quellen, allerdings mit einer Ausnahme heute keine perennierenden Wasserläufe). Vielleicht handelt es sich bei den Barrancos aber auch um eingerissene Narben bei der Auffaltung der Insel. Sicher ist auch diese Theorie nicht.

Klima

Allgemeines

Auf den Kanarischen Inseln herrscht ein warm-gemäßigtes Klima. Es ist milder und angenehmer, als man es in diesen Breiten erwarten würde, und zwar das ganze Jahr hindurch. Beeinflußt wird es vor allem durch den Passat, dann durch das Azorenhoch und eine kühle Meeresströmung aus dem Norden, den Kanarenstrom, der bei den Azoren vom Golfstrom abweicht. Im Sommer dämpft der Kanarenstrom durch seine relative Kühle (22 °C) die für diese Breiten üblichen Temperaturextreme um 2 – 3 °C, im Winter sorgt sein immerhin noch 18 °C warmes Wasser für angenehm milde Temperaturen.
Typisch für La Palma sind ständig wechselnde Witterungsbedingungen. Zum gleichen Zeitpunkt kann an einem Punkt der Insel die Sonne scheinen, an einem anderen Ort kann es regnen, wieder woanders neblig sein und im Winter sogar in den Hochlagen schneien.

Passat

Über La Palma bildet sich – ebenso wie auf den anderen westlichen Kanareninseln – meist in den frühen Vormittagsstunden in mittleren Höhenlagen eine Wolkenschicht, die sich gegen Abend wieder auflöst. Regen bringen die Wolken nur selten, allerdings Feuchtigkeit in Form von Nebel und Tau. Verursacht werden die Wolken fast das ganze Jahr über durch die aus nordöstlicher Richtung, meist mit Stärke 4 wehenden Passatwinde.
Im Gegensatz zu anderen Klimaeinflüssen kennzeichnet den Passatwind Beständigkeit. Die Passatzirkulation nimmt am Äquator, wo die Sonne die Erdoberfläche am stärksten erwärmt (Innertropische Konvergenz, kurz ITC), ihren Ausgang. Die warmen Luftmassen steigen nach oben. Dabei kühlen sie ab und fließen 12 – 15 km hoch über der Erde polwärts. Nach weiterer Abkühlung sinken sie etwa in einer Breite von 30 Grad wieder auf die Erdoberfläche hinab und strömen bodennah in Richtung Äquator. Wegen der Erddrehung wird die Strömung jedoch aus ihrer eigentlichen Rich-

Klima

Passat

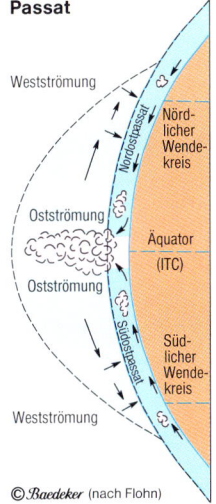

© Baedeker (nach Flohn)

tung abgelenkt. Auf der Nordhalbkugel entsteht eine Nordost-, auf der Südhalbkugel eine Südost-Strömung. Diese Strömungen bezeichnet man als Passate (von span. "pasar" = "vorbeigehen"). Dabei handelt es sich oberhalb von ca. 1500 m um warme trockene Winde, unterhalb dieser Grenze um etwas kühlere und feuchte. Solange die Schichtung von Ober- und Grundströmung, die Passatinversion, erhalten bleibt, kommt es kaum zu Wolkenbildungen. Trifft die Passatströmung jedoch auf einen genügend hohen Berg, so wird die Passatinversion gestört. Die kühlere feuchte Passatunterströmung staut sich an den von der Sonne beschienenen Berghängen, wird dadurch erwärmt und steigt nach oben. Dabei kühlt sie ab und kondensiert. Es bilden sich zwischen 600 und 1700 m Wolken (dementsprechend nachts keine Wolkenbildung!). Da die Passatwinde aus Nordosten wehen, bleiben die Inselsüd- bzw. -südwestseiten von diesem Vorgang ausgespart. Sie liegen lediglich im Einflußbereich warmer trockener Fallwinde.

Passat (Fortsetzung)

Man kann die Auswirkungen des Passats sehr eindrucksvoll bei einer Fahrt durch den Cumbre-Tunnel von Santa Cruz nach Los Llanos nachvollziehen. An vielen Tagen im Jahr stauen sich an den Berghängen im Osten der Insel die Wolken, dichter Nebel verhindert jegliche Sicht je höher man kommt. Nach Durchquerung des Tunnels scheint nicht selten die Sonne. Man kann beobachten, wie die über die Cumbre Nueva und Cumbre Vieja quellenden Wolken über den Bergkamm sinken und sich dann plötzlich auflösen, als Wolkenwasserfall wird dieses Naturschauspiel bezeichnet (vgl. Abb. S. 64).

Im Winter ist der Einfluß des Passats weniger ausgeprägt. Die Sonnenstrahlen treffen erheblich flacher auf die nördliche Erdhalbkugel (am 22. 12. steht die Sonne senkrecht über dem Südlichen Wendekreis). So verschiebt sich die Passatzone nach Süden und die Kanarischen Inseln können in den Einflußbereich Atlantischer Tiefausläufer geraten.

Atlantische Tiefausläufer

Vor allem an der Nordflanke sind die Niederschlagsmengen sehr hoch; hier fallen jährlich über 800 mm. An der Ostküste in Santa Cruz beträgt die jährliche Niederschlagsmenge 500 mm, an der Westküste bei Tazacorte 300 mm. Damit ist La Palma nicht nur hinsichtlich des Grundwassers, sondern auch im Hinblick auf die Niederschlagsmenge die wasserreichste Insel der Kanaren. Die Niederschläge sind im wesentlichen auf das Winterhalbjahr (November – Januar) beschränkt. Regen fällt hauptsächlich als Nieselregen oder kurzer Guß. Wolkenbrüche oder tagelang anhaltende Regenfälle bilden die Ausnahme. Gewitter gibt es sehr selten. Ab 1200 m Höhe kann es im Winter auch schneien.

Niederschläge

Die Temperaturschwankungen sind im Jahresverlauf außergewöhnlich gering. So liegen die Durchschnittstemperaturen in Santa Cruz de la Palma im Februar, dem kältesten Monat, zwischen 15 und 18 °C, während sie sich im August zwischen 22 und 24 °C bewegen. In den Gebirgsregionen besteht natürlich entsprechend der Höhenlage eine Wärmeabstufung. Je höher man steigt, um so kühler wird es. Pro 100 m Höhendifferenz sinkt die Temperatur um etwa ein Grad. In der Passatwolkenzone, deren Obergrenze bei 1500 – 1700 m liegt, liegen die Temperaturen zwischen 12 und 16 °C. Weiter oben ist es hingegen in der Regel sonnig und trocken. Hier kommt es in der kalten Jahreszeit zu Nachtfrost.

Temperaturen

Pflanzen und Tiere

Klima
(Fortsetzung)

Die Wassertemperaturen schwanken zwischen 18 °C im Winter und 23 °C im Sommer.

Hitzewellen

Mitunter beeinflussen im Juli und August drei- bis viertägige Hitzewellen aus der Sahara die Wetterlage, die feinen, rötlichen Wüstenstaub auf die Insel bringen. Auf La Palma heißt dieser Wind "calima" oder "tiempo del sur" (Südwind). Die Atmosphäre ist dann so dunstig bzw. von Sand verhangen, daß bei wolkenlosem Himmel die Sonne kaum mehr zu sehen ist.

Tageslänge

Wegen der Nähe zum Äquator schwankt auf den Kanaren die Tageslänge zwischen Sommer und Winter weniger stark als in Mitteleuropa. Der längste Tag im Sommer dauert etwa 14 Stunden, der kürzeste im Winter immer noch elf Stunden. Die Zeit der Dämmerung ist sehr kurz.

Pflanzen und Tiere

Flora

Allgemeines

Die Flora auf La Palma ist ebenso wie auf den anderen westlichen Kanareninseln in zweierlei Hinsicht einzigartig. Einerseits kommen in einem relativ begrenzten Gebiet Pflanzen vor, die fast allen Vegetationszonen der Erde angehören, andererseits ist der hohe Prozentsatz endemischer Arten (nur hier vorkommender Pflanzen) auffallend. Der kanarische Botaniker Arnoldo Santos spricht in seinem Standardwerk "Vegetación y Flora de La Palma" (1983) von 774 verschiedenen wildwachsenden Pflanzenarten auf La Palma. 70 Arten davon sind endemisch, kommen also nur auf La Palma vor (Lokalendemiten). Die Insel hat 104 Arten mit den anderen kanarischen Eilanden gemeinsam (Kanarenendemiten), 45 Arten mit Madeira, den Azoren etc. (Makaronesienendemiten), 90 Arten, die nachweislich eingeführt wurden und 465 Arten, die auch außerhalb der Kanaren sehr verbreitet sind. Die meisten davon trifft man im Mittelmeerbereich an.
Man fand im Mittelmeerraum, im Alpengebiet und in Südrußland zahlreiche Fossilien (Früchte und Blätter), die beweisen, daß Pflanzen, die heute nur auf den Kanaren wachsen, einst auch in diesen Gegenden verbreitet waren. Die Klimakatastrophen des ausgehenden Tertiärs (Beginn der Eiszeit, Austrocknung der Sahara) verdrängten die subtropische Flora aus ihrem bisherigen Lebensraum. Die isolierte Lage der Kanarischen Inseln und das milde Klima ließen sie hier jedoch überleben. Zudem ermöglichten die beträchtlichen Höhenunterschiede der Inseln den Pflanzen, sich durch Höhenmigration den wechselnden klimatischen Bedingungen anzupassen.

Vegetationszonen

Entscheidend für das Vorkommen verschiedener Vegetationszonen auf den Kanaren sind sowohl die Höhenstufung als auch der Einfluß des Passats, der die für die grüne Pflanzenwelt notwendige Feuchtigkeit bringt.

Küstenzone

In der trockenen warmen Küstenzone trifft man vor allem auf Dickblattgewächse. Diese Sukkulenten speichern in ihren dickfleischigen Stengeln oder Blättern, die von einer undurchlässigen Außenhaut umspannt sind, Wasser und sorgen dadurch für Dürrezeiten vor; Blattrosetten vermindern die Verdunstung. Sie sind immergrün und können viele Jahre alt werden. Im Süden der Insel kann man sie bis in Höhen von 1000 m hinauf antreffen. Der bekannteste Vertreter dieser Art ist die Kandelaberwolfsmilch (Euphorbia canariensis), ein Kanarenendemit. Auf den Kanaren bezeichnet man sie als "cardón". Sie wächst bevorzugt an trockenen Berghängen und Felsen. Auf den ersten Blick wie ein Kaktus aussehend, unterscheidet sie sich von diesem u.a. durch den giftigen milchigen Saft in Pflanzenarmen, Wurzeln und Früchten und durch die unscheinbaren Blüten. Die Kandelaberwolfs-

Barranco im Nordosten der Insel. Da Ackerbau in den tiefen Schluchten ▶
nicht möglich ist, trifft man hier auf eine noch ursprüngliche Vegetation.

Pflanzen und Tiere

Sieht aus wie ein Kaktus, ist aber keiner: Kandelaberwolfsmilch

milch wächst langsam. Die riesigen Exemplare, die man mancherorts sieht, dürften einige hundert Jahre alt sein. Ebenfalls ein Wolfsmilchgewächs ist die Süße Taibaba (Taibaba dulce). Sie wächst selbst auf dem unwirtlichsten Lavafeld und kann bis zu 1,5 m hoch werden. Zu anderen Dickblattendemiten zählt die Hauswurz (Aeonium canariensis). Ihre fleischigen Blätter sind rosettenartig angeordnet und bringen pyramidenförmige Blütenstände hervor. Auf Häuserdächern und Mauern gedeiht vielerorts ein naher Verwandter, die Dachhauswurz (Aeonium urbicum).

In Höhen bis zu 200 m sieht man kaum Bäume. Eine Ausnahme bildet die Kanarische Dattelpalme (Phoenix canariensis), die sich von den Kanarischen Inseln über den gesamten Mittelmeerraum verbreitet hat. Eng verwandt ist sie mit der nordafrikanisch-arabischen Dattelpalme (Phoenix dactylifera), ihr Stamm ist jedoch gedrungener und sie trägt eine dekorativere und vollere Krone mit größeren üppigeren Wedeln. Die kleinen Früchte dieser Palmenart sind holzig und nicht wohlschmeckend.

Erst in Höhen von über 200 m Höhe trifft man auf den Drachenbaum (Dracaena draco), die auffallendste und charakteristischste Pflanze der Kanarischen Inseln, die auf den anderen Kanaren fast nur noch in Parks und Gärten anzutreffen ist. Der Drachenbaum gehört zur Gattung der Liliengewächse und ist mit seinem hohen Stamm und der gabelig verzweigten Krone ein naher Verwandter der Yukka-Arten. Drachenbäume wachsen verhältnismäßig schnell: Sie können in 50 Jahren 4 – 5 m hoch werden. Einige alte Exemplare erreichen eine Höhe von bis zu 20 m. Die Zweigenden des Drachenbaumes sind jeweils durch ein Büschel langer schwertförmiger, dunkelgrüner Blätter abgeschlossen. Da der Drachenbaum bis zu seiner ersten Blüte (etwa nach zehn Jahren) unverzweigt wächst, haben die jungen Bäume mit den alten kaum Ähnlichkeit. Drachenbäume besitzen keine Jahresringe. Man kann das Alter nur nach der Anzahl der Verästelungen bestimmen, die allerdings in unregelmäßigen Zeitabständen erfolgen. Für die Urbewohner der Kanarischen Inseln hatte der Drachenbaum eine besondere Bedeutung. Sie verwendeten das aus dem Stamm quellende und sich an der Luft rot färbende Harz, das "Drachenblut", als Bestandteil ihrer Heilsalben.

In Höhen zwischen 200 und 600 m findet man ferner Wacholdergewächse, wie den Phönizischen Wacholder (Juniperus phoenicea), der früher auf La Palma ausgedehnte Buschwälder bildete.

Lorbeerwald

Unter Passateinfluß kann in Höhen ab 500 m Lorbeerwald gedeihen. Ursprünglich bedeckte den gesamten Nordosten der Insel ein Lorbeerwaldgürtel. Rodungen und Brände zerstörten diese "Urwälder". Nur in einzelnen Barrancos konnten sich Waldbestände erhalten. Größtes zusammenhängendes Lorbeerwaldareal ist das von Los Tilos. Es wurde zum Biosphärenreservat erklärt. Hier wachsen verschiedene Lorbeerbaumarten, die sich im Hinblick auf Blätter und Borke unterscheiden. Zu den verbreitetsten Arten gehört der Kanarische Lorbeer (Laurus canariensis). Seine dunkelgrünen, matt glänzenden Blätter, die als Gewürz verwendet werden können, sind spitz und elliptisch. Lorbeerbäume sind meist 8 – 10 m hoch, erreichen aber Höhen bis zu 30 m. Die Baumstämme sind mit Moosen und Flechten bewachsen, der Unterwuchs besteht aus Büschen, Sträuchern, Pilzen, Kräutern und vor allem Farnen.

Pflanzen und Tiere

Auf keiner anderen Kanareninsel gibt es so viele wild wachsende Drachenbäume wie auf La Palma.

Die Fayal-Brezal-Formation (Faya = Gagelstrauch; Brezo = Baumheide) bildet den Übergang zwischen Lorbeerwald und Kiefernwald. Bis zu 15 m hoch wird die Baumheide, in höheren Lagen, oberhalb von 1100 m Höhe, ist sie jedoch nur als Strauch oder Zwergstrauch ausgebildet. Der Gagelbaum, ebenso wetterresistent wie die Baumheide, kann bis zu 20 m hoch werden. Zusammen mit der Lorbeerwaldregion wird die Fayal-Brezal-Formation auch als "Monte Verde" bezeichnet.

Fayal-Brezal-Formation

In der Nordhälfte La Palmas beginnt ab ca. 1500 m die Kiefernwaldzone, in der Südhälfte wächst die Kanarische Kiefer bereits ab 1000 m. Sowohl im Norden als auch im Süden endet diese Zone bei 2000 m. La Palmas Landschaftsbild wird entscheidend durch lichte Kiefernwälder geprägt. Der Kiefernwald besteht (von Aufforstungen abgesehen) fast ausschließlich aus einer einzelnen Baumart, der bis zu 30 m hohen Kanarischen Kiefer (Pinus canariensis). Ihre langen, biegsamen Nadeln sind immer zu dritt gebüschelt. Das harte rötliche Kernholz dieser Kiefernart (span. = tea) wurde und wird für Holzdecken und Balkone viel verwendet. Die in der Passatzone wachsenden Kiefern sind in der Lage, aus den Wolken das Wasser zu kondensieren. Es tropft an ihren langen Nadeln als Niederschlag ab. Das auf diese Weise gefilterte Wasser reicht nicht nur für den eigenen Verbrauch des Baumes, sondern trägt entscheidend zur Wasserversorgung der Insel bei. In früheren Jahrhunderten wurde die Kanarische Kiefer stark abgeholzt. Ihr Holz benötigte man zum Schiffsbau, beim Hausbau, zur Herstellung von Weinfässern und als Brennholz in den Zuckerraffinerien. Dank eines Aufforstungsprogramms ist heute wieder ein Drittel der Inseloberfläche La Palmas mit ausgedehnten Kiefernwäldern bedeckt.

Kiefernwald

Immer wieder kommt es in den Kiefernwäldern zu Bränden. Doch die Bäume sind feuerresistent: Nur die äußere Schicht der korkähnlichen Borke leidet unter dem Feuer, der Stamm bleibt unbeschadet. Von solchen Bränden erholt sich die Kiefer immer außerordentlich schnell. Nur sehr alte oder

Pflanzen und Tiere

Kiefernwald (Fortsetzung) — junge Bäume sterben völlig ab. Diese Wiederbegrünungsfähigkeit hat allerdings nur die Kanarische Kiefer – nicht zuletzt deshalb sind Aufforstungsprogramme mit anderen, schneller wachsenden Kiefernarten äußerst problematisch.

Hochgebirge — Ab 2000 m Höhe hat die Pflanzenwelt mit extremen Widrigkeiten zu kämpfen: außerordentlich große Temperaturunterschiede und sehr geringe Niederschläge. Nur wenige Arten können daher in den Hochlagen der Caldera de Taburiente überleben. Dazu zählen Retama (= Teide-Ginster) und Codeso (niedriger Strauch mit gelben Blüten).

Eingeführte Kulturpflanzen — Trotz der endemitenreichen Vegetation findet man in den unteren Lagen La Palmas mehr eingeschleppte als natürlicherweise hier vorkommende Pflanzen. Überall dort, wo Landwirtschaft möglich ist, bestimmen Bananen, Obstbäume, Gemüsepflanzen und Weinreben das Landschaftsbild.

Banane — Mit Abstand wichtigste Kulturpflanze ist die Banane. Die kleine wetterunempfindliche Art "Musa cavendisii" wurde 1896 auf La Palma eingeführt. Der "Stamm" dieses mit der papageienhaft aussehenden Strelitzie verwandten, 3 – 5 m hohen Staudengewächses besteht aus fest gewickelten langen, steifen und saftigen Blattscheiden. An seinem Ende trägt dieser Schaft lange, fasrige Blätter. Nach einer Entwicklungszeit von etwa einem Jahr sprießt aus dem "Scheinstamm", wie die Botaniker sagen, der große kolbenähnliche Blütenstand mit rotvioletten Hüllblättern. Dann dauert es, je nach Sonneneinstrahlung und Anbauhöhe, noch einmal vier bis sechs Monate, bis die Bananen geerntet werden können. Eine solche Staude wiegt zwischen 25 und 50 kg und trägt zwischen 150 und 300 Bananen. Doch jede Bananenpflanze bringt nur einmal eine Fruchtstaude hervor, dann stirbt sie ab. Allerdings hat sie im Wurzelstock schon längst "Söhne" hervorgebracht, von denen die stärkste Sprosse erhalten bleibt und nach rund einem Jahr selbst eine armlange Knospe tragen wird. Bananen können übrigens das ganze Jahr über geerntet werden, da jede Pflanze ihren eigenen Rhythmus hat. Kurios bei der Bananenstaude ist der Aufbau des Blütenstandes: In den unteren Reihen befinden sich weibliche Blüten, in den oberen Reihen männliche. Die Banane wird gern mit Sexualität in Verbindung gebracht, doch sie selbst ist total asexuell. An einer Staude gibt es nur Jungfrauen und Jungfrau-Geburten. Denn ausschließlich die weiblichen Blüten bringen die vitaminreichen und wohlschmeckenden "krummen Dinger" hervor – und zwar ohne jegliche Befruchtung.
Die gekrümmte Form der Banane hat folgende Ursache: Durch den immer schwerer werdenden Fruchtstand senkt sich der Blütenstengel nach unten; die Blüten jedoch, hinter denen die Frucht heranwächst, streben nach oben, dem Sonnenlicht zu, und ziehen nach und nach die reifende Banane hinter sich her, veranlassen sie also, sich nach oben zu krümmen.

Feigenkaktus (Opuntie) — Weite Teile La Palmas sind mit Opuntien bedeckt. Der Feigenkaktus bzw. Opuntie (Opuntia ficus indica), ein typischer Vertreter der Sukkulentenformation, wurde im 16. Jh. auf den Kanaren eingeführt. Bis in mittlere Höhen hinauf bedeckt der äußerst anspruchslose und trockenresistente Kaktus vielfach die Hänge der Insel. Seine Früchte sind eßbar und werden zum Verkauf angeboten. Auf den Feigenkakteen wurde früher die Cochenille-Schildlaus gezüchtet, aus der ein roter Farbstoff gewonnen wird.

Zierpflanzen — Neben dem Feigenkaktus und einigen Agavenarten brachten die spanischen Eroberer etliche üppig blühende Zierpflanzen auf die Inseln. In den Parkanlagen und Gärten sieht man heute überall Oleander, Hibiskus und natürlich Bougainvillea. Auch der Afrikanische Tulpenbaum mit seinen feuerroten Blütenkelchen ist ein wahrer Blickfang. In den Wintermonaten setzen die roten Weihnachtssterne Farbakzente. Die dichten Büsche werden 3 – 4 m hoch. Besonders exotisch wirken die Papageienblumen oder Strelitzien (Strelitzia reginae) mit ihren eigenartigen Blütenständen. Die zur Gattung der Bananengewächse gehörende Blume verdankt ihren Namen

Pflanzen und Tiere

Charlotte Sophia von Mecklenburg-Strelitz (1744 – 1818), einer deutschen Prinzessin, die mit dem englischen König Georg III. verheiratet war.

Zierpflanzen (Fortsetzung)

Fauna

Bedeutend artenärmer als die Pflanzenwelt ist die Fauna, im Vergleich mit der Tierwelt der anderen Westkanaren (Teneriffa, Gomera, Hierro) ist die von La Palma sogar besonders artenarm, hat allerdings auch einen relativ hohen Anteil an endemischen Arten.

Allgemeines

Außer einer nur auf Madeira und den Westkanaren vorkommenden Fledermausart, gab es auf La Palma keine wildlebenden Säugetiere. Wildkaninchen, Ratten und Mäuse, die mancherorts eine wahre Plage darstellen, kamen erst mit dem Menschen auf das Eiland. Kaninchen wurden von den Europäern einst zu Jagdzwecken eingeführt und sind auch heute noch ein beliebtes Jagdobjekt von Freizeitjägern. In abgelegenen Bergregionen sieht man heute mitunter Mufflons. Der Mufflon, ein aus Sardinien und Korsika stammendes Wildschaf, wurde 1954, nach der Übernahme der Caldera de Taburiente als Nationalpark, durch die zentrale Forstverwaltung eingeführt. Kaninchen und Mufflon schädigen die natürliche Vegetation der Insel sehr: Da sie jeden Jungtrieb abfressen, lassen sie u.a. keinen Wald aufkommen.

Säugetiere

Beruhigend ist die Tatsache, daß es weder Skorpione noch giftige Schlangen auf den Kanarischen Inseln gibt. Stark vertreten hingegen sind kleine, harmlose Echsen. Überall sieht man die der mitteleuropäischen Zauneidechse ähnelnde Palma-Eidechse. Die Weibchen sind braun-grau gestreift, die Männchen dunkelgrau bis schwarz mit blauem Hals, weshalb sie auch "barba azul" (Blaubart) genannt werden. Zuweilen bekommt man auch die bis zu 20 cm lange Walzenechse zu Gesicht, wie sie in der Sonne Wärme auftankt. Nachtaktiv sind die Geckos, die auch gern menschliche Behausungen aufsuchen und im Scheinwerferlicht einer Lampe Motten und Falter jagen. Mit ihren saugnapfähnlichen Haftzehen können sie sich auch an glatten Wänden und Zimmerdecken äußerst schnell fortbewegen.

Reptilien

Im Gegensatz zu den Säugetieren und Reptilien ist die Vogelwelt zahlreich vertreten. Auf der Insel leben etwa 40 Brutvogelarten, darüber hinaus beherbergt das Eiland viele Zugvögel und Wintergäste. Einige Vogelarten, wie Blaumeise und Buchfink, haben sogar inselspezifische Unterarten gebildet, also Lokalrassen, die nur hier anzutreffen sind, wie die Palma-Blaumeise und der Palma-Buchfink. Auch die "Graja", eine Unterart der Alpenkrähe mit glänzend schwarzem Gefieder und leuchtend rotem Schnabel, ist eine endemische Art: Sie kommt ausschließlich auf La Palma vor und wird vorwiegend in den Barrancos und deren Nachbarschaft gesichtet. Die Einheimischen, die diese Krähen auch als Haustiere halten, gaben den Vögeln, denen man, ähnlich den Papageien, das Sprechen beibringen kann, den lautmalerischen Namen "la graja" (Aussprache: la gracha). Mitunter kann man den flötenden Gesang des Capirote, der "Kanarischen Nachtigall", hören, einer kanarischen Rasse der Mönchsgrasmücke, die vor allem im Barranco del Agua (Gemeinde Los Sauces) vorkommt und dem wilden Kanarienvogel Konkurrenz im Gesang macht. Vergeblich wird man in der freien Natur nach dem gelblichen, hübsch trillernden Kanarienvogel Ausschau halten. Die Wildform, eine dem mitteleuropäischen grünen Girlitz verwandte Finkenart, aus dem dann in Europa der stimmgewaltige Kanarienvogel mit dem farbenprächtigen Federkleid gezüchtet wurde, ist recht unscheinbar und kann auch nicht so schön trällern. Ferner findet man noch Amseln, Blaumeisen, Buchfinken, Spechte und Tauben in verschiedenen Arten vor. Von den Greifvögeln sieht man am häufigsten den Turmfalken, wie er über Barrancos und Feldern seine Runden zieht. Weitere Raubvögel sind der Mäusebussard, der größte Greifvogel auf der Insel, der Sperber, der seltenste Raubvogel, aber auch die Nachtjäger Waldohreule

Vögel

Bevölkerung

Pflanzen und Tiere (Fortsetzung)

und Schleiereule. Der früher hier lebende Fischadler hingegen wird in der jüngsten vogelkundlichen Bestandsaufnahme von Brutvögeln nicht mehr für La Palma verzeichnet. Von den Seevögeln sind am meisten verbreitet die Silbermöwe, die Seeschwalbe, der Gelbschnabelsturmtaucher sowie einige Wattvögel wie Steinwälzer und Strandläufer.

Insekten

Extrem viele endemische Arten hat die Insektenwelt ausgebildet. Die Insekten machen 85% der Tierwelt von La Palma aus. Liebhaber von Schmetterlingen, die hier das ganze Jahr über fliegen, kommen auf ihre Kosten. Auffallend sind der Kanarische Admiral, der mit dunklen Flecken gezeichnete Große Kohlweißling sowie der Zitronenfalter, der orangerote Vorderflügel hat. Die größte auf den Kanaren vorkommende Art ist der aus Südamerika stammende Monarchfalter, dessen Flügel eine Spannweite von fast 10 cm erreichen und der vor über 100 Jahren auf den Kanaren eingebürgert wurde. Er ist meist in windgeschützten Tälern anzutreffen. Unter den zahlreichen Käfern ist besonders der bis zu 4 cm lange, pechschwarze und absolut harmlose Nashornkäfer zu nennen, der vorwiegend im Küstenbereich lebt. Gefürchtet bei den Insulanern sind die afrikanischen Wanderheuschrecken, die mit dem Saharawind zuweilen bis zu den westlichsten Kanareninseln gelangen und in der Landwirtschaft große Schäden anrichten. Die letzte größere Wanderheuschreckenplage ereignete sich in den fünfziger Jahren des 20. Jh.s.

Meeresfauna

Knapp 400 Arten von Fischen und Meerestieren umfaßt die Meeresfauna. Salm, Sardine, Makrele, Seehecht, Papageienfisch, Muräne, Barsch, Rochen und Sprotten, allein sechs verschiedene Thunfischarten sowie Langusten, Krabben und Garnelen gehören zu den hier vorkommenden Arten. Rings um die Inseln werden Meeräschen geangelt, und so steht auf vielen Speisekarten "Vieja", eine nur in dieser Meeresregion vorkommende Meeräschenart. Felsige Küstenzonen sind das bevorzugte Revier des Conger, eines aalähnlichen Fisches. Fünfzehn Haiarten gibt es in kanarischen Gewässern, vor allem Blau- und Hammerhaie. Doch gefährliche Haifische wurden in Küstennähe noch nicht gesehen. Dagegen begleiten mitunter ganze Delphinschwärme die Fährschiffe, und fast 20 Walarten, vor allem Grindwale, wurden in kanarischen Gewässern gesichtet. Eine Gefahr bildet lediglich die Blasenqualle, eine Medusenart, die auch als "Portugiesische Galeere" bekannt ist. Mit ihren nesselartigen Tentakeln kann sie Verbrennungen und vorübergehende Lähmungserscheinungen hervorrufen. Insbesondere im Frühjahr taucht die Feuerqualle oft in Strandnähe auf.
Überfischung und Dynamitfischen haben die Fischbestände in kanarischen Gewässern zurückgehen lassen. Dieser Entwicklung soll durch "Meeresreservate" Einhalt geboten werden. Für die Zukunft ist geplant, eine derzeit noch nicht genau abgegrenzte Meeresregion bei La Palma zum Schutzgebiet zu erklären, in dem nicht gefischt werden darf.

Haustiere

Unter den Haus- und Nutztieren findet man auf La Palma Katzen, Hunde, Ziegen, Schweine, Rinder, Maultiere, Schafe und Esel, jedoch kaum Pferde. Teilweise durchstreifen Rudel verwilderter Hunde die Insel, die eine Belästigung darstellen können.

Bevölkerung

Statistik

Auf La Palma leben knapp 90 000 Menschen. Das sind ca. 5,6% der Gesamtbevölkerung des Kanarischen Archipels (1,6 Mio. Einwohner). Seit der Jahrhundertwende hat sich die Bevölkerungszahl von damals ca. 42 000 mehr als verdoppelt. Mit nur 124 Einw./km^2 (kanarischer Durchschnitt: 215 Einw./km^2; auf Gran Canaria sind es 444 Einw./km^2 – zum Vergleich: Deutschland 228 Einw./km^2) ist die Insel aber eher dünn besiedelt. Nur noch Gomera (44 Einw./km^2) und Hierro (31 Einw./km^2) weisen eine geringere Bevölkerungsdichte auf.

Bevölkerung

Die Siedlungsschwerpunkte sind die klimatisch begünstigten Küstenregionen, im Osten das Gebiet um den Hauptort Santa Cruz (hier lebt ein Drittel der Inselbevölkerung) sowie im Westen die Region von Los Llanos de Aridane und El Paso (hier konzentrieren sich 40% aller Inseleinwohner). Im Nordteil der Insel finden sich wenige kleine Ortschaften. Die Berglandschaft im Inselinneren ist praktisch unbesiedelt.

Siedlungsschwerpunkte

Jeder Palmero sei ein potentieller Emigrant, heißt es auf der Insel. Tatsächlich erlebte La Palma in der Vergangenheit immer wieder große Auswanderungswellen. Auch nach dem Zweiten Weltkrieg, als sich die Wirtschaft der Insel in einem desolaten Zustand befand, suchten viele Palmeros ihr Glück vor allem in Mittel- und Südamerika. Auf dem amerikanischen Kontinent sollen derweil mehr Palmeros leben als auf La Palma selbst. Allein in Venezuela sind es laut Statistik rund 40 000 Palmeros. Hinzu kommen weitere "klassische" Auswandererländer wie Kanada, die USA, aber auch mittel- und westeuropäische Länder. In den letzten drei Jahrzehnten kam es in nennenswertem Umfang jedoch nicht mehr zu einer Abwanderung ins Ausland.

Emigration und Landflucht

Wichtiger Programmpunkt des Tages: Man trifft sich auf der Plaza von Los Llanos de Aridane.

Zugenommen hat jedoch auf La Palma die Landflucht. Viele Bauern aus nicht bewässerungsfähigen und daher wirtschaftlich unrentablen Regionen verließen ihren angestammten Ort und suchten Arbeit in den Bananenanbaugebieten oder im Tourismusgeschäft und Baugewerbe auch auf den benachbarten Kanareninseln. Der Norden und der Süden der Insel entvölkerten sich streckenweise stark zugunsten der wirtschaftlich aufstrebenden Küstenregionen Santa Cruz und Los Llanos de Aridane. So sind z.B. in der Nordzone, in den Gemeinden Garafía und Barlovento, die meisten Einzelgehöfte verlassen. In der Gemeinde von Los Llanos de Aridane, einem Bananenanbaugebiet, verdoppelte sich in den Jahren 1950 – 1970 durch Immigranten aus dem Nordwesten der Insel hingegen die Einwohnerzahl.

Bevölkerung

Überalterung

Auswanderungswellen, aber auch der Geburtenrückgang haben zu einer Überalterung der Bewohner von La Palma geführt: Nahezu 30% der Palmeros sind heute über 55 Jahre alt.

Ausländeranteil

Vor allem in den 1980er Jahren kauften viele Ausländer auf der Insel günstigen Grund und Boden auf, insbesondere Deutsche, aber auch Niederländer, Engländer und Schweizer, die sich auf der Insel entweder dauerhaft niederließen oder hier einen Zweitwohnsitz einrichteten. Der Ausländeranteil auf La Palma liegt bei rund 5% der Gesamtbevölkerung, also 4000 Menschen (davon sind rund 2000 deutscher Herkunft).

Auf Straßenmauern und an Hauswänden finden sich mitunter Aufschriften wie "Fuera Alemanes" ("Deutsche raus"). Derartige Parolen beziehen sich weniger auf Urlaubsgäste als auf Einwanderer und Aussteiger. Nach Meinung der Palmeros haben sie sich am aufstrebenden Tourismusboom "illegal" bereichert. Die Ausländer hatten – meist kostengünstig – Grund und Boden auf der Insel erworben, ihre Behausungen, aber auch eigene Autos ohne administrative Genehmigung Touristen zur Verfügung gestellt und daran kräftig verdient. Immerhin gehören heute fünf von acht Immobilienbüros im Aridane-Tal Deutschen, auch etliche der beliebtesten Restaurants stehen unter deutscher Leitung. Deutsche Ärzte, deutsche Bäcker und Metzger haben sich auf der Insel niedergelassen. Nach inoffiziellen Schätzungen landen 30% des auf der Insel von Touristen ausgegebenen Geldes in der Hand von Deutschen. Daß dies bei der einheimischen Bevölkerung Unmut hervorruft, ist verständlich. Man fürchtet den "Ausverkauf" der Insel.

Soziale Probleme

Nach dem Ende der Franco-Diktatur wurden die sozialen Probleme auf dem Kanarischen Archipel augenfällig. Schätzungen ergaben, daß die Analphabetenrate in einzelnen Dörfern bis zu 50% betrug. Durchschnittlich geht man heute von 8 bis 12% aus, damit ist sie jedoch noch immer höher als in vielen anderen Regionen Spaniens. Von der hohen Arbeitslosenquote (Kanaren: rund 25% – spanisches Festland: 21%) ist La Palma glücklicherweise kaum betroffen: Hier liegt die Arbeitslosenquote (nach offiziellen Angaben) unter 5%.

Probleme bereitet auf La Palma – ebenso wie in anderen stark vom Tourismus betroffenen Regionen – das Aufeinandertreffen von traditionellen Normen und dem augenscheinlich sorgenfreien und vom Wohlstand geprägten Leben der Touristen. Die Ansprüche der einheimischen Bevölkerung steigen und führen, sofern sie sich nicht befriedigen lassen, zu Unzufriedenheit mit allen ihren Auswirkungen, vom steigenden Alkoholkonsum bis hin zu kriminellen Delikten. Der Prozentsatz der in Armut lebenden Menschen liegt auf den Kanaren bei 33% (in den Ländern der Europäischen Union beträgt er durchschnittlich 14%). Als arm gilt in Spanien, wer monatlich mit weniger als 250 Euro auskommen muß. Auf La Palma wird, wie in Spanien seit den 1980er Jahren üblich, heute vieles auf Kredit gekauft, was dazu führt, daß etliche, vor allem junge Haushalte völlig überschuldet sind. Die Kriminalität auf La Palma ist jedoch sehr gering und beschränkt sich auf Diebstähle, die vornehmlich auf das Konto der lokalen Drogenszene gehen, die damit die Sucht finanziert. In Santa Cruz de la Palma gibt es an der Küstenstraße schon seit Jahren einen Drogentreff.

Religion

Wie alle Kanarier gehören die Palmeros zum überwiegenden Teil der römisch-katholischen Konfession an. Zwar sind die meisten von ihnen gläubig, doch praktizierende Katholiken bilden eher die Minderheit (in einer 1995 auf allen Kanareninseln durchgeführten Umfrage erklärten 41% praktizierende Katholiken zu sein).

Sprache

Wie im übrigen Spanien gilt auf den Kanarischen Inseln das Kastilische (Castellano) als Amts- und Geschäftssprache; auch in der Umgangssprache sprechen die Kanarier meist ein reines Kastilisch, häufig werden jedoch – südamerikanischen Idiomen folgend – die S-Laute verschluckt bzw. weicher gesprochen.

Wirtschaft

Seit 1986 ist Spanien Mitglied der Europäischen Gemeinschaft (heute Europäische Union). Für die Kanarischen Inseln wurde damals ein Sonderabkommen geschlossen. Erst seit 1993 sind die Inseln voll in die Europäische Union integriert.
Wegen seiner Randlage gilt La Palma als "strukturschwaches Gebiet" und kann seit dem Beitritt beträchtliche Fördermittel in Anspruch nehmen. Die Gelder fließen vor allem in den Straßenbau.

EG-Beitritt

Landwirtschaft

Wichtigster Erwerbszweig auf La Palma ist die Landwirtschaft, in der rund 30% der Beschäftigten tätig sind. Dank der günstigen klimatischen Verhältnisse können auf diesem Sektor höhere Gewinne erzielt werden als auf den anderen westlichen Kanaren. Unter den landwirtschaftlichen Erzeugnissen ist die Banane (in Spanien heißt sie "plátano") das mit Abstand wichtigste Exportgut.

Allgemeines

Bananenplantagen bestimmen bis heute das Landschaftsbild im Nordosten La Palmas und im Aridane-Tal. Doch schon seit Jahren steckt der Bananenanbau in der Krise.

Das ist jedoch noch gar nicht so lange der Fall. In den vergangenen Jahrhunderten wechselten die Monokulturen. Nach der spanischen Eroberung der Inseln wurde zunächst Zuckerrohr angebaut. Wegen der preisgünstigen mittelamerikanischen Konkurrenz war dieser Wirtschaftszweig bereits im 16. Jh. zum Untergang verurteilt. Haupterzeugnis wurde Wein. Im 17./18. Jh. war der schwere kanarische Malvasier ein begehrter Artikel an europäischen Fürstenhöfen und insbesondere in England. Doch der Konsumentengeschmack änderte sich.

Wechselnde Monokulturen

Wirtschaft

Bananenverpackung: Die Schale der kanarischen Zwergbanane ist sehr dünn und daher extrem druckempfindlich. Das erhöht die Kosten bei Verpackung und Transport erheblich.

Bananenanbau

Als Retter aus der Wirtschaftsmisere erwies sich die Banane, und zwar eine kleine wetterunempfindlichere, aus Indochina eingeführte Art (Musa cavendishii). 1896 wurde, im Gebiet von Los Sauces, die erste Bananenplantage auf La Palma angelegt. Hauptanbaugebiete sind heute der Nordosten und das Aridane-Tal im Westen der Insel. Doch auch dieser Wirtschaftszweig steckt nun schon seit etlichen Jahren in der Krise. Da die kleine, wenn auch sehr würzige kanarische Banane im Vergleich zu ihrer Konkurrenz aus Mittel- und Südamerika geradezu mickrig aussieht, ist sie auf dem mitteleuropäischen Markt nahezu unverkäuflich. Zudem liegen die Produktionskosten weit über denen anderer Anbieterländer. Damit die Bananenstauden auf den Inseln, wo sie bis in Höhen von 400 m gedeihen, nicht vom heftigen Meereswind entwurzelt werden, ist es notwendig, sie mit Mauern bzw. Netzen vor den Unbilden der Witterung zu schützen. Zudem benötigt die Banane zur Reifung sehr viel Wasser, auf La Palma ein kostbares Gut!

Jahrelang subventionierte die spanische Regierung diesen Wirtschaftszweig, indem sie die Abnahme des krummen Früchtchens garantierte. Die Preise waren allerdings derart niedrig, daß der Bananenanbau für zahlreiche Bauern nicht mehr rentabel war. Viele Anbauflächen wurden aufgegeben, und die Produktion sank. Während Mitte der 80er Jahre auf La Palma noch auf 13 000 ha Bananen angebaut wurden, beträgt die Anbaufläche heute nur noch knapp 3000 ha. Pro Jahr werden auf La Palma rund 117 Mio. kg Bananen geerntet; das entspricht ca. 30% der gesamten kanarischen Produktion.

Weitere Landwirtschaftsprodukte

Bedingt durch die Absatzschwierigkeiten der Banane weicht man teilweise auf andere für den Export bestimmte Anbauprodukte aus. Verstärkt werden exotische Früchte (Mangos, Papayas, Ananas, Avocados etc.) und exotische Gemüsearten angebaut. Avocados sind mittlerweile das zweit-

Wirtschaft

wichtigste Agrarexportprodukt. Jährlich werden auf 400 ha rund 3,3 Mio. kg geerntet. Auch Tomaten und Kartoffeln gedeihen unter der palmerischen Sonne prächtig: Bei den Tomaten allerdings bestehen dieselben Probleme wie bei den Bananen, sie lassen sich durch billigere Konkurrenten aus den Niederlanden auf dem europäischen Markt nur schwer absetzen; und die Kartoffeln reichen, wie Mais, Weizen, Gerste, Obst und Gemüse nicht einmal für den lokalen Bedarf aus. Von untergeordneter Bedeutung ist der Anbau der Weinrebe. Die größten Weinbaugebiete befinden sich im Südosten der Insel bei Mazo und im Süden bei Fuencaliente. Doch mit der geringen Anbaufläche von 1600 ha läßt sich gerade noch der heimische Bedarf decken. In der Gegend um Los Llanos de Aridane wird Tabak angebaut, allerdings mit zurückgehender Tendenz: Die Anbaufläche ist auf weniger als 3 ha zusammengeschrumpft. Auch läßt sich dieser Tabak nur für die einheimischen "puros", die Zigarren, verwenden (→ *Baedeker Special,* S. 66/67); in der Zigarettenfabrik von El Paso, der einzigen Fabrik der Insel, wird ausschließlich Importtabak verwendet. Mandeln, früher ein Exportschlager im Nordwesten der Insel, werden nicht mehr vom Baum gepflückt – Importe sind billiger.

Landwirtschaft (Fortsetzung)

Tradition hat die Seidenraupenzucht bei El Paso; nun wird sie wieder verstärkt gefördert.

Eine zweitrangige Rolle spielt die Viehwirtschaft. Die Rinder- und Schweinezucht deckt nur einen Teil des lokalen Bedarfs, auch der Schafzucht kommt nur eine untergeordnete Bedeutung zu. Die etwa 20 000 Ziegen auf der Insel dienen bei der Ernährung der einheimischen Bevölkerung als Fleischlieferant, zudem produziert man aus der Milch Ziegenkäse.

Viehzucht

Die Fischerei ist auf La Palma kein wesentlicher Wirtschaftsfaktor. Für nur 230 Menschen ist sie die Haupterwerbsquelle. Die Insel verfügt über drei Häfen: Santa Cruz, Puerto de Espíndola und Puerto de Tazacorte. Infolge der Überfischung in den Inselgewässern fängt die rund 60 Boote umfassende, teilweise recht veraltete Fangflotte nicht einmal genug, um den heimischen Bedarf zu decken.

Fischerei

Industrie und Handel

Neben der Landwirtschaft spielen Handwerk und Industrie auf La Palma nur eine untergeordnete Rolle. Die Insel besitzt lediglich einige kleine Betriebe, die Landwirtschaftsprodukte weiterverarbeiten bzw. Baustoffe oder Kunsthandwerk herstellen, sowie einige Baufirmen, die dank des Tourismus in den letzten Jahren einen Aufschwung zu verzeichnen hatten. Nur die Zigarettenfabrik in El Paso, in der etwa 300 Insulaner arbeiten, produziert in größerem Umfang.

Klein- und Kleinstbetriebe

Der Export von La Palma beschränkt sich auf Agrarprodukte. Alles in allem aber hat die Insel eine negative Handelsbilanz, d.h. es wird weit mehr ein- als ausgeführt. Sogar rund Dreiviertel der Lebensmittel müssen importiert werden, auch Zitrusfrüchte wie Orangen und Zitronen, ebenso etwa 80% des Bedarfs an tierischen Produkten. Andere wichtige Importwaren, die zum größten Teil das spanische Mutterland liefert, sind Rohöl, Konsumgüter, ferner mechanische und elektrische Geräte sowie Kraftfahrzeuge.

Handel

Wasserversorgung und Energie

La Palma ist im Hinblick auf die Niederschlagsmengen (vgl. S. 15) die wasserreichste Insel unter den Kanaren. Dennoch ist die Versorgung mit Trink- und Süßwasser auf der Insel ein Problem. Seit der Eroberung durch die Spanier ist Wasser auf La Palma Privatbesitz. Wer Wasserrechte haben will, muß Land pachten oder kaufen, Wasser bezieht man von Wasserge-

Wasserversorgung

Wirtschaft

Wasserversorgung (Fortsetzung)

sellschaften, man pachtet es oder hat Wasseraktien gekauft; das kostbare Naß wird auch vererbt oder öffentlich versteigert. Daß trotz der erheblichen Regenmenge Wassermangel auf La Palma herrscht, ist auch darauf zurückzuführen, daß ein großer Teil der Niederschläge, die sich in den Barrancos sammeln, ungenutzt ins Meer fließt, viel Wasser im porösen Vulkangestein versickert bzw. bei der intensiven Sonneneinstrahlung verdunstet und enorme Wassermengen für die Kultivierung der Banane, dem Hauptexportprodukt, nötig sind.

Da Oberflächenwasser praktisch nicht vorhanden ist, versucht man dem Problem des Wassermangels mit Bohrungen von Tiefbrunnen zu begegnen. Doch dem Tiefbrunnenbau, also der Anzapfung des Grundwassers, sind Grenzen gesetzt: Nicht selten stößt man dabei auf brackiges, als Trinkwasser ungeeignetes Wasser. Auch ist das Grundwasserniveau in den letzten Jahren stark abgesunken. Ein Drittel der einst 150 Quellen auf La Palma ist mittlerweile versiegt. Stauseen können nur im quellenreicheren Norden der Insel angelegt werden.

Wasser auf La Palma ist rar und teuer geworden. Überall rufen Schilder zum sparsamen Umgang mit Wasser auf. Im Aridane-Tal gibt es im Sommer oft wochenlang stundenweise Wassersperre, werden bei zuweilen tagelangen Wasserausfällen Haushalte mit Wassertankwagen versorgt (Touristen sind davon in der Regel nicht betroffen!). Der Tourismus hat nur zu einem geringen Teil Schuld an der Wasserknappheit. Lediglich 0,3% des gesamten Wasserverbrauchs entfallen auf diesen Bereich. Am meisten Wasser, nämlich 95%, benötigt die Landwirtschaft. Für die Produktion von 10 kg Bananen werden 1000 l Wasser benötigt – zehnmal soviel wie für andere landwirtschaftliche Produkte!

Energieversorgung

Im Jahre 1883 wurde das erste Wasserkraftwerk – "Electron" – in Betrieb genommen, dessen Stromerzeugung es Santa Cruz ermöglichte, als erste Stadt des Kanarischen Archipels eine Straßenbeleuchtung zu installieren. Bis 1968 gab es drei Wasserkraftwerke, von denen zwei mittlerweile auf Ölbasis arbeiten und nur noch eines im Barranco de las Aguas als Wasserkraftwerk in Betrieb ist. Darüber hinaus gibt es noch weitere erdölbetriebene Kraftwerke. In den Starkwindgebieten des Südens und Nordwestens wird mit Windgeneratoren alternative Energie gewonnen.

Tourismus

Entwicklung

Im Jahr 1890 gab es auf La Palma bereits mehrere Hotels. Vor allem erholungssuchende Engländer frequentierten Ende des 19. und Anfang des 20. Jh.s gern die westlichste Kanareninsel. Doch bald schon ging es mit dem Tourismus auf La Palma bergab, in den 60er Jahren kam er fast ganz zum Erliegen. In den 70er Jahren und Anfang der 80er Jahre profitierte La Palma ein wenig vom Massen- und Chartertourismus auf den beiden Kanarenhauptinseln Teneriffa und Gran Canaria. Erst Ende der 80er Jahre waren nach der Erweiterung des palmerischen Flughafens für den internationalen Charterverkehr im Tourismusbereich kräftige Zuwachsraten zu verzeichnen.

Urlaubszentren

Bei einem Angebot von etwa 7500 Betten kann man auf La Palma von Massentourismus (noch) nicht sprechen. Es gibt nur wenige größere Hotels, vorwiegend werden Ferienwohnungen in kleineren Häuschen vermietet, die im Besitz von Ausländern sind. Die meisten Touristen – zu 80% Deutsche – zieht es in die Gegend von Puerto Naos und zur Playa de los Cancajos. Deutsche Dauerurlauber oder Aussteiger haben sich vorzugsweise etwas landeinwärts in Los Llanos de Aridane und in El Paso niedergelassen.

Perspektiven

Ob La Palma weiterhin das Ziel einer überschaubaren Anzahl von Individualtouristen bleiben wird oder ob es sich das Beispiel von Teneriffa oder Gran Canaria zu eigen macht, ist vorläufig nicht abzusehen. Inselverwal-

Umweltschutz

tung, einzelne Bürgermeister und Umweltschutzorganisationen hegen sehr unterschiedliche Ansichten darüber, wieviel Touristenbetten die Insel verkraften könnte. Die Zahlenvorstellungen gingen einmal bis zur Horrorvision von 80 000. Mittlerweile wird eine maximale Bettenkapazität von 20 000 angepeilt. Seit Mitte der 90er Jahre kommen Jahr für Jahr etwas mehr als 140 000 Touristen (davon mehr als 100 000 Deutsche) nach La Palma, doch immer noch ist die exportorientierte Landwirtschaft die Haupteinnahmequelle der Palmeros, der Tourismus bildet nur einen weiteren Devisenbringer – und so soll es nach Meinung der meisten Inselbewohner auch bleiben.

Wirtschaft (Fortsetzung)

Seit einigen Jahren setzt La Palma auf den "turismo rural" ("ländlichen Tourismus"): Alte kanarische Bauernhäuser im Hinterland werden renoviert, dabei im inseltypischen Stil belassen und Touristen als Unterkunft angeboten. Dieses Projekt, das mit EU-Geldern gefördert wird, hat den Vorteil, daß nicht neu gebaut werden muß, sondern daß man auf schon vorhandene Häuser zurückgreifen kann.

Ländlicher Tourismus

Verkehr

Mittlerweile ist das Straßennetz auf La Palma gut 1200 km lang. Alle Hauptstraßen sind asphaltiert und wenn auch kurvenreich, so doch in gutem Zustand. Lediglich einige abgelegene, nahezu entvölkerte Ortschaften im Inselnorden sind nur über Erd- oder Betonpisten zu erreichen. Die Hauptverkehrsader der Insel ist die Straße von Santa Cruz nach Los Llanos de Aridane. Ein Straßenring umläuft die gesamte Insel.

Straßennetz

Die Bucht von Santa Cruz de la Palma wird seit der Eroberung der Insel durch die Spanier als Hafen genutzt. Von hier aus verkehren Fährschiffe regelmäßig zu allen Nachbarinseln.

Schiffsverkehr

Der erste Flughafen von La Palma bei Breña Alta nahm 1950 den Betrieb auf. Die Landepiste wurde 1970 stillgelegt, als in der Küstenebene südlich von Santa Cruz gelegene neue Flughafen fertiggestellt war. Seit 1987 ist er der sechste internationale Flughafen der Kanarischen Inseln. Er wird mehrmals wöchentlich von mehreren europäischen Chartergesellschaften angeflogen. Ferner bestehen Linienverbindungen zu den Nachbarinseln und zum spanischen Festland.

Flughafen

Umweltschutz

Die spanische Regierung erklärte die Caldera de Taburiente 1954 zum Nationalpark (Parque Nacional de la Caldera de Taburiente). 1983 wurde der Lorbeerwald "Los Tilos" in einer Ausdehnung von 511 ha von der Unesco zur "Reserva de la Biosfera" bestimmt. Insgesamt stehen heute rund 30% der Inseloberfläche von La Palma unter Naturschutz. Für die Zukunft ist die Einrichtung von Meeresreservaten geplant.
Trotz der Einrichtung dieser Naturschutzgebiete sind etwa 75% der endemischen Pflanzenarten vom Aussterben bedroht, davon sind ca. 70 Arten extrem gefährdet.

Naturschutzgebiete

Die Insel besitzt den stärksten und erfolgreichsten ökologischen Verband des Kanarischen Archipels: "Irichen". Die 1987 gegründete Organisation ist die Zusammenfassung von ehemals fünf kleineren Gruppen. Irichen arbeitet auch mit Greenpeace zusammen. Die wöchentlich erscheinende Inselzeitung "El Time" greift häufig sehr engagiert Umweltthemen auf.

Ökologie-Bewegung

Auf La Palma haben ökologisch betrachtet die Folgen des Tourismusbooms bisher nicht die Ausmaße wie auf östlichen Nachbarinseln erreicht,

Umweltprobleme

Umweltschutz

Umweltprobleme (Fortsetzung)

sind nicht ganze Strandabschnitte durch Betonburgen zugebaut worden. Mit seiner sauberen und klaren Luft bietet das Eiland ideale Bedingungen für die Beobachtungen des Weltalls im Observatorium auf dem Roque de los Muchachos. Auch das Wasser um die Insel herum ist, abgesehen in der Nähe von Häfen, so gut wie gar nicht verschmutzt. Dennoch hat die Insel mit großen Umweltproblemen zu kämpfen. Das größte Problem stellt die Müllentsorgung dar. Dank der Organisation "Irichen" besitzt La Palma seit 1992 eine geordnete Müllabfuhr, doch produzieren die drei Verbrennungsanlagen auch viel giftige Asche, für die es teilweise noch keine Entsorgung gibt. Keiner dieser drei Verbrennungsöfen entspricht den von der Europäischen Union aufgestellten Normen, zeitweilig mußte der Betrieb eingestellt werden. Immerhin wurden in der Zwischenzeit Altglascontainer aufgestellt. Auf La Palma erfolgt jedoch kein Recycling. Ebenso wie Altpapier, Altkleider, Schrottautos kann auch das Glas nur in Festlandspanien wiederverwertet werden. Der Transport dorthin ist jedoch enorm teuer.

Auch die Wasserknappheit wird ein immer dringlicheres Problem (vgl. S. 27). Hinzu kommt noch die Verunreinigung des Bodens durch einsickernde Schadstoffe wie Pflanzenschutzmittel und Nitratdünger, die in der Landwirtschaft, vor allem im Bananenanbau, teilweise hemmungslos eingesetzt werden.

Ein erschreckendes Ausmaß hat mancherorts die Bodenerosion angenommen, Ursache dafür ist die schon seit Jahrhunderten vorgenommene rücksichtslose Rodung zur Gewinnung von Ackerland und Baumaterial. Seit einigen Jahrzehnten versucht man, den Wald wieder aufzuforsten.

Geschichte

In der klassischen Mythologie handeln viele Erzählungen von weit entfernten Inseln irgendwo am Westrand der Erde, von paradiesischen Eilanden mit angenehmem Klima und üppiger Vegetation. Elysische Gefilde, Gärten der Hesperiden wurden sie genannt, Inseln der Seligen. Homer, Hesiod, Vergil, Horaz, Strabon, Plutarch und viele andere antike Dichter haben sie besungen und beschrieben. Der griechische Philosoph Platon sprach von einem "blühenden ozeanischen Reich Atlantis", das urplötzlich im Meer versunken war. Waren mit den Glücklichen Inseln, mit Atlantis die Kanaren gemeint? Steckten hinter den Mythen geographische Kenntnisse, die phönizische und griechische Seefahrer vermittelt hatten? Historische Belege hierfür gibt es nicht.

Mythologie

Wann die erste Besiedlung des Kanarischen Archipels erfolgte, gab bis vor kurzem Anlaß zu spekulativen Theorien. Wissenschaftler der Universität La Laguna (Teneriffa) meinen nun jedoch bewiesen zu haben, daß die Besiedlung nicht vor 500 v. Chr. und dann in mehreren Einwanderungswellen erfolgt ist (→ Altkanarische Bevölkerung).

Früheste Besiedlung

Wenn auch keine eindeutigen Zeugnisse für eine Landung auf dem Kanarischen Archipel vorliegen, so kamen wohl die Phönizier, die als kühn und tüchtig bekannten Seefahrer, bei ihren Erkundungsfahrten entlang der westafrikanischen Küste im ersten Jahrtausend vor Christus auch mit dieser Inselgruppe in Berührung. Schließlich kannten sie die Orchilla-Flechte, eine hier wildwachsende Pflanze, aus der sich Purpur zum Färben von Wolle und Seide gewinnen ließ, was den Kanaren den Namen "Purpurinseln" einbrachte.

Erste Kontakte

In seiner "Naturalis Historia" berichtet Plinius der Ältere (23 bis 79 n. Chr.) über eine Expedition, die der König von Mauretanien, Juba II. (König seit 25 v. Chr., gestorben 23 n. Chr.), zu den Kanarischen Inseln entsandte. Ob diese Expedition erfolgreich verlief, ist nicht belegt. Bei Plinius ist auch zu lesen, daß Junonia Maior (so nennt er La Palma) ein kleiner Tempel stand – der erste datierte Hinweis auf eine Bevölkerung der Insel. Für die Existenz dieses Tempels gibt es allerdings keine Beweise.

Die erste relativ genaue Kartographierung der Kanaren erfolgte durch den griechischen Naturforscher Claudius Ptolemäus (nach 83 bis nach 161). Seine Weltkarte versah der Gelehrte mit einer Gradeinteilung. Den Nullmeridian, das Ende der damals bekannten Welt im Westen, zog er durch die Punta de Orchilla, das Westkap von Hierro.

Im 3. Jh. landeten nachweislich römische Schiffe auf den Kanarischen Inseln, dann geriet der Archipel einige Jahrhunderte lang in Vergessenheit. Nur noch einige arabische Chronisten berichten von Expeditionen auf die Inselgruppe. 1170 erwähnt Xerif el-Edrisi, auch bekannt unter dem Beinamen Geograph von Nubia, in seinem Buch "Von einem, der auszog, um durch die Welt zu pilgern" maghrebinische Araber, die im 11. Jh. von Lissabon aus eine Reise zum Kanarenarchipel unternahmen.

Bis ins ausgehende Mittelalter blieb die Urbevölkerung der Kanaren weitgehend isoliert. Nur vereinzelte Seeleute und Abenteurer dürften den Archipel angesteuert haben; so sollen im Jahr 1292 Genuesen in diesen Ge-

Europa wird auf die Kanarischen Inseln aufmerksam

31

Geschichte

Europa wird auf die Kanarischen Inseln aufmerksam (Fortsetzung)

wässern umhergesegelt sein. Die Seefahrermächte des Abendlandes und des Vorderen Orients zeigten, wenn sie überhaupt von der Existenz des Archipels wußten, kein Interesse an den Eilanden, die irgendwo im Atlantik lagen, aber auf alle Fälle zu weit entfernt waren und keine Reichtümer versprachen. Erst im 14. Jh. wurde man auf die Kanarischen Inseln aufmerksam. Ausschlaggebend hierfür waren die Berichte von der Seereise des Genuesen Lancelot Maloisel (auch genannt Lanzarotto Malocello, Lancarote Molocelli etc.). Dieser Kaufmann, so wird erzählt, war 1312 mit einem Schiff nach London unterwegs, kam aber nach dem Passieren der Meerenge von Gibraltar vom Kurs ab, erreichte so den Kanarischen Archipel und landete auf der später nach ihm benannten Insel Lanzarote, wo es ihm so gut gefiel, daß er sich hier sogar einige Jahre niederließ. In der Hoffnung auf schnellen Reichtum suchten in der Folge Kaufleute, Piraten und Sklavenjäger aus Spanien, Portugal, Mallorca und Genua die Inseln auf.

Eroberung der Kanaren

Papst Clemens VI. ernannte 1344 als Oberhaupt "Aller noch zu entdeckender Länder" den Enkel des kastilischen Königs Alfons X., Luís de la Cerda, zum König der Kanarischen Inseln. Mit diesem Titel war nicht allzu viel anzufangen, denn die Kanaren waren ja noch gar nicht erobert. Einen Eroberungsversuch unternahm erst zu Beginn des 15. Jh.s der von Cerdas Nachfolger dazu beauftragte normannische Adlige Jean de Béthencourt (1359 – 1425). Zwischen 1402 und 1405 gelang es ihm Lanzarote, Fuerteventura und Hierro einzunehmen. Versuche, Gran Canaria und La Palma zu erobern, scheiterten jedoch am erbitterten Widerstand der Inselbewohner. 1406 überließ Béthencourt, vom kastilischen Monarchen Heinrich III. zum rechtmäßigen kanarischen Herrscher ernannt, die Herrschaft über die Inseln seinem Neffen Maciot de Béthencourt und kehrte in seine französische Heimat zurück. Als 1415 Maciot auf Intervention der kastilischen Krone sein Amt wegen tyrannischer Ausübung aufgeben mußte, verkaufte er die Inseln nacheinander an drei Interessenten – an den königlichen Gesandten Diego de Herrera, an den Prinzen Heinrich von Portugal und an den kastilischen Grafen Hernán Peraza den Älteren –, womit die Besitzverhältnisse auf den Kanaren völlig ungeklärt waren. Spanier wie Portugiesen schickten in den folgenden Jahrzehnten Schiffe aus, um ihren Besitzansprüchen Nachdruck zu verleihen. In dieser Zeit konnte auch La Gomera erobert werden. Im Friedensvertrag von Alcáçovas, der den seit 1475 andauernden Krieg zwischen Kastilien und Portugal beendete, wurden der kastilischen Krone die Kanarischen Inseln zuerkannt, Portugal erhielt dafür die Azoren, Madeira, die Kapverden und die Rechte auf die westafrikanische Küste. Vier Jahre später, 1483, gelang es nach mehreren erfolglosen Eroberungsversuchen schließlich, das bevölkerungsreiche Gran Canaria vollständig zu unterwerfen. Nur La Palma und Teneriffa waren noch nicht erobert.

Die Eroberung von La Palma

Der kastilische Graf Hernán Peraza entsandte 1447, nachdem er seine Macht auf Lanzarote, Fuerteventura und Hierro gefestigt hatte, eine aus drei Schiffen und 500 Mann bestehende Flotte zu der als unbezwingbar geltenden Insel La Palma. Aber auch diesem Feldzug war wie den vorangegangenen kein Glück beschert: Bei den erbitterten Kämpfen mit den Insulanern verloren die Spanier 200 Mann. 1492, in dem Jahr, als Amerika von Christoph Kolumbus "entdeckt" wurde, landete der auf Gran Canaria beheimatete General Alonso Fernández de Lugo (→ Berühmte Persönlichkeiten), von dem spanischen Herrscherpaar Isabella von Kastilien und Ferdinand von Aragón dazu ermächtigt, mit einer Streitmacht von 900 Mann auf La Palma. Ihm gelang schließlich die Einnahme der Insel (→ *Baedeker Special,* S. 34/35).

Am 3. Mai 1493, dem "Tag der Erhebung des Heiligen Kreuzes", gründete Lugo an dem Ort, an dem sich die altkanarische Siedlung Apunyon (auch Apurón) befand, die Stadt Santa Cruz. Dann begab er sich nach Gran Canaria zurück, um Vorbereitungen für die Einnahme von Teneriffa, der letzten der sieben großen Kanarischen Inseln, zu treffen, die er schließlich nach einem zweijährigen Feldzug 1496 eroberte.

Geschichte

Ebenso wie Gran Canaria und Teneriffa wurde La Palma direkt der spanischen Krone unterstellt. Die höchste Herrschaftsgewalt auf den Eilanden übten "capitanes generales", Genergouverneure, aus, die die Nutzungsrechte für das Land vergaben und die Wasserrechte verkauften.

Unter Verwaltung der spanischen Krone

Lugo wurde 1496 zum Generalgouverneur der beiden von ihm eroberten Inseln ernannt (die Personalunion von La Palma und Teneriffa blieb de facto bis 1808 bestehen, bis zum Einmarsch napoleonischer Truppen in Spanien, die dem spanischen Absolutismus ein vorläufiges Ende bereiteten).

Schnellen Reichtum bot La Palma nicht. Es gab kein Gold, kein Silber und keine anderen Bodenschätze. Gewinn versprachen zunächst nur die Einheimischen – als Sklaven. Trotz eines päpstlichen Erlasses aus dem Jahr 1434, in dem Eugenius IV. die Kanarier zu "freien Leuten" erklärt und den Menschenhandel auf den Inseln verboten hatte, endete der Großteil der Urbevölkerung von La Palma gleich nach der Eroberung in der Sklaverei. Schätzungen zufolge blieben nur rund 300 Familien, also 1200 Menschen, von diesem traurigen Schicksal verschont. Diese Palmeros ließen sich nach und nach taufen und vermischten sich, nachdem sie ab 1514 den Spaniern rechtlich gleichgestellt worden waren, rasch mit den Konquistadoren sowie mit eingewanderten Portugiesen, Franzosen und Flamen.

Menschenhandel und Zuckerboom

Schon bevor sich der Sklavenhandel auf der Insel erschöpft hatte, verfolgte Alonso Fernández de Lugo ein weitaus lukrativer erscheinendes Ziel: den Anbau von Zuckerrohr, zur damaligen Zeit das gewinnbringendste Akkerbauprodukt. Europäische Kaufleute, Handwerker, Wein- und Ackerbauern wurden auf die Insel gerufen, um Kapital und Arbeitskraft in Zuckerverarbeitungsanlagen zu investieren. Wie bedenkenlos man dabei mit der Landvergabe umging, wird an einem Beispiel besonders deutlich: 1508 verkaufte Juan Fernández de Lugo seine Zuckerverarbeitungs- und Bewässerungsanlagen von Tazacorte und Argual an den Andalusier Dinarte; dieser veräußerte sie ein Jahr später an die Augsburger Welser; wiederum ein Jahr später (1510) gelangten sie in den Besitz des Antwerpener Kaufmannes Jakob Groenenberch (hispanisiert: Jacomo Monteverde), von denen sie schließlich das Brüsseler Handelshaus Van de Valle erwarb.

Ab 1554 lohnte der Zuckerrohranbau auf La Palma immer weniger. In Mittel- und Südamerika wurde preisgünstiger produziert. Viele nicht mehr rentable Zuckerrohrplantagen wurden in Weinfelder umgewandelt. Der vor allem im Süden der Insel auf jungvulkanischem Boden gedeihende süße Malvasier wurde das wichtigste Exportprodukt von La Palma. Hauptabnehmer des palmerischen Weines war England. Bis Mitte des 19. Jh.s dauerte das Siegeszug des palmerischen Malvasier, dann führte ein sich ändernder Konsumentengeschmack zum Niedergang des Weinbaus.

Weinbau

La Palma kam nicht nur durch Zucker und Wein zu Wohlstand. Dank seiner geographischen Lage konnte die Insel auch vom Amerikahandel profitieren. 1508 hatten die Kanarischen Inseln das Privileg des praktisch freien Warenverkehrs erhalten. Nahezu jedes Schiff, das zwischen dem spanischen Mutterland und den amerikanischen Kolonien verkehrte, legte auf den Kanaren einen Zwischenstopp ein, vor allem auf La Palma, der nordwestlichsten Insel. 1556 verlieh der spanische König Philipp II. der palmerischen Hauptstadt Santa Cruz nicht nur den noblen Beinamen "Hochedle und treue Villa de la Cruz", sondern auch das Privileg, mit den neuen Besitztümern in Übersee Seehandel auf eigene Rechnung zu betreiben. Auch im Schiffsbau nahm die Hafenstadt bald eine führende Position ein. Auf der durch den Holzreichtum der Wälder begünstigten Insel hatten sich gleich nach der Eroberung die ersten Schiffsbauer niedergelassen. Mehr als 120 Fregatten und Karavellen liefen im 16. Jh. vom Stapel.

Amerikahandel

In der ersten Hälfte des 17. Jh.s war Santa Cruz de la Palma nach Sevilla und Antwerpen der drittgrößte Hafen des spanischen Weltreiches. Der wirtschaftliche Niedergang setzte 1657 ein, fortan mußten sich alle auf dem Weg nach Amerika befindlichen Handelsschiffe auf Teneriffa registrieren lassen.

Baedeker Special

Eroberung mit Heimtücke

"Alonso Fernández de Lugo war eine stattliche Erscheinung, stets in feinste Stoffe nach der neuesten Mode gekleidet und elegant in seinem Auftreten. Bei seinen Freunden galt er als Draufgänger, bei seinen Feinden als skrupelloser Frauenheld, Spieler und Intrigant. Auch die Königin mußte zugeben, daß sein Charme, seine hochgewachsene Gestalt, das dichte schwarze Haar und die dunklen, feurigen Augen nicht ohne Wirkung auf sie blieben." So beschreibt Harald Braem in seinem Roman "Tanausú – der letzte König der Kanaren" den seinerzeit berühmten und hochdekorierten Soldaten. Nach der Einnahme von Gran Canaria bestand seine Hauptaufgabe in der Verwaltung der ihm zugeteilten Ländereien – für den alten Haudegen wohl kein sehr befriedigendes Leben. So verfiel er auf die Idee, die beiden Kanareninseln La Palma und Teneriffa, deren Eroberung immer wieder am erbitterten Widerstand ihrer Bewohner kläglich gescheitert war, einzunehmen und der spanischen Krone zu unterstellen.

Lugo begab sich 1491 nach Santa Fé, der damaligen Residenz des spanischen Herrscherpaares, und ersuchte um Audienz, die ihm gewährt wurde. Tatsächlich erhielt er von den Katholischen Königen Ferdinand und Isabella, die sich von diesem Unternehmen reiche Beute an Bodenschätzen und Sklaven erhofften, die Erlaubnis, die beiden noch freien Kanareninseln zu erobern. Ihm wurde nicht nur die Verwaltungs- und Justizhoheit über die neu zu gewinnenden Eilande in Aussicht gestellt; er sollte auch den königlichen Fünften an der Kriegsbeute erhalten sowie eine zusätzliche Belohnung in Höhe von 700 000 Maravedis, sofern die Eroberung innerhalb eines Jahres abgeschlossen war. Für die Finanzierung der gewinnversprechenden Expedition mußte er allerdings selber sorgen. Geld lieh er sich von zwei Geschäftsleuten, einem Florentiner und einem Genuesen, die er später in Form von kriegsgefangenen Palmeros auszahlte.

Am 29. September 1492, am Tag des Erzengels Michael, landete Lugo mit einer kleinen Flotte, bestehend aus zwei Kriegsschiffen und einer Fregatte, sowie mit einer Streitmacht von 900 Mann an der Westküste La Palmas. Dort, wo sich heute Puerto de Tazacorte befindet, ging er an Land. Durch ein königliches Dekret hatte die Insel bereits vor der Eroberung den Namen "San Miguel de la Palma" erhalten.

Bei der Bevölkerung stießen die Invasoren zunächst auf keinerlei Widerstand. Viele Einwohner traf die Landung der Spanier auch nicht unerwartet. Schon seit einiger Zeit bestanden Beziehungen zwischen Palmeros und Bewohnern der längst eroberten Insel Hierro, die jene über die Absichten der spanischen Krone recht ausführlich informiert hatten. In den Reihen der Spanier befand sich eine Palmera mit Namen Francisca Gazmira, die, einige Zeit zuvor bei einem Angriff auf La Palma gefangengenommen, zum Christentum bekehrt worden war und nun Lugos Expeditionskorps als Kundschafterin und Übersetzerin diente. Ihren guten Überredungskünsten war es hauptsächlich zu verdanken, daß die meisten Inselfürsten ohne Umschweife auf die Vorschläge der Invasoren eingingen. Sie sicherten zu, sich den Katholischen Königen zu unterwerfen und den christlichen Glauben anzunehmen, wofür ihnen die Spanier die Beibehaltung ihrer Fürstenwürde versprachen und dieselben Rechte und Freiheiten, die den spanischen Untertanen zustanden, in Aussicht stellten. Nur in Tigalate, auf der Ostseite der Insel, mußte Lugo die Waffen sprechen lassen, um die dortigen Fürsten gefügig zu machen (weil diese sich den Invasoren so hartnäckig widersetzten, nannte sie der preußische Diplomat Minutoli 1854 "die Spartaner unter den Kanaren").

Als sich die Konquistadoren in ihr Winterlager im Gebiet des heutigen Tazacorte zurückzogen, hatten sich alle Herrscher von La Palma ergeben – mit einer Ausnahme. Der größte Kraftakt bei der Eroberung der Kanareninsel stand den Spaniern erst noch bevor. Denn im Zentrum des Eilands gab es ein Gebiet namens Aceró, was soviel wie "starker Ort" bedeutet, das wegen seiner schroffen Abhänge und steilen Felswände eine unüberwindliche natürliche Festung bildete und von den Konquistadoren "Caldera de Taburiente" genannt wurde. Hier herrschte Tanausú, ein kriegerischer Fürst von außergewöhnlicher Tapferkeit, der sich den Invasoren unter keinen Umständen ergeben wollte.

Im Frühjahr 1493 versuchte Lugo, Tanausús Bergfestung über den Bergsattel der Cumbrecita zu stürmen, jedoch ohne Erfolg. Am 2. Mai 1493 startete er einen weiteren Anlauf. Mit seinen Soldaten drang er, von unterworfenen Palmeros, die ihn bei diesem Unternehmen begleiteten, auf den Schultern getragen, in den Barranco de las Angustias, in die "Schlucht der Todesängste", vor, der der am wenigsten verteidigte Ort zu sein schien. Doch Tanausús Truppen waren wachsam, bezogen augenblicklich Position und zwangen die Angreifer zum Rückzug. In dieser Situation tüftelte Lugo einen heimtückischen Plan aus, einen Plan, der darauf zielte, den Gegner in einen Hinterhalt zu locken. Über Ugranfir, einen mittlerweile getauften Verwandten von Tanausú, der sich nun Juan de Palma nannte, bot er dem Aceró-Fürsten Waffenstillstandsverhandlungen und freies Geleit an. Als dieser bereit war, darauf einzugehen, vorausgesetzt, daß der Verhandlungsort außerhalb seines Herrschaftsgebietes, also an einem neutralen Ort lag, täuschte der Konquistador einen weiteren Rückzug vor, postierte aber heimlich Soldaten in dem unwegsamen Gelände. Obwohl Juan de Palma, dem die Truppenbewegung nicht entgangen war, Tanausú vor einer Arglist des hinterhältigen Spaniers warnte, vertraute der Fürst – wie der Geistliche Juan de Abreu Galindo 1632 in seiner "Historia de la Conquista de las siete Islas de Canaria", der ersten schriftlichen und ausführlichen Wiedergabe von der Eroberung der Kanareninseln, berichtet – auf Lugos ritterliches Wort und begab sich am darauffolgenden Tag zu dem verabredeten Ort, wo die Verhandlungen aufgenommen werden sollten. Doch kaum hatte er die sichere Caldera verlassen, als Lugo seinen Männern das Signal zum Angriff gab. An der Stelle, die heute "El Riachuelo" ("Der Bach") heißt, entbrannte ein erbitterter Kampf, den die Palmeros von Aceró schließlich verloren. Tanausú wurde gefangengenommen.

Der wortbrüchige Spanier bewies wenig Großmut im Umgang mit dem besiegten Feind. Wie eine Siegestrophäe wollte er Tanausú vorführen und ließ ihn in Fesseln per Schiff nach Spanien schicken. Ein Leben "fern von seiner Heimat und vor einem anderen Herrscher als armseliger Gefangener erscheinen zu müssen" war dem stolzen Fürsten jedoch unerträglich, wie einmal ein kanarischer Schriftsteller schrieb. Auf der Überfahrt verweigerte der letzte König von La Palma – angeblich mit den Worten "Vacaguaré" ("Ich will sterben") – die Nahrung, und als das Schiff in Cádiz anlangte, war er tot.

Sieben Monate hatte die Eroberung La Palmas in Anspruch genommen. Am 3. Mai 1493 meldete Lugo dem spanischen Herrscherpaar die Einnahme der Insel, ferner "die Erbeutung von 1200 Männern, Frauen und Kindern sowie 20 000 Stück Vieh". Von nun an waren alle Palmeros Untertanen der spanischen Krone. Lugo, von den Katholischen Königen, die fortan als "Reyes de España y de Las Islas Canarias", als "Könige von Spanien und der Kanarischen Inseln" titulierten, zum Gouverneur ernannt, verließ das grüne Eiland bald wieder, um sich auf einen neuen Feldzug vorzubereiten: auf die Eroberung von Teneriffa.

Auf ganz La Palma gibt es erstaunlicherweise (?) nicht eine Örtlichkeit, weder einen Platz noch eine Straße, die nach dem Eroberer der Insel, nach Alonso Fernández de Lugo, benannt ist.

Geschichte

Piratenüberfälle

Der Wohlstand von Santa Cruz, wo in den Handelshäusern reichlich Zukker und später Wein lagerten und im Hafen mit amerikanischem Gold und Silber beladene Schiffe ankerten, erweckte natürlich auch bei Piraten und den mit königlichen Kaperbriefen ausgestatteten Korsaren anderer Seenationen großes Interesse. 1537 wurde die Hafenstadt zum erstenmal attakkiert. Doch man war vorbereitet und konnte die französischen Korsaren in die Flucht schlagen. 1553 fiel François Le Clerc, genannt "Holzbein", mit einer Flotte von acht Schiffen über Santa Cruz her. Diesmal hatten die Angreifer leichtes Spiel, sie plünderten die Stadt und steckten sie in Brand. Nach dieser Katastrophe wurden weitere Verteidigungsanlagen gebaut, rund um die Insel entstanden Batterien und Geschützstellungen. Angesichts dieses Artillerieschildes scheiterten alle weiteren Piraten- und Korsarenangriffe. 1585 wurde der Engländer Francis Drake noch auf See zur Umkehr gezwungen; nicht anders erging es später einem Landsmann von ihm sowie Freibeutern aus Algerien und den Niederlanden.

Seide, Cochenille und Bananen

Abgesehen von Piratenangriffen erlebte La Palma weitestgehend ruhige Zeiten. Von jeder Wirtschaftskrise erholte sich das zwar bodenschatzlose, aber sehr fruchtbare Eiland immer relativ schnell. Nach Zucker und Wein ließ sich auch mit Bienenwachs und -honig, mit Tabak sowie mit Seide gutes Geld verdienen. Bereits seit dem beginnenden 16. Jh. pflanzte man hier Maulbeerbäume an, war La Palma führend in der Seidenherstellung der Kanaren. Die Seidenverarbeitung der Insel galt sogar als die fortschrittlichste des Archipels. Um 1830 wurde dann die aus Mexiko stammende Cochenille-Laus eingeführt, eine Schildlaus, die einen begehrten karmesinroten Farbstoff liefert. Mit der Entwicklung von Anilinfarben um 1880 war diesem Wirtschaftszweig jedoch ein kurzer Gewinn beschert. Aus dieser Wirtschaftskrise half schließlich der Bananenanbau, den zwei englische Gesellschaften, Elder und Fyffes, ab 1878 in großem Stil auf die Kanaren gebracht hatten.

Armut

Das einfache Volk auf dem Land profitierte von dem auf La Palma erwirtschafteten Reichtum kaum. Noch im 19. Jh. lebten die meisten Inselbewohner in strohgedeckten Holzhütten, selbst wohlhabendere Landbewohner konnten sich nur niedrige Bruchsteinhäuser leisten. Probleme bereitete oft die Versorgung mit Lebensmitteln. Da man auf der Insel vorwiegend Monokulturen anbaute, reichte die verbleibende Ackerfläche für den Anbau von Getreide und anderen Landwirtschaftserzeugnissen nicht aus. Schon im 16. Jh. mußte Getreide – natürlich zu hohen Preisen – importiert werden. Als das Domkapitel von La Palma einmal seinen Zehnten in Form von Weizen aus dem Getreidespeicher forderte, weigerte sich die Bevölkerung einmütig und entschlossen, auf diese Art ihre Steuern zu begleichen, woraufhin der Inquisitor über die Insel den Kirchenbann verhängte und – infolge einer Mißernte – einige Jahre lang niemand christlich beerdigt wurde. Die Armut auf dem Land war so groß, daß in erschreckend vielen Familien die "schlecht ernährten und schlecht gekleideten" Männer und Frauen, wie 1758 der Missionar Juan de Medinilla in einem vertraulichen Bericht an seinen Bischof schrieb, sonn- und feiertags aus Mangel an Kleidung jeweils abwechselnd zur Messe gehen mußten.

Wirtschaftliche und politische Liberalisierung

Carlos III. gab 1778 den Amerikahandel für alle spanischen Häfen frei, wodurch sich La Palma allmählich von einer wirtschaftlichen Krise erholen konnte. 1852 erklärte Königin Isabella II. die Kanarischen Inseln zur Freihandelszone, was dem Archipel erhebliche Zollvorteile verschaffte.
Auch im politischen Bereich ergaben sich Veränderungen. 1771 klagte O'Daly, ein Palmero irischer Abstammung, nach dem die Hauptgeschäftsstraße in Santa Cruz benannt ist, beim spanischen Hof über die Machtstellung der 24 lokalen "regidores", Ratsherren, die seit dem 15. Jh. ihr Amt vererbten und in absolutistischer Manier die Insel verwalteten. Sie wurden 1773 durch einen Aufstand entmachtet. Fortan bestimmte ein demokratisch gewählter Gemeinderat, die erste gewählte Lokalverwaltung ganz Spaniens, die Inselgeschicke mit. Als Napoleon Bonaparte 1808 in Spa-

Geschichte

nien einfiel und den spanischen König absetzte, machte sich das nun frei gewählte parlmerische Parlament von Teneriffa unabhängig. Doch mit der Rückkehr von König Ferdinand VII. auf den spanischen Thron (1814) kehrten auch die alten politischen Verhältnisse weitgehend zurück. Erst nach dessen Tod (1833) kam es zu liberalen Veränderungen. 1863 erschien mit "El Time" die erste Zeitung von La Palma, die die dringendsten sozialen und politischen Versäumnisse anprangerte.

Liberalisierung (Fortsetzung)

Mitte des 19. Jh.s war La Palma – vor Teneriffa und Gran Canaria – die am dichtesten besiedelte Insel des Archipels. Im selben Jahrhundert erlebte die Emigration aber auch ihren Höhepunkt. Die ersten palmerischen Familien hatten die Insel jedoch schon ab 1675 verlassen: Gemäß einem königlichen Erlaß wurden mit je 100 t Exportgut fünf Aussiedlerfamilien in die Neue Welt mitgeschickt, die die noch unzureichend besiedelten Kolonien hispanisieren und La Palma entlasten sollten. Ab 1700 wanderten viele Einwohner von La Palma infolge der schlechten wirtschaftlichen Lage freiwillig aus, vor allem nach Santo Domingo, Kuba und Venezuela. Auch im 20. Jh. emigrierte eine große Zahl Palmeros (vgl. S. 23).

Emigration

Im Jahre 1912 wurden auf den Kanarischen Inseln die "cabildos insulares" (Inselregierungen) eingeführt, jedem Eiland gestand man eine örtliche Selbstverwaltung zu. Die Vorherrschaft Teneriffas über La Palma war damit gebrochen. 1927 wurde der Kanarische Archipel in eine West- und eine Ostprovinz aufgeteilt: Seither gehört La Palma zusammen mit Teneriffa, Gomera und Hierro zur Provinz Santa Cruz de Tenerife. Die beiden kanarischen Provinzen wurden 1982 zur "Kanarischen Autonomen Region" zusammengefaßt. Wie die übrigen 16 Autonomen Regionen Spaniens erhielten die Kanarischen Inseln eine Regionalverfassung (Autonomiestatut) sowie gewählte Vertretungskörperschaften. Das Inselparlament tagt seither abwechselnd in Santa Cruz de Tenerife und Las Palmas de Gran Canaria.

Selbstverwaltung

Als im Juli 1936 spanische Militärs, darunter General Francisco Franco, der damalige Befehlshaber des Militärbereichs Kanarische Inseln, einen Putsch gegen die demokratisch gewählte republikanische Regierung auslösten, der sich schließlich zum Spanischen Bürgerkrieg (1936 – 1939) ausweitete und nach Francos Sieg in einer jahrzehntelangen Diktatur endete, behauptete sich die Madrider Regierungsvertretung auf La Palma noch eine Woche lang, bevor franquistische Truppen auf der Insel eintrafen, die Macht an sich rissen, die in die Berge und Höhlen geflohenen Widerstandsgruppen nach und nach aufrieben und deren Führer zur Erschießung nach Teneriffa deportierten.

Spanischer Bürgerkrieg

Nach dem Tode Francos wurde König Juan Carlos 1975 Staatsoberhaupt, eine neue demokratische Verfassung trat 1978 in Kraft: Spanien wurde konstitutionelle Monarchie.
Mit dem EG-Beitritt Spaniens 1986 ergaben sich für La Palma zunächst keine wirtschaftlichen Konsequenzen, da die Kanarischen Inseln zur Sicherung ihres Status als Freihandelszone die Mitgliedschaft verweigerten. Aufgrund der spezifischen Insellage wurde deshalb für die Kanaren ein Sonderabkommen geschlossen. 1989 entschied sich das kanarische Parlament dann doch zum Beitritt in die Europäische Gemeinschaft, um vor allem von den EG-Subventionen zu profitieren und den kanarischen Exportprodukten einen freien Zugang zum europäischen Binnenmarkt zu ermöglichen. Seit 1993 sind die Kanarischen Inseln voll in die EU integriert.

Politische Entwicklung nach der Franco-Diktatur

Der vorläufig letzte Vulkanausbruch auf den Kanaren ereignete sich 1971 auf La Palma (Volcán de Teneguía). Auf dem Roque de los Muchachos nahm 1985 eines der weltweit wichtigsten astrophysikalischen Observatorien seinen Betrieb auf. Die Anlage wird ständig um immer leistungsfähigere Teleskope ergänzt, so wurde im März 2002 das größte Sonnenteleskop Europas eingeweiht. Als zweite Kanareninsel (nach Lanzarote) wurde Hierro Anfang 2000 von der UNESCO zum "Weltbiosphärenreservat" erklärt.

Wichtige Ereignisse der letzten Jahrzehnte

Altkanarische Bevölkerung

Schon im Altertum waren die Kanaren bewohnt. Über die Herkunft dieser Urbewohner, der Altkanarier, wird allerdings immer noch gerätselt. Die Europäer, die ab dem 14. Jh. den Kanarischen Archipel mehr und mehr unter ihre Kontrolle brachten, fanden auf allen Inseln eine primitive, von der übrigen Welt scheinbar abgeschottete Hirten- und Bauernkultur vor, deren Bevölkerung vom Aussehen her zwar Ähnlichkeiten mit europäischen Völkern des Mittelmeerraums hatte, die aber weder Rad noch Pflug kannte, der die Metallverarbeitung unbekannt war, die über keinerlei entwickelte Waffen verfügte, sogar Pfeil und Bogen waren ihr fremd – ein Volk also, das sich im 15. Jh. auf der Entwicklungsstufe der Steinzeit befand.

Herkunft

Vor allem mit Hilfe von Radiokarbondatierungen archäologischer Funde sind Forscher zu der Erkenntnis gelangt, daß die Kanaren frühestens um 500 v. Chr. besiedelt wurden. Aber woher kamen die ersten Inselbewohner? Anzunehmen wäre, daß die Besiedlung vom marokkanischen Kap Juby aus erfolgt ist, beträgt doch die Entfernung zwischen diesem Küstenabschnitt der Westsahara und Fuerteventura, der östlichsten Kanareninsel, nur 100 km. Trotz der geringen Distanz erweist sich die Überquerung der Meeresstraße zwischen Marokko und den Kanaren mit einfachen Schiffen jedoch als äußerst schwierig, wie 1970 der Norweger Thor Heyerdal mit einem Schilfbündelfloß nachwies: Bei normalen Strömungs- und Passatwindverhältnissen wird man an den Inseln südlich vorbeigetrieben. Da es erheblich leichter war, den Archipel von der 1000 km entfernten Iberischen Halbinsel aus zu erreichen, wurde die Frage aufgeworfen, ob die Kanaren vielleicht vom iberischen Raum aus besiedelt worden seien. Für diese These sprach auch das Vorhandensein bestimmter Kulturgüter auf den Inseln, z.B. Erscheinungsformen der Religion, Keramikfunde, Felsgravuren u.a. Sogar direkte Verbindungen zur Megalithkultur in der Bretagne, in Irland und Schottland wurden diskutiert. Mittlerweile sind viele Wissenschaftler der Ansicht, daß die altkanarische Bevölkerung ihre Wurzeln doch in Nordafrika hat. Sie berufen sich dabei auf Skelettauswertungen, die eine Verwandtschaft zwischen altkanarischen und nordafrikanischen Völkern nahelegen, sowie auf Übereinstimmungen mit berberischen Kulturen. Schwer zu verstehen ist allerdings, warum die ab 500 v. Chr. einwandernden Berber Errungenschaften wie Rad, Pfeil und Bogen, die damals auch in Nordafrika weithin bekannt waren, einfach "vergaßen".
Wie die Ureinwohner auf die Inseln gelangten, bleibt Spekulation, da keinerlei Reste von Wasserfahrzeugen gefunden wurden. Man nimmt an, daß sie die Kanaren mit Schilfbooten erreichten, die später verrotteten; die Schiffahrt wurde dann aufgegeben, vielleicht auch weil auf dem Archipel kein Schilf wächst. Rätselhaft ist auch, was die ersten Inselbewohner bewog, den afrikanischen Kontinent zu verlassen. Als Gründe hierfür werden die zunehmende Verwüstung der Region und, zu einem späteren Zeitpunkt, der Druck der römischen Besatzung vermutet. Die Forscher sind sich weitgehend darüber einig, daß die Kanaren in mehreren Einwanderungswellen – aus unterschiedlichen Gründen – besiedelt wurden.

Bezeichnung

Obwohl sich die einzelnen Inselvölker kulturell und sprachlich voneinander unterschieden, wird fälschlicherweise für alle der Name "Guanchen" ge-

Altkanarische Bevölkerung

Hausrat und Nahrungsmittel der kanarischen Urbevölkerung

braucht. Tatsächlich ist dieser Begriff jedoch auf die Bewohner von Teneriffa begrenzt. "Guanche" leitet sich aus der altkanarischen Sprache ab und bedeutet soviel wie "Sohn von Teneriffa" ("guan" = "Sohn" und "achinech" = Bezeichnung für Teneriffa). Die altkanarische Bevölkerung der anderen Inseln hatte abweichende Benennungen; so sprach man von den Bewohnern Hierros als den "Bimbaches", die Urpalmeros nannten sich "Auritas" bzw. "Benahoritas", abgeleitet von "Benahoare", wie die Insel bei der Ankunft der Spanier hieß, was mit "Land der Vorfahren" übersetzt wurde.

Bezeichnung (Fortsetzung)

Die Altkanarier waren Hirten und Ackerbauern. Auf gerodeten Feldern bauten sie Gerste und Weizen sowie Hülsenfrüchte an. Als Haustiere hielten sie sich Ziegen, Schafe, Schweine und Hunde.

Kulturstufe

Die altkanarische Bevölkerung lebte vorwiegend in Höhlen, die den klimatischen Verhältnissen besonders entgegenkamen. Auf La Palma wurden die meisten dieser einstmals bewohnten Felsgrotten an Barrancohängen im Norden und Nordwesten der Insel sowie vereinzelt auf Berghöhen im Nordosten entdeckt. Leicht zugänglich ist die Cueva de Belmaco, die vermutlich einem Inselfürsten als "Residenz" diente.

Wohnweise

Hauptnahrungsmittel war "gofio", eine Speise aus gerösteten Gerstenkörnern, die gemahlen mit Honig und Wasser zu einer Masse geknetet und anschließend zu Kugeln gerollt wurden. Ferner ernährten sich die Altkanarier von Ziegenfleisch, Milch, Butter und Käse, von in den Wäldern gesammelten Pilzen und Wildfrüchten sowie von Fischen und Meeresfrüchten, die sie unmittelbar an der Küste fingen (Fehlen von Booten!).
Der Portugiese Diogo Gomes berichtete zu Beginn des 16. Jh.s, daß die Palmeros vor allem infolge knapper Lebensmittel gezwungen waren, stets darauf zu achten, daß ihre Gesamtzahl von rund 4000 Inselbewohnern nicht überschritten wurde: Selbst die eigenen Kinder wurden bei drohender Übervölkerung dem Tod preisgegeben.

Nahrungsmittel

Altkanarische Bevölkerung

Kleidung
Das üblichste Kleidungsstück war der Fellumhang, der als "tamarco" bezeichnet wurde. Er bestand aus Ziegenfellen, die mit Pflanzenstacheln zusammengenäht wurden. Richtige Gewebe gab es, obwohl Schafe auf den Inseln lebten, nicht. Lediglich aus Palmfasern und Bast geflochtene Materialien dienten als weitere Bekleidungsstücke. Bei den Schmuckstücken, die gefunden wurden, handelt es sich fast nur um Halsketten: Lederschnüre mit aufgezogenen Muscheln, Steinen, Knochen oder Tonperlen.

Werkzeuge, Waffen
Viele Gebrauchsgegenstände des täglichen Bedarfs wurden aus vergänglichen Materialien wie Holz und Leder hergestellt. Das gängigste Werkzeug war eine aus Stein gehauene und geschliffene Handaxt. Als Waffen dienten den Altkanariern nur Wurfsteine, in Feuer gehärtete Wurfspeere und Holzkeulen sowie spitze, dünne Steinklingen, die auch zum Zerschneiden verschiedener Gegenstände benutzt wurden. Pfeil und Bogen kannten sie nicht, auch die Metallverarbeitung war ihnen unbekannt. Mit diesem primitiven Waffenarsenal hatten sie gegen die waffentechnisch überlegenen spanischen Invasoren auf Dauer natürlich keine Chance.

Soziale Gliederung
Die Urbevölkerung der Inseln teilte sich in drei Schichten: Zur ersten zählten der König bzw. Fürst, der "mencey", und seine Angehörigen, zur zweiten der Adel und zur dritten die übrige Bevölkerung. Zwischen der zweiten und dritten Gruppe scheint keine klare Abgrenzung bestanden zu haben. Der Adel war nicht erblich, sondern konnte durch persönliche Tugenden erreicht werden, die Priester mußten den Adelsstatus bestätigen. Auf den einzelnen Inseln existierten teilweise voneinander unabhängige Stammesgebiete, denen jeweils der König vorstand. Auf La Palma gab es insgesamt zwölf König- bzw. Fürstentümer, unter denen es selten friedlich zuging: Kriege bzw. Streitigkeiten zwischen einzelnen Territorien waren an der Tagesordnung. Nur bei Gefahr von außen unterstanden alle Bezirke einem gemeinsamen Heerführer. Die Erbfolge auf den Inseln war an die weibliche Linie geknüpft. Ein Matriarchat bestand jedoch nicht. Die Frau übte die Königswürde nicht selbst aus, sondern vielmehr ihr Ehemann, den sie durch ihre Wahl dazu legitimierte. In der Praxis hat die mutterrechtliche Erbfolge sicher zu einer reichen Bewertung der Frau geführt. So gibt es auch etliche Belege dafür, daß Frauen im Kultus eine große Rolle spielten. Auf Fuerteventura sollen zwei Frauen über den Rechts- und Kultbereich entschieden haben. Auf La Palma standen Frauen auch im Kampf ihren "Mann": Mit ihrem Mut und ihrer Kampfeslust sorgten sie unter den spanischen Eroberern für Angst und Schrecken.

Tagoror
Auf fast allen Inseln gab es einen "Tagoror", einen Ratsplatz, auf dem sich der König oder Fürst mit seinen Beratern einfand, auf dem Gesetze erlassen, Gerichtsverhandlungen abgehalten und Urteile vollstreckt wurden. Der Tagoror lag in der Regel etwas außerhalb der Dörfer, auf einer Strandterrasse, Felsplattform, Waldlichtung etc., und wurde oft durch einen Steinkreis markiert. Tagarores größerer Orte fand man auf La Palma nur zwei: im Barranco de Los Cantos in der Caldera und im Barranco de Briesta.

Religion
Die Altkanarier glaubten an ein einziges allmächtiges höheres Wesen. Sie verehrten den Gott "Abora" und brachten dessen Gegenspieler "Guayote" zur Besänftigung Opfer dar. Eine bedeutende Funktion im religiösen Vorstellungskomplex der Inselvölker hatten heilige Berge und Höhlenheiligtümer. Hier wurden dem Gott Tier- und Trankopfer dargebracht. Auf La Palma betete man den Roque Idafe, den steil aufragenden Felsen in der Caldera de Taburiente, als gottähnlichen Weltpfeiler an. Auf Teneriffa und La Palma errichtete die Urbevölkerung auch kleine Steinpyramiden als heilige Stätten. Als Trankopferbehälter dienten auf La Palma vermutlich Schüsseln, die mit eingeritzten Linien verziert waren.

Begräbnisriten
Bemerkenswert ist, daß die Welt der Toten eng mit der der Lebenden verknüpft blieb. Die Wohn- und Begräbnisplätze lassen sich nicht immer deutlich voneinander unterscheiden: Natürliche und künstlich ausgeschachtete

Altkanarische Bevölkerung

Höhlen dienten als Wohn- und Grabstätten, nur von der Insel Gran Canaria sind auch Tumulusbestattungen bekannt.

Die ehemals einer gehobenen sozialen Schicht angehörigen Toten wurden mumifiziert. Man rieb die Leichen mit Ziegenbutter ein und konservierte sie durch Hitze und Rauch. Das Gehirn wurde nie entfernt und die Eingeweide wohl nur in manchen Fällen. Diese Technik der Mumifizierung ist im Vergleich zu der altägyptischen primitiv. Trotz des trockenen Klimas blieben die Mumien nicht allzulange unverweslich. Offenbar wurden die traditionellen Grabgrotten immer wieder neu belegt. Die Mumien, die man in ihnen fand und die heute in den Museen besichtigt werden können, sind allesamt nicht sehr alt; sie wurden vermutlich im 10./11. Jh. einbalsamiert. Angehörigen niederer Schichten kam nicht die Ehre der Mumifizierung zuteil: Sie wurden entweder vergraben oder verbrannt.

Dem Tod wurde gelassen entgegengesehen. Wer glaubte, von einer Krankheit nicht mehr genesen zu können, sagte zu den Familienangehörigen "Vacaguare" ("Ich möchte sterben"); daraufhin wurde die Person in einer Höhle auf Felle gebettet, mit einem letzten Krug Milch ausgestattet und schließlich eingemauert.

Begräbnisriten (Fortsetzung)

Felsgravuren wie diese bei Garafía geben der Wissenschaft bis heute Rätsel auf. Was bedeuten sie, stammen sie von der kanarischen Urbevölkerung?

Von der Sprache der Altkanarier sind bis in unsere Tage nur spärliche Überreste, vor allem in der Form von Orts- und Flurnamen, erhalten. Sie lassen vermuten, daß das Altkanarische und das Berberische "wurzelverwandt" sind. Auf den einzelnen Inseln wurde keine einheitliche Sprache, sondern verschiedene Dialekte gesprochen. Grundlegende Sachwörter waren allen Inseln gemeinsam.

Sprache

Als die Spanier den Kanarischen Archipel eroberten, kannte die einheimische Bevölkerung keine Schrift. Dennoch fand man bis in die jüngste Zeit immer wieder Felsinschriften bzw. -gravuren. Die ersten Zeichen wurden

Petroglyphen

Altkanarische Bevölkerung

Petroglyphen (Fortsetzung)

1867 auf La Palma (Cueva Belmaco) entdeckt. 1870 stieß man auf Hierro (Los Letreros) gleich auf ein ganzes Kapitel der Schriftgeschichte: Eine einzige Felswand enthielt sowohl Zeichen einer "Sinnschrift", die lediglich Vorstellungen und Begriffe vermittelt, die der Betrachter interpretieren muß, als auch graphische Zeichen, die bereits unserer heutigen Alphabetschrift nahe kommen. Daneben sind Übergänge zwischen beiden Schriftarten festzustellen. Auf La Palma gibt es mit rund 50 Fundstellen, vor allem im Nordwesten der Insel, die meisten Petroglyphen des gesamten Kanarischen Archipels. Am häufigsten sind auf den Felsritzzeichnungen Spiral-, Labyrinth- und Mäandermotive sowie Wellenkreise dargestellt. Hinzu kommen aber auch einfache Kreise, Linien und Ovale. An der 1982 bei El Paso entdeckten Felswand am Lomo de Fajana wurden sogar radiale, sonnenförmige Muster gefunden. Vor allem die ornamentalen Spiralbilder verleiteten Forscher früher dazu, Vergleiche mit Megalithgräbern in der Bretagne und in Irland anzustellen. Mittlerweile werden auch Analogien zu Felszeichnungen des berberischen Nordafrika gezogen. Bis heute ließen sich die Inschriften nicht entziffern. Unklar ist auch noch, ob die Altkanarier die Felsen selbst beschrieben haben oder ob gelegentliche Besucher der Inseln die Felsmalereien hinterließen. Im Parque Cultural de la Zarza y La Zarcita im Norden La Palmas findet man zwei der wichtigsten Fundstellen von Felsgravuren.

Kunst

Aus vorspanischer Zeit sind einige schöne Keramikgegenstände erhalten. Sie wurden freihändig und nicht mit Hilfe der Töpferscheibe geformt. Vielfach sind die Gefäße mit Hohlgriffen versehen, die zugleich als Ausgußtüllen dienen konnten. Vorherrschend sind einfache glatte Gegenstände, daneben gibt es aber auch welche, die mit ornamentalen Kerben dekoriert sind. Je nach Insel weicht die Gestaltung voneinander ab. So zeichen sich die Gefäße von La Palma durch Präge- oder Impresso-Dekor aus.
Im Zusammenhang mit altkanarischer Keramik ist auf die "Pintaderas" hinzuweisen. Dabei handelt es sich um eine Art "Stempel" mit vielfältig ornamentierten Siegelflächen. Sie wurden meist aus Keramik und nur selten aus Holz hergestellt. Vermutlich verwendete man sie dazu, um Gegenstände mit einer unverwechselbaren Signatur zu versehen. Noch nie wurden zwei Pintaderas gefunden, deren Abdrücke einander völlig gleichen.
Die Idolfiguren waren wohl Elemente bestimmter Riten und Kulte. Sie sind fast ausnahmslos nur bruchstückhaft erhalten. Einen künstlerischen Rang besitzt lediglich das "Idol von Tara". Dieses vermutlich berühmteste altkanarische Fundstück wurde auf Gran Canaria entdeckt. Die Tonstatue wirkt mit ihren grotesk verdickten Gliedmaßen weiblich, obwohl Andeutungen der Brüste fehlen. Insgesamt sind die Zeugnisse auf dem Gebiet der Kunst spärlich. Das Erhaltene wirkt ausnahmslos schlicht.

Hispanisierung der Altkanarier

Nach der spanischen Inbesitznahme der Inseln gerieten die Kultur der Altkanarier, ihre Sprache und Lebensweise völlig in Vergessenheit. Man nahm daher lange Zeit an, daß die Eroberer die einheimische Bevölkerung rücksichtslos ausgerottet hatten. Zweifelsohne wurde ein großer Teil der Altkanarier von den Spaniern versklavt und ins Ausland gebracht. Zudem dezimierte sich die Inselbevölkerung in den kriegerischen Auseinandersetzungen mit den Eindringlingen. Ein größerer Teil hat jedoch überlebt. Anthropologische Forschungen beweisen eindeutig ein Fortbestehen altkanarischer Rassemerkmale in der heutigen Bevölkerung der Kanaren. Es muß also nach der spanischen Eroberung sehr schnell zu einer Verschmelzung zwischen den beiden Bevölkerungsgruppen gekommen sein. Die Altkanarier assimilierten sich und übernahmen die Lebensweise der Spanier, was nicht verwunderlich ist, da die spanische Kultur der ihren weit überlegen war. Dennoch sind einige Reste der altkanarischen Kultur erhalten geblieben: das Grundnahrungsmittel "gofio", die "lucha canaria", der kanarische Ringkampf, und der "juego del palo", eine Art Stockkampf; vor allem aber sprachliche Spuren in Ortsnamen wie Tazacorte, Tigalate, Tijarafe oder Argual sowie einige altkanarische Wörter wie "baifo" für Ziegenfleisch, "taibaba" für Pflanze, oder "mago" für Bauer.

Berühmte Persönlichkeiten

Für seine Glaubensgenossen war er die Ausgeburt des Liberalismus, für seine Feinde ein Revolutionär. Wahr ist, daß Manuel Díaz Hernández, der Pfarrer der Salvador-Kathedrale in Santa Cruz, kein gewöhnlicher Priester war. Er nutzte die Kanzel, um die medizinischen Fortschritte auf dem Gebiet der Impfstoffe zu begrüßen, und er versuchte, seine Pfarrgemeinde auf die liberale Verfassung von 1820 einzuschwören. Doch als der Absolutismus nach Spanien zurückkehrte, brachte ihn der General-Kommandant auf Teneriffa, Van de Walle, 1823 für diese Predigt vor ein Kirchengericht, das den liberalen Seelenhirten für einige Jahre in die Verbannung nach El Hierro verwies.

Díaz machte auch auf anderen Gebieten von sich reden. 1821 hatte er eine nach dem Lancastermodell geführte kostenlose Volksschule eingerichtet, die allerdings im Jahr seiner Verbannung, 1823, ein Opfer der restaurativen Politik wurde und, wie viele andere Bildungseinrichtungen auch, wieder die Pforten schließen mußte. Der Priester war darüber hinaus musisch vielseitig begabt: Er komponierte Kirchenmusik, malte Altarbilder und schuf Skulpturen.

1897 wurde ihm auf der Plaza de España in seiner Geburtsstadt Santa Cruz de la Palma ein Denkmal aus Bronze gesetzt.

Manuel Díaz Hernández (1774 – 1863)

Bis zu ihrer Verschleppung durch kastilische Sklavenjäger einige Jahre vor der Eroberung von La Palma herrschte Francisca de Gazmira über einen kleinen Landstrich im Aridane-Tal im Westen La Palmas. Die Kastilier brachten sie nach Gran Canaria, wo sie zum Christentum bekehrt wurde. Bei der Einnahme von La Palma im Jahr 1492 spielte sie eine nicht unerhebliche Rolle. Im Vertrauen darauf, daß die Spanier, wie vereinbart, nach der Eroberung die Herrschaftsstrukturen und Gebräuche der Urpalmeros nicht antasten, diese also auch nicht versklaven würden, unterstützte sie die Konquistadoren als Dolmetscherin und wegkundige Führerin. Als sie sah, daß sich die Eroberer nicht an ihre Versprechen gebunden fühlten, trat sie vor der spanischen Krone für die Rechte ihres Volkes ein – jedoch ohne Erfolg.

Francisca de Gazmira (15. Jh.)

Er wird als der repräsentativste kanarische Maler des 19. Jh.s angesehen: Manuel González Méndez. Bei den Weltausstellungen von Paris wurde er 1876, 1889 und 1900 ausgezeichnet. Seine Studien begann er in seiner Geburtsstadt, Santa Cruz de la Palma, die er dann auf Teneriffa und an der Pariser Ecole des Arts Décoratives fortsetzte, wo er 1872 einen Skulpturpreis erhielt. Zu seinen Werken zählen u.a. über hundert Ölgemälde, Aquarelle und Zeichnungen.

Manuel González Méndez (1843 – 1909)

In Anlehnung an Francisco de Quevedo, den großen spanischen Dichter des "Goldenen Zeitalters", gilt Cristóbal del Hoyo Solórzano y Sotomayor als Quevedo der Kanaren. Seine ersten Werke schrieb der in Tazacorte

Cristóbal del Hoyo Solórzano y Sotomayor

Berühmte Persönlichkeiten

Cristóbal del Hoyo Solórzano y Sotomayor (1677 – 1762; Fortsetzung)

geborene Adlige im Alter von 45 Jahren – im Gefängnis von Paso Alto (Teneriffa). Dort saß er ein, weil er ein Heiratsversprechen nicht eingelöst hatte. Es gelang ihm zu fliehen und sich über Madeira nach Lissabon abzusetzen. 1736 wurde er auf eigenes Betreiben hin vom spanischen Königshof in Madrid begnadigt; außerdem durfte er wieder seinen alten Adelstitel – Vizconde de Buen Paso y Marqués de la Villa de San Andrés – tragen. Insgesamt veröffentlichte der ebenso gebildete und sprachbegabte wie lebenslustige kanarische Dichter drei Bücher und 71 Gedichte, in denen der Einfluß der spanischen Poeten Quevedo (1580 – 1645) und Luís de Góngora (1561 – 1627) spürbar ist, die er ausgiebig im Gefängnis studiert hatte. Sein literarisches Werk zeichnet sich durch eine ungehemmte und heitere barocke Sprache aus, schreckt jedoch auch nicht vor Kritik an zeitgenössischen Zuständen zurück. So äußerte sich Hoyo in einem seiner Bücher, wie er bereits im Titel erkennen ließ, freimütig darüber, "was er vom Hof in Madrid hält". Die Inquisition jedenfalls sah in seinen Werken mehrmals einen Anlaß, ihn vor ihre Tribunale zu zitieren.

Hoyo ist nicht nur der kanarische Quevedo, er war auch ein für seine Zeit modern denkender Mensch, ein Vorkämpfer der Aufklärung auf den Kanaren. Mit 85 Jahren starb er in La Laguna (Teneriffa), wo er sich 1751 niedergelassen hatte. Sein Grab befindet sich in der Iglesia de los Remedios in La Laguna.

Alonso Fernández de Lugo (ca. 1455 – 1525)

Alonso Fernández de Lugo war eine Berühmtheit. Er hatte an wichtigen Schlachten teilgenommen, war hochdekoriert und galt als sehr tapfer. Als er 1491 um ein Treffen mit den Katholischen Königen nachsuchte, um ihnen die Eroberung der noch unabhängigen Kanareninseln La Palma und Teneriffa vorzuschlagen, wurde ihm eine Audienz bei dem spanischen Herrscherpaar Isabella und Ferdinand schneller zuteil als Christoph Kolumbus, der jahrelang darauf warten mußte. Lugo hätte als großer Eroberer in die Geschichte eingehen können – womit seine Person allerdings am meisten in Verbindung gebracht wird, ist der Wortbruch, mit dem er auf übelste Weise den letzten freien, aber verhandlungsbereiten Fürsten von La Palma, Tanausú, bezwang (→ *Baedeker Special,* S. 34/35).

Wann und wo Lugo das Licht der Welt erblickte, ist nicht bekannt. Vermutet wird, daß seine Familie aus Lugo in Galizien stammte, er selbst aber in Andalusien geboren wurde und vor seinem Aufbruch auf die Kanaren in Sevilla wohnte. 1478 kam er vermutlich zum erstenmal, im Gefolge von Pedro del Algaba, dem neuen "Gobernador de la Gran Canaria", auf den Archipel.

An der Eroberung von Gran Canaria, die im Jahr 1483 abgeschlossen wurde, war er maßgeblich beteiligt. Auch im Kampf um Granada, die letzte Maurenbastion auf spanischem Boden, die 1492 von den Spaniern eingenommen werden konnte, machte er sich einen Namen. Ansonsten fristete er bis zu diesem Zeitpunkt ein eher eintöniges Leben auf Gran Canaria: als Kommandant der dortigen Festung Agaete und als Zuckerrohrpflanzer. 1491 erlangte er von den Katholischen Königen die Erlaubnis, La Palma und Teneriffa zu unterwerfen. Seinen Eroberungsfeldzug begann er am 29. September 1492, und zwar mit der kleineren Insel, denn La Palma schien weniger dichtbesiedelt und daher auch weniger widerstandsfähig. Am 3. Mai 1493 war La Palma unterworfen. Am 1. Mai 1494 landete er mit seinen Truppen auf Teneriffa, dessen Eroberung er nach vielen Kämpfen mit Einheimischen zwei Jahre später zum Abschluß brachte. Nach der Eroberung der letzten freien Kanareninsel wurde ihm der Titel "Gobernador de Tenerife y de La Palma" verliehen.

Insgesamt war Lugo dreimal verheiratet, u.a. ab 1498 mit Beatriz de Bobadilla, einer früheren Mätresse des spanischen Monarchen Ferdinand von Aragón und der für ihre Grausamkeiten bekannten Herrscherin von La Gomera.

Alonso Fernández de Lugo regierte bis zu seinem Lebensende, also rund drei Jahrzehnte, über die beiden Inseln La Palma und Teneriffa. Er war ein tapferer Soldat, wenn auch kein großer Stratege, ein geschickter Politiker, der es verstand, ohne große Schwierigkeiten lange an der Macht zu blei-

Berühmte Persönlichkeiten

ben, was anderen Konquistadoren so gut wie nie gelang. Er gründete Dörfer und Städte, nahm dabei allerdings nur wenig Rücksicht auf die unterworfene Urbevölkerung. Er hatte zwei der reichsten Inseln des Archipels erobert, aber angesichts der Eroberungen, die nun in der Neuen Welt stattfanden, verblaßte sein Name rasch im Dunst der Geschichte.

Alonso Fernández de Lugo (Fortsetzung)

Sie selbst wurde zwar in der Dominikanischen Republik geboren, aber Maria Montez fühlte sich immer als Spanierin, schließlich stammte ihr Vater, ein Ehrenkonsul, aus Garafía – für die Palmeros Grund genug, in der "reina del tecnicolor", der Filmkönigin, aus dem Hollywood der 40er Jahre eine Tochter der Insel zu sehen.
Nach ihrer Scheidung von einem britischen Adligen verkehrte Maria Montez gern auf Partys der High Society in New York, bis der Maler McClelland Barclay von ihr ein Porträt anfertigte: The Cosmopolitan. Von da an interessierten sich auch Fotomagazine für sie. Kurz darauf wurde sie von der Produktionsgesellschaft Universal Pictures in Hollywood unter Vertrag genommen, die auch ihren Namen änderte: Aus María África Gracia wurde Maria Montez, die Verkörperung des exotischen hispano-kreolischen Typs. Zwischen 1941 und 1951 spielte sie in 26 Filmen mit, darunter in aufwendigen Hollywood-Streifen wie "1001 Nacht", "Ali Baba und die 40 Räuber" (1943), die sie nach Hawaii, Bombay und Rio de Janeiro führten, und, an der Seite von Douglas Fairbanks jr., in Max Ophüls' "Der Verbannte" (1947). Seit 1943 Ehefrau des französischen Schauspielers Jean-Pierre Aumont, übernahm sie auch in französischen Filmen mehrere Hauptrollen, wie in "Der Dieb von Venedig" (1950). Am 7. September 1951 erlag sie, als sie in ihrem Pariser Domizil ihr tägliches Bad nahm, einem Herzstillstand. Sie hinterließ eine Tochter, die ebenfalls Schauspielerin wurde: Tina Aumont.

Maria Montez (1912 – 1951)

Schreiner wie sein Vater wollte er nicht werden. Lieber widmete er sich schon in seiner Jugend den Schriften von Marx und Engels. In der palmerischen Wochenzeitschrift "Verdún" veröffentlichte José Miguel Pérez y Pérez, sowohl in Prosa als auch in Versform, seine radikalen Ideen. 1920 siedelte nach Kuba über, arbeitete dort als Lehrer und trat 1921 der Kubanischen Arbeiterbewegung bei. 1925 war er maßgeblich an der Gründung der Kommunistischen Partei Kubas beteiligt, dessen Generalsekretariat ihm dann übertragen wurde. Bereits wenige Tage danach mußte er Kuba verlassen.
Nach seiner Rückkehr nach La Palma gründete er im Untergrund mit Gesinnungsgenossen den "Partido Comunista de La Palma", die erste kommunistische Partei auf den Kanaren. In seiner Geburtsstadt Santa Cruz de la Palma eröffnete er außerdem eine Privatschule. Kurz darauf entstand auch durch sein Mitwirken die "Federación de Trabajadores de la Palma", der palmerische Arbeiterbund. Am 25. Juli 1936 wurde Pérez y Pérez im Anschluß an die "Semana Roja" (Rote Woche), in der sich die Republikaner der Insel geweigert hatten, den Putsch von General Franco gegen die rechtmäßige Regierung Spaniens zu unterstützen von den aufständischen "Nacionales" verhaftet und wenige Tage später, am 3. August, in Santa Cruz de Tenerife erschossen.

José Miguel Pérez y Pérez (1896 – 1936)

José Pérez Vidal zählt zu den größten spanischen Gelehrten des 20. Jh.s. Nach seiner Promotion (Dr. phil. und Dr. jur.) an der Universität von Madrid wurde er Professor in Barcelona und am Instituto de Bachillerato von Santa Cruz de la Palma, seiner Geburtsstadt. Hier förderte er auch maßgeblich die Stiftung "Academia Insular de Música". Ab 1948 hielt er sich hauptsächlich in Madrid auf, wo er mehrere wissenschaftliche Ämter innehatte. Einen Namen machte er sich vor allem mit sprachwissenschaftlichen Untersuchungen (u.a. "Einflüsse des Arabischen und der Guanchensprache im kanarischen Spanisch"), die auch für die spanische Sozial- und Wirtschaftsgeschichte große Bedeutung haben. 1984 erhielt er den ersten "Premio Canarias de Investigación" (Forschungspreis der Kanaren). 1994 wurde im Kloster San Francisco in Santa Cruz de la Palma seine mehr als 4000bändige Bibliothek der Öffentlichkeit zugänglich gemacht.

José Pérez Vidal (1907 – 1990)

Berühmte Persönlichkeiten

Tanausú
(gest. 1493)

Von allen altkanarischen Fürsten auf La Palma war Tanausú der herausragendste und tapferste Herrscher. Er regierte über das Gebiet von Aceró, was soviel wie "starker Ort" bedeutet, eine durch seine steilen Felshänge nahezu uneinnehmbare Bergfestung. Als einziger Fürst wehrte er sich tapfer und erfolgreich gegen die Invasion des spanischen Expeditionskorps unter Alonso Fernández de Lugo. Seine Ritterlichkeit, sein Vertrauen auf ein gegebenes Wort wurden ihm schließlich zum Verhängnis. Mit falschen Versprechungen – freies Geleit und Waffenstillstandsverhandlungen – wurde er von seinem Gegenspieler Lugo aus seiner sicheren Festung gelockt und sofort angegriffen. Ohne die schützenden Felshänge hatten er und seine Krieger gegen die Übermacht der Spanier nicht die geringste Chance. Mit seiner Niederlage endete die Unabhängigkeit von La Palma, wurde die Insel zu einem Bestandteil der spanischen Krone (→ *Baedeker Special,* S. 34/35). Auf den Großmut des Konquistadoren durfte der gefangene Fürst allerdings nicht hoffen. Lugo ließ ihn als lebenden Beweis seines Triumphes nach Spanien deportieren. Doch Tanausú machte seinem Bezwinger einen Strich durch die Rechnung: Auf der Überfahrt verweigerte er die Nahrung, nur sein Leichnam erreichte das spanische Festland. Für Fray Juan de Abreu Galindo war dieser Suizid kein außergewöhnlicher Vorgang, denn die Urpalmeros hätten sich stets in ausweglosen Situationen für den Freitod entschieden, wie er in seiner "Historia de la Conquista de las siete Islas de Canaria" von 1632 lapidar vermerkte.

Gregorio Toledo
(1906 – 1980)

Gregorio Toledo gilt als der bedeutendste palmerische Maler des 20. Jh.s. Nach einer akademischen Ausbildung wurde er Professor für Malerei an der Hochschule für Schöne Künste in Sevilla und Madrid. Für seine Werke erhielt er zahlreiche Auszeichnungen. Er stellte in vielen Städten der Welt aus, darunter auch in Berlin und München. Obwohl weit von seinem Geburtsort Villa de Mazo entfernt, brachte er gern die Erinnerungen seiner Kindheit in bildliche Form: traditionelle Tänze, Stilleben und wildwachsende Blumen.

Kunst und Kultur

Die Zeugnisse altkanarischer Kunst sind spärlich. Im Museo Insular von Santa Cruz kann man einzelne Fundstücke bewundern wie Tongefäße und -scherben, Tierfiguren sowie steinzeitliche Waffenteile (→ Altkanarische Bevölkerung).

Altkanarische Kunst

In ärmeren Regionen im Norden der Insel lebten die Menschen in schmucklosen, kleinen Bruchsteinhäusern, deren Dächer aus Holzlatten bestanden. In wohlhabenderen Gebieten sieht man noch vereinzelt einstöckige Häuser mit dicken, weißgetünchten Lehmwänden. Sie haben meist drei Zimmer. Daneben findet man auch noch zweistöckige Häuser. Die obere Etage diente zum Trocknen und Lagern von Getreide. Ein Großteil des Familienlebens spielt sich jedoch im zumindest teilweise überdachten und mit Pflanzen üppig begrünten Hof (Patio) ab. Häuser ohne Patio verfügen zumindest über ein schattenspendendes Vordach.
Die einstöckigen Häuser in der Stadt, im volkstümlichen kanarischen Baustil errichtet, haben meist einen schmalen, äußerst engen Grundriß, die zweistöckigen Häuser besitzen eine Außentreppe aus Holz oder Stein, ei-

Traditionelle Hausarchitektur

Die Casa Luján bei Puntallana, Beispiel für einen herrschaftlichen Landsitz des 19. Jh.s, ist als Museum zugänglich.

Kunst und Kultur

Traditionelle Hausarchitektur (Fortsetzung)

nen kleinen Balkon oder – in seltenen Fällen – einen Eingangsvorraum. Den Mittelpunkt des Hauses bildet der schattige, oft prächtig bepflanzte Innenhof, von dem aus eine Treppe (in der Regel auf der linken Seite) zu den Wohnräumen im Obergeschoß führt. Gemeinsam ist fast allen Häusern, daß sie weiß gestrichen oder gekalkt sind. Dadurch werden die Sonnenstrahlen reflektiert, d.h. die Hitze kann schlechter eindringen, außerdem lassen sich so Insekten fernhalten. Diese sind auf hellen glatten Flächen ungetarnt und meiden sie daher instinktiv. Neben der kubischen Grundform besitzen alle Häuser rote Ziegeldächer.

Die herausragendsten Elemente der kanarischen Architektur sind die Bauteile aus Holz, nämlich kunstvoll geschnitzte, grün, weiß oder zimtfarben gestrichene Balkone, Galerien, Fenster und Türen, die auf den Inseln schon immer als Zeichen des Wohlstands galten. Steinmetzarbeiten hingegen bilden eine Ausnahme. Die Balkone lassen sich in zwei Gruppen unterteilen: in solche mit gedrechselten Geländern, die zwischen Brüstung und Dach offen sind, und solche mit einem Flechtgitter oft bis unters Vordach, die nach arabischem Vorbild einen Sichtschutz gegen die Straße hin bieten. Daneben gibt es diverse Mischformen. Charakteristisch für La Palma ist die Kombination von braunem Kiefernholz und Fliesen bei den Treppen.

Eines der Kunsthandwerkszentren auf La Palma ist Mazo. Hier gibt es eine Kunsthandwerksschule, und auf dem Bauernmarkt kann man Korbflechterinnen bei der Arbeit zusehen.

Kunstgeschichte

Nach der spanischen Eroberung der Insel entstanden im Laufe der Jahrhunderte in enger Anlehnung an europäische und vor allem spanische Traditionen Kirchen und bescheidene Repräsentationsbauten. Dabei handelt es sich nicht um außerordentliche Kunstschätze, doch verdienen einige Bauten, die den unterschiedlichsten Stilrichtungen zuzuschreiben sind, durchaus Beachtung.

Während gotische Einflüsse auf den Kanaren nur ganz vereinzelt deutlich werden (z.B. Sakristei der Iglesia de El Salvador in Santa Cruz de la Palma), so sind Renaissance-Bauwerke schon zahlreicher vertreten. In Anleh-

Kunst und Kultur

Kunstgeschichte (Fortsetzung)

nung an antike Bauformen zeichnen sie sich durch klar voneinander abgesetzte Geschosse aus (Rathaus in Santa Cruz de la Palma). Eine schöne Renaissance-Arbeit ist auch das Portal der o.g. Kirche El Salvador. Unübersehbar ist den palmerischen Gotteshäusern ist der flämische Einfluß. Viele Heiligenstatuen, Tafelbilder und Altaraufsätze stammen von Künstlern aus Flandern, das seit Ende des 15. Jh.s enge Verbindungen zu Spanien und damit zu den Kanaren unterhielt. In den Kirchen La Palmas sind die meisten flämischen Kunstwerke der Kanarischen Inseln anzutreffen.

Eine Vermischung maurischer mit gotischen bzw. Renaissanceformen stellt der Mudéjar-Stil dar. Er wurde in Spanien von den "Mudejaren", d.h. den "zum Bleiben ermächtigten" Mauren, aber auch von maurisch beeinflußten christlichen Baumeistern entwickelt. Seine wichtigsten Kennzeichen sind Hufeisenbögen, Stalaktitengewölbe und Stuckornamentik. Diese Schmuckelemente fehlen allerdings auf den Kanaren. Hier kommt der Mudéjar-Stil nur in den Holzkonstruktionen zum Ausdruck, in kunstvoll geschnitzten Balkonen, Treppenaufgängen und Galerien von Bürgerhäusern sowie in prächtigen, mit geometrischen Formen versehenen Holzdecken von Kirchen. Die Kassettendecke der Salvador-Kirche von Santa Cruz aus kanarischem Kiefernholz gilt als die schönste des Archipels.

Im 17. Jh. hielten der Barock, in der zweiten Hälfte des 18. Jh.s der Klassizismus mit seiner strengen Gliederung und sparsameren bauplastischen Ausstattung Einzug auf dem Archipel. Spuren davon sind auf La Palma vor allem an den Portalen zu erkennen.

Nach 1800 wurde auf der Insel kaum gebaut. Lediglich Ende des 19. Jh.s griff man auch auf La Palma, und zwar beim Kirchenneubau von El Paso, den Eklektizismus auf, einen historisierenden Architekturstil, der sich verschiedener Elemente bisher bekannter Baurichtungen bediente und auf dem Archipel sehr verbreitet war.

Kunsthandwerk

Zu den traditionellen Handwerken gehören die Korbflechterei, Seidenstickerei und Zigarrenherstellung in Handarbeit.

Theater

Das Theaterspiel genießt auf La Palma einen hohen Stellenwert. Im 19. Jh. wurden in Santa Cruz das Teatro Chico (Avenida del Puente) und das Teatro Circo de Marte (Calle Virgen de la Luz) gegründet, die heute noch existieren. Zwar beschäftigen diese Theater kein eigenes Ensemble, doch treten hin und wieder Schauspiel- und Ballettgruppen von den Nachbarinseln oder vom Festland auf. Viele Gemeinden besitzen eigene Laien-Theatergruppen. In mehreren Schulen stehen Schauspiel und Theaterkunst auf dem Lehrplan.

Die Neigung der Palmeros zum Schauspielen offenbart sich auch bei den halb-theatrischen Festen, die in vielen Ortschaften begangen werden, z.B. "Das Teufelsfest" in Tijarafe und "Die Schlacht mit den Türken" in Barlovento. Auch bei der alle fünf Jahre stattfindenden "Bajada de la Virgen de las Nieves" gibt es zahlreiche Theaterdarstellungen.

Folklore

Aus dem Leben der Palmeros nicht wegzudenken sind die Fiestas. Die Palmeros haben Freude am Feiern, Singen und Tanzen; kaum ein Tag vergeht, daß nicht irgendwo auf der Insel gefeiert wird. Die Fiestas haben meist einen religiösen Ursprung und gelten einem der Inselheiligen. In der Regel beginnen sie mit einer Prozession, der sich weltliche Vergnügungen anschließen, verbunden mit einer Reihe kultureller Veranstaltungen, mit Kunsthandwerk und Sportwettkämpfen. Mitunter findet bei solchen Festen auch ein "arrastre" statt, ein alter kanarischer Brauch, bei dem Kühe schwere Gewichte hinter sich her schleifen müssen und bei dem das stärkste Rindergespann gewinnt. Zu nennen wären auch die "cuadros alusivos" (Plastische Bilder), ebenfalls eine alte kanarische Tradition, die sich nur noch auf La Palma erhalten hat: Vor einem Bühnenbild stellen Akteure Szenen meist biblischen Inhalts nach - und zwar ganz regungslos, so daß sie den Eindruck eines plastischen Gemäldes erwecken. Cuadros alusivos werden anläßlich einer Fiesta noch in Los Llanos, Las Tricias und San Pedro gezeigt.

49

Kunst und Kultur

Folklore (Fortsetzung)

Eine große Rolle spielen bei derartigen Feierlichkeiten die Musik und der Tanz. Begleitet werden die Lieder meist von einer Timple, einem kleinen Saiteninstrument. Einer der verbreitetsten Volkstänze ist der "sirinoque", ein von Wechselgesängen begleiteter Paartanz, dem altkanarische Ursprünge nachgesagt werden.

Die Tanzgruppen treten fast immer in der traditionellen Tracht von La Palma auf. Die Männer tragen ein weißes Hemd und eine wadenlange Hose, eine Weste und eine Kappe, die bis in den Nacken reicht, die Frauen weite Woll- oder Seidenröcke, weiße bestickte Blusen und bunte Seidenwesten, auf dem Kopf ein seidenes Tuch und darauf einen winzigen Strohhut.

Neben der kanarischen Volksmusik werden auf La Palma auch gern Salsa, Cumbia und Merengue gehört und getanzt, vor allem beim Karneval im Februar – karibische Musikweisen, die durch palmerische Auswanderer auf der "Isla bonita" heimisch wurden.

Moderne Musik

Auf der Insel gibt es Musikgruppen, die Elemente der Volksmusik mit modernen elektronischen Klängen kombinieren (die Gruppe "Taburiente") bzw. sich mit aktuellen Inselproblemen auseinandersetzen, wie die Band "Eso Es", die die Drogenproblematik auf La Palma anprangert.

Traditionelle Sportarten

In fast jeder größeren Ortschaft gibt es Kampfplätze, auf denen "lucha canaria" (Kanarischer Ringkampf) ausgetragen wird. Die kreisförmige Kampffläche hat einen Durchmesser von 9 bis 10 m. Es kämpfen immer nur zwei Mannschaften gegeneinander, und jedes Team besteht aus zwölf Kämpfern (neuerdings auch Frauen), von denen jeweils einer gegen einen Ringer der gegnerischen Mannschaft antritt. Die barfüßigen Sportler tragen feste Hemden und bis über die Oberschenkel hochgekrempelte Hosen, an denen sich der Gegner festhalten kann. Innerhalb von zwei Minuten muß nun der gegnerische "luchador" auf den Boden geworfen werden. Dabei ist so gut wie alles erlaubt: Man darf den Gegner schieben, ziehen, zerren, heben, schleudern; nur Schläge wie Fußtritte und Kinnhaken, Verdrehungen sowie Griffe, die schmerzlich sein könnten, sind verboten. Angegriffen wird immer nur der Körper, nie der Kopf. In den höchstens drei Runden geht als Sieger hervor, wer den Kontrahenten zweimal zu Fall gebracht hat; der Gewinner muß dann gegen den Sieger eines anderen Kampfes antreten, maximal gegen insgesamt drei weitere Gegner. Die Mannschaft, die in dem etwa zwei Stunden dauernden Wettkampf zuerst zwölf Punkte mit einem Abstand von zwei Punkten hat, ist Sieger. Der Gesamtsieg steht im Ansehen höher als der Einzelsieg.

Über die Herkunft der "lucha canaria" gibt es nur Spekulationen. Viele Historiker sehen den Ursprung dieser Sportart wie den des Griechisch-Römischen Ringkampfes im alten Ägypten, demzufolge es vor ein paar tausend Jahren Kontakte zwischen den Kanaren und Ägypten gegeben haben soll; andere Wissenschaftler glauben, daß die "lucha" eine kanarische Eigenproduktion sei.

Eine andere, weniger bekannte kanarische Sportart, bei der dem Gegner wie beim Kanarischen Ringkampf niemals ernsthaft wehgetan werden darf, ist "juego del palo" (der Stockkampf bzw. das Stockfechten). Bei diesem Kampf – besser: spielerischen Geschicklichkeitsübung – simulieren die beiden Gegner nach festen Regeln mit bis zu 2,5 m langen Stöcken Angriff und Abwehr. Wahre Könner lassen die angedeuteten Schläge, Hiebe und Stiche, die nach Möglichkeit ohne großen Körpereinsatz auszuteilen sind, oft nur Millimeter vor dem Körper des Gegners enden. Kanarischen Stockkampf bekommt man Ende August in der "Semana del Deporte Autóctono" (Woche der Ureinwohner-Sportarten) in El Paso zu sehen.

Trotz zahlreicher Proteste von Tierschützern wird er auf der Insel immer noch gepflegt, und zwar seit dem 17. Jh.: der Hahnenkampf (Riña de gallo). Die Saison beginnt im Februar; an 18 aufeinanderfolgenden Sonntagen ist Hahnenkampf, wobei hohe Wetten gesetzt werden. Hauptaustragungsorte sind Tazacorte, Los Llanos und Barlovento. Den Kampfhähnen werden vor dem Kampf die Federn gestutzt, die Oberschenkel gerupft sowie die Kämme und die roten Hautlappen vor dem Hals weggeschnitten.

La Palma in Zitaten

Palma, nach der Menge der Palmen so genannt, ist die letzte der Glückseligen im Westen. Mitten durch sie geht der erste feste Meridian, von dem an der Alexandriner Ptolemäus die Beschreibung der Erde begann ... Diese Insel wurde von den alten Palmesen Benahorare, d.h. Vaterland, genannt und dann Junonia Major, entweder weil hier im Tempel, von dem Plinius erzählt, von einigen Römern der Göttin Juno geopfert wurde, oder weil sie von einem Junius entdeckt wurde; oder sie heißt so wegen des Grüns der Wälder von hohen Palmen, Drachenbäumen (aus denen man das Blut gewinnt), Fichten, Teas (Pinus Canarienses), Linden, Steineichen, Lorbeer- und Myrthenbäumen, welche die Insel auf der Nordseite zur Hälfte schmücken. Sie hat eine große Menge sehr guten Weins und Zuckerrohrs. Der Zucker wird in Tazacorte, Argual und Sauces hergestellt, aber jener, der auf der Ostseite erzeugt wird, ist viel süßer und besser. Mit all diesem Reichtum erntet Palma nur selten Korn für das ganze Jahr, weshalb dieses von Deutschland, Flandern, Frankreich und Lanzarote eingeführt wird. ...

Die Frauen waren tapferer als sie (die Häuptlinge), und in Gefahren gingen sie voraus und kämpften wie Männer mit Steinen und langen Stöcken. Diese Leute von Palma kleideten sich wie die von Ferro. Sie waren so traurig und melancholisch, daß sie starben, wenn ihnen dazu Lust kam, was wegen jeder kleinen Krankheit vorkam. Wenn sie sich krank fühlten, sagten sie, sie wollten sterben, und sie wurden in eine Grotte gelegt mit einem Krug Milch. Man verstopfte dann den Eingang und ließ sie so sterben.

Leonardo Torriani

Der italienische Ingenieur und Festungsbaumeister Leonardo Torriani (1560 – 1628), der sich zwischen 1582 und 1597 auf den Kanaren aufhielt, in seiner Abhandlung "Die Kanarischen Inseln und ihre Urbewohner. Eine unbekannte Bilderhandschrift vom Jahre 1590", herausgegeben von D. J. Wölfel, Leipzig 1940.

Die damals noch freye Insel Palma war in zwölf kleine Bezirke vertheilt, die zu wenig mit einander harmonirten, um einen gemeinschaftlichen Vertheidigungsplan entwerfen zu können, und dennoch einzeln nicht zu widerstehen vermochten. Die Folge davon war, daß sie sich, ungeachtet daß ihre Bewohner sehr tapfere Leute waren, in kurzer Zeit unterwerfen mußte. Sie hatten den Erfolg verschiedener Landungen vereitelt, als Alonzo Fernandez de Lugo im Jahre 1491 von Spanien abgeschickt wurde, um die Inseln, welche noch nicht erobert wären, sich unterwürfig zu machen. Dieser General erschien am 29sten September vor Palma, und nach Verlauf von sechs Monaten hatte er diese Insel unterjocht. Clavijo verlegt diese Begebenheit auf den dritten Mai 1492. Ueber das eigentliche Datum dieser Eroberung sind die Meinungen verschieden. Gewiß ist, daß Lugo nicht eher als 1493 in der Absicht aufbrach Teneriffa zu attaquiren, wo er am 3ten April vor Santa-Cruz ankam ...

J. B. G. M. Bory de St. Vincent

Auszug aus dem Buch "Geschichte und Beschreibung der Kanarien-Inseln" (Neuausgabe: Akademische Druck- und Verlagsanstalt Graz 1970, 456 S.) von Baron Jean-Baptiste Georges Marie Bory de Saint Vincent (1780 – 1846), der zwischen 1798 und 1802 die meisten Inseln an den Küsten Afrikas besucht hatte und seine Erlebnisse auf den Kanaren in diesem ursprünglich zweibändigen Werk (Paris 1803) veröffentlichte.

La Palma in Zitaten

Hermann Christ | Es sind hohe stattliche Räume, welche die Kaufleute von Santa Cruz de la Palma bewohnen: statt Ärmlichkeit oder Vernachlässigung, wie wir sie auf einer so entlegenen, weltvergessenen Insel erwarten, treffen wir Behagen, peinliche Reinlichkeit, Luft und Licht, wie wir sie in Europas Kulturländern selbst in bevorzugten Gegenden nicht immer finden. Und wie reizend ist diese Straße! Ein tiefblauer Himmel sieht herein, goldene Lichtstreifen fallen verklärend über die Lavaplatten; das Grün der durchbrochenen Läden, die in zierlicher Holzschnitzerei meistens die Scheiben vertreten, sticht kräftig ab vom Weiß der Mauern; an diesen Läden ist, wie auf den Canaren fast überall, eine kleine Klappe angebracht, die von unten sich öffnet und jeden Moment den Insassen zu einem Ausblick auf die Straße befähigt. Und fleißig bewegen sich diese Klappen, wenn der "Inglés" im hier gänzlich unbekannten indischen Sonnenhelm auf den Lavafliesen einherschreitet. Und es sind alles muntere, vergnügte und hübsche Gesichter, die, laut lachend und scherzend ob dem steifen Fremdling, die weißesten Zähne, die schwärzesten, glänzendsten Augen zeigen.

In "Frühlingsfahrt nach den Canarischen Inseln" (1886) schilderte der Schweizer Botaniker Hermann Christ auch seine Ankunft in Santa Cruz de la Palma.

Almut Rother | Bisher hatten wir die Kraft des Passates unterschätzt, ihn als leichte Brise eingeschätzt. Doch hier am Vulkan San Antonio mußten wir erfahren, wie gefährlich er sein kann. Wir hatten uns eine Wanderung auf dem Kraterrand vorgenommen, um dieses schöne Beispiel eines Vulkankegels zu studieren. Die Ausblicke auf den unterhalb gelegenen Vulkan Teneguía und auf das Meer waren herrlich. Doch was zunächst nach einem harmlosen Unternehmen aussah, entwickelte sich binnen weniger Minuten zu einem gefährlichen Abenteuer. Die eben noch leichte Brise wuchs zu einem starken Sturm heran. Gierig verfing er sich in der Stoffülle meines Rockes, blähte und handhabte ihn wie ein Segeltuch, so daß ich Mühe hatte, Standfestigkeit zu bewahren; er zerrte an den Taschen und an der Fotoausrüstung und drohte uns den steilen Aschenkegel hinabzuschleudern. Bei einem Sturz wäre nirgendwo ein Halt möglich gewesen. Und auch zur Kratermitte hin gab es überall steilabfallende Wände. An einem einzelnen Basaltfelsen über dem Kraterrand suchten wir Deckung und wollten eine Wetterberuhigung abwarten. Doch später Nachmittag und die Gefahr eines weiteren Wettersturzes ließen uns auch an diesem Ort nicht ausharren. Krampfhaft versuchten wir, wenigstens unsere 8jährige Tochter und die kostbare Fotoausrüstung in Sicherheit zu bringen, Schürfwunden ignorierend und auf allen Vieren kriechend. Vor Angst und Erschöpfung zitternd und schwankend, erreichten wir endlich wieder geschütztere Gebiete; jetzt kannten und respektierten wir den Passatwind in seiner vollen Stärke und Gefahr...

Othmar Baumli, Almut Rother: "Die Kanarischen Inseln. Trauminseln im Atlantik" (Reich Verlag, Luzern 1981, 192 S.)

Domingo Manuel Acosta Pérez | Der Karneval, von Carlos III, König von Napolis, im 18. Jahrhundert auf dem spanischen Festland eingeführt, muß noch im selben Jahrhundert auf die Insel gekommen sein. Hier ist er sehr schnell populär geworden. Und von hier aus hielt er seinen närrischen Einzug in die spanischen Besitzungen der Neuen Welt: Venezuela, Kuba und Kolumbien, nicht zu vergessen Argentinien und Uruguay ... Im Vergleich zu den Humpa-Täterä-Ge-jecke in der Bundesrepublik hat der Karneval auf La Palma nicht diesen politischen Anspielungs-Anspruch. "Murgas" – das sind Straßenmusikanten, die mit "falschen" Instrumenten umherziehen – singen zwar ihre Spott-Lieder auf die Gemeinde-Regierung, dennoch erspart sich der Bruder Karneval hier so manche, für das singende und lachende Mainz typische Peinlichkeit. Der palmerische Fasching präsentiert sich vital, farbenfroh und tänzerisch.

Domingo Manuel Acosta Pérez (geb. 1919 in Breña Alta), Rundfunkkorrespondent, Dichter und Theaterschriftsteller, in: "La Palma. Die Canarische Insel. Essays über Land

La Palma in Zitaten

und Leute", herausgegeben von J. M. Castro, S. Eigen, W. Göbel (Konkursbuchverlag Tübingen 1985). Übersetzung aus dem Spanischen und Ergänzungen von Hedda Wortmann (Los Llanos).

Domingo Manuel Acosta Pérez (Fortsetzung)

Tanausu sah seine Getreuen niedersinken, doch er kämpfte weiter. Mit dem Rücken zum Fels stand er und wehrte sich gegen die Angriffe der Soldaten. Er vernahm das Geschrei ringsum und wurde gewahr, daß dabei die spanischen Stimmen zunehmend überwogen. Er hörte Schüsse und Schreie, auch von ferne, und er spürte, in welcher Bedrängnis sich seine Krieger befanden. Dann traf ihn der Hieb eines Spießschaftes am Kopf und raubte ihm die Besinnung.

Harald Braem

"Wir haben ihn!" schrien die Soldaten, während sich gleich mehrere auf ihn stürzten.

"Tanausu ist in unserer Hand!" rief de Lugo. Dieser Ruf pflanzte sich fort, spornte die Truppe noch einmal an, während sich über die Guanchenkrieger lähmendes Entsetzen legte.

"Sieg, Sieg!" schrien die Spanier. 'Sieg' frohlockten die Hörner. An diesem dritten Mai entschied sich das Schicksal der Insel ...

Mehr als dreihundert gefangene Guanchenkrieger wurden durch die Schlucht der Todesängste hinab zum Meer getrieben, wo die Spanier sie am Strand unter scharfer Bewachung lagern ließen. Tanausu aber, den letzten König der Kanaren, führte eine Abteilung Bogenschützen gesondert weg. Seine Hände waren auf dem Rücken gefesselt, die Füße durch eine Eisenkette verbunden, die er bei jedem Schritt klirrend über den Boden nachzog. Am Strand mußte er weit entfernt von den anderen liegen, ständig umgaben ihn Wachposten, die darauf achteten, daß er zu keinem Kontakt mit seinen Gefolgsleuten kam. Dennoch gab es Zurufe von den Guanchen, als er an ihnen vorbeigeführt wurde, sie klagten laut, als sie ihren Anführer so gedemütigt in Ketten sahen.

Tanausu schritt mit gesenktem Kopf an ihnen vorbei; seine einst so stolze, aufrechte Haltung war gebrochen. Er wandte niemandem das Gesicht zu, seine Augen blickten leblos und starr. Die Gefangenen verstummten. Erst jetzt, da Tanausu als Gefangener an ihnen vorbeigeführt wurde, schienen sie die volle Tragweite der Geschehnisse zu begreifen. Ihr König befand sich in der Hand der Feinde, und mit ihm ihre ganze Hoffnung. Mit ihm hörte Benahoare auf zu existieren, gehörte die Insel endgültig den Fremden ...

In seinem Roman "Tanausu – der letzte König der Kanaren" (Piper Verlag, München 1991, 357 S.) erzählt Harald Braem (geb. 1944), Schriftsteller und Professor für Kommunikation und Design an der Fachhochschule Wiesbaden, von der Eroberung La Palmas durch die Spanier im Jahr 1492 und vom letzten Verzweiflungskampf der Ureinwohner und deren Niederlage.

Reiseziele von A bis Z

Routenvorschläge

Die beiden beschriebenen Rundfahrten erschließen die schönsten Landschaften und Orte auf La Palma. Ausgangspunkt für beide Touren ist Los Llanos de Aridane, aber natürlich kann man die Rundfahrten auch von jedem anderen Ort aus beginnen. Beide Rundfahrten lassen sich jeweils an einem Tag gut bewältigen, angesichts der kurvenreichen Strecken bleibt jedoch nicht allzu viel Zeit für die Besichtigung der einzelnen Sehenswürdigkeiten.

Die Hinweise in der Marginalienspalte geben einen Überblick über den Routenverlauf. Innerhalb der aufgeführten Routen erscheinen die Orte, die bei den "Reisezielen von A bis Z" mit einem Hauptstichwort genannt sind, in **halbfetter Schrift**. Beschreibungen der anderen erwähnten Orte und Landschaften können über das Register gefunden werden.

Rundfahrt durch den Inselnorden

Los Llanos de Aridane

Über die gut ausgebaute Ost-West-Verbindungsstraße gelangt man von **Los Llanos de Aridane** durch den Cumbre-Tunnel zügig nach Santa Cruz de la Palma. Zwischendurch hat man vor Durchfahren des Tunnels an vielen Tagen im Jahr Gelegenheit, die sogenannten Wolkenwasserfälle zu bewundern (Abb. S. 64). Eine Besichtigung von ****Santa Cruz de la Palma** würde im Rahmen dieser Rundfahrt zuviel Zeit in Anspruch nehmen, so spart man sich den Besuch der Inselhauptstadt besser für eine andere Gelegenheit auf und durchfährt die quirlige Inselmetropole auf der Küstenstraße, der Avenida Marítima.

Santa Cruz

Fahrtalternative über den Roque de los Muchachos

Zu den Highlights eines La-Palma-Aufenthaltes gehört die Fahrt von Santa Cruz hinauf zum ****Roque de los Muchachos**, der höchsten Erhebung der Insel. Schon von der Straße aus, aber auch von vielen Aussichtspunkten ergeben sich grandiose Ausblicke über die Bergwelt. Diese Straße ist die kürzeste Verbindung von Santa Cruz in den Nordwesten. Sie trifft in der Nähe von Llano Negro wieder auf die Ringstraße N 830.

Puntallana

Die Hauptroute verläuft indes von Santa Cruz in nördlicher Richtung, ca. 10 km sind bis ***Puntallana** zurückzulegen. Ein Bummel durch den kleinen Ortskern sollte die Besichtigung der Casa Luján einschließen. Kurz hinter Puntallana weist ein Schild nach rechts zum nahen *Mirador de San Bartolomé, von dem sich ein grandioser Ausblick über die Nordostküste ergibt. Knapp 10 km hinter Puntallana zweigt von der parallel zur Küste verlaufenden N 830 eine Nebenstraße nach ***San Andrés** ab. Das Küstenstädtchen ist eines der hübschesten der Insel. Auf der stillen Plaza bei der Kirche kann man bei einem Kaffee oder Imbiß gut eine Pause einlegen. Wer lieber ein bißchen Meeresrauschen mitbekommen möchte, fährt (oder geht) weiter zum Charco Azul, einem aus dem Fels gewaschenen Naturschwimmbecken, auch hier gibt es ein Restaurant.

San Andrés

◀ *Santa Cruz de la Palma: Die Häuser an der Avenida Marítima gehören zu den schönsten Beispielen kanarischer Architektur.*

Rundfahrt durch den Inselnorden

Rundfahrten auf La Palma

— Route durch den Inselnorden
— Route durch den Inselsüden

Nördlich von San Andrés windet sich das Sträßchen durch Bananenplantagen wieder aufwärts zur Hauptverbindungsstraße, der N 830. Es empfiehlt sich, auf ihr nochmals ein kurzes Stück zurückzufahren. Am südlichen Ortsende von **Los Sauces** zweigt eine Straße nach *Los Tilos ab, dem intaktesten Lorbeerwaldareal der Insel. Los Sauces selbst lohnt keine längere Besichtigung. Gleiches gilt für **Barlovento**.

Hier kann man zwischen zwei Fahrtalternativen wählen. Die alte Hauptverbindungsstraße verläuft weiter landeinwärts und ist erst seit wenigen Jah-

Los Sauces

Barlovento

Nebenstrecke

Rundfahrt durch den Inselsüden

Rundfahrt durch den Inselnorden (Fortsetzung)

ren durchgehend asphaltiert. Wer sich für diese landschaftlich reizvolle Strecke entscheidet, folgt von Barlovento aus der Beschilderung zur Laguna de Barlovento bzw. zur Quelle Las Mimbreras. Dort beginnt bei einem Picknickareal die Straße. Sie trifft nach 15 km bei den Casas Roque Faro wieder auf die Hauptroute.

La Tosca

Erst seit Mitte der 1990er Jahre verbindet eine Asphaltstraße die Ortschaften im Inselnorden. Kurz hinter dem Ortsende von Barlovento liegt bei dem Weiler La Tosca ein Aussichtspunkt direkt an der Straße. Von hier aus kann man bereits einige der stattlichen Drachenbaumexemplare bewundern, für die La Tosca berühmt ist. Obgleich die neue Hauptstraße gut ausgebaut ist, braucht man für die kurvenreiche Strecke durch den Norden der Insel doch recht viel Zeit. Bei den Casas Roque Faro besteht eine Einkehrmöglichkeit.

Casas Roque Faro

Bald passiert man links der Straße die beschilderte Zufahrt zum *Parque Cultural La Zarza y La Zarcita. Ein kurzer Rundgang führt zu den sehenswerten Felsgravuren und -inschriften. Bei der Ortschaft Llano Negro zweigt eine Straße nach **Garafía** ab. Für die Weiterfahrt wählt man die landschaftlich sehr reizvolle Nebenstrecke über Las Tricias nach **Puntagorda**. Als Wahrzeichen der Gemeinde gilt der alte Drachenbaum von El Roque. Dann tauchen auch schon die Häuser von **Tijarafe** auf. Abschließen kann man die Rundfahrt durch den Inselnorden mit einem Stopp am *Mirador El Time, von hier hat man einen wunderschönen Blick auf das Aridane-Tal. Steil geht es danach hinab zum Grund des Barranco de las Angustias und dann wieder aufwärts nach Los Llanos de Aridane.

Garafía
Puntagorda

Tijarafe

Los Llanos de Aridane

Rundfahrt durch den Inselsüden

Los Llanos de Aridane

Auch diese Rundfahrt führt von **Los Llanos de Aridane** zunächst Richtung Osten. Am Ortsende von **El Paso** folgt man beim Besucherzentrum des ****Parque Nacional de la Caldera de Taburiente** der Beschilderung nach Norden zur Cumbrecita, dem meistbesuchten Aussichtspunkt des Nationalparks.

La Cumbrecita

Zurück zur N 812 fährt man noch ein Stück in östlicher Richtung. Kurz vor dem Cumbre-Tunnel zweigt eine asphaltierte Straße nach rechts ab. Schon nach wenigen Kilometern wechselt das Landschaftsbild, man durchfährt den Llano del Jable, ein ausgedehntes Lavaaschenfeld. Die Straße gewinnt weiter an Höhe und passiert das Freizeitgelände beim Refugio El Pilar. In etlichen Kurven geht es dann abwärts, vorbei an schönen Aussichtsplatz La Pared Vieja. Bald darauf erreicht man die ersten Häuser von San Isidro, einem Ortsteil von **Breña Alta**. Hier stehen rechts der Straße die "Zwillingsdrachenbäume" (*Dragos Gemelos). Bald darauf trifft die Bergstraße auf die N 832, der man weiter in südlicher Richtung folgt.

Refugio El Pilar

San Isidro

Mazo

Eine Fahrtunterbrechung lohnt *Mazo. Am Wochenende ist der Bauernmarkt eine Attraktion, ansonsten sollte man der Kunsthandwerksschule und der Kirche einen Besuch abstatten. An der Markthalle vorbei führt eine Straße hinab zum unteren Ortsteil Hoyo de Mazo. In einer alten Mühle (El Molino) wird hier nach altkanarischer Art getöpfert. Von Hoyo de Mazo in südlicher Richtung fahrend, erreichet man bei km 7 die *Cueva de Belmaco, die ehemalige "Residenz" eines altkanarischen Fürsten. Nach ca. 6 km trifft die Straße mit der weiter landeinwärts verlaufenden Hauptstrecke zusammen.

Hoyo de Mazo

Nachdem man die letzten Häuser des Weilers Montes de Luna hinter sich gelassen hat, durchfährt man lichten Kiefernwald. Verschiedentlich laden Picknickplätze zur Rast ein. Am Ortsanfang von **Fuencaliente** zweigt eine Straße zum Ortsteil Las Caletas und weiter zur *Punta de Fuencaliente, der Südspitze La Palmas, ab. Eine bizarre Vulkanlandschaft bietet völlig neue Landschaftseindrücke. Von der Straße hat man einen schönen Blick zum *Volcán de Teneguía. Zur Badepause laden einige wenig besuchten Sandstrände ein. Dann geht es in Kurven und Kehren wieder bergauf nach

Fuencaliente
Las Caletas

Rundfahrt durch den Inselsüden

Las Indias, einem weiteren Ortsteil von Fuencaliente. Über Los Quemados gelangt man zum *Volcán de San Antonio. Ein Spaziergang auf dem Kraterrand gehört beinahe zum Pflichtprogramm aller La-Palma-Urlauber.
Zurück zur Hauptstraße, der N 832, passiert man kurz hinter dem Ortsschild von Fuencaliente den Mirador de las Indias mit prächtigem Blick über die gleichnamige Ortschaft und die Südwestküste. Kurz nachdem man den winzigen Weiler El Charco durchfahren hat, steht rechts oberhalb der Straße, durch Bäume fast verdeckt, die schlichte moderne Ermita de Santa Cecilia. Die Straße verläuft auch weiterhin hoch über dem Meer. Fast ineinander über gehen die Häuser des Weilers Jedey und San Nicolás. Von hier aus kann man auf der N 832 direkt nach Los Llanos zurückkehren, reizvoll ist jedoch auch noch der Abstecher nach Puerto Naos.

| | Las Indias |
| | San Nicolás |

In San Nicolás zweigt eine Straße nach Westen, nach Todoque ab. In Serpentinen abwärts führend, durchschneidet sie einen recht frisch aussehenden Lavastrom der sich 1949 aus einem Nebenkrater des Pico Birigoyo ergoß. Die erstarrende Lava hat bizarre Formen entstehen lassen.
In Todoque biegt man nach links ab, nach ***Puerto Naos**, dem neben Los Cancajos bedeutendsten Touristenzentrum der Insel. Einen Eindruck vom hübschen Palmenstrand kann man sich beim Bummel über die üppig bepflanzte Promenade verschaffen.
Von Puerto Naos fährt man ein Stück auf derselben Strecke zurück, hält sich aber bei den ersten Häuser von Todoque links Richtung ***Tazacorte**. Vorbei an Bananenplantagen erreicht man den hübschen Ortskern. Will man den Tag in einem rustikalen Lokal ausklingen lassen, so empfiehlt sich die Weiterfahrt nach **Puerto de Tazacorte**. Hier gibt es sogenannte Kioske, das sind einfache bzw. mittlerweile auch etwas komfortablere Fischlokale, in denen nicht nur Fisch und Meeresfrüchte äußerst lecker zubereitet werden. Von Puerto de Tazacorte folgt man der Straße durch den Barranco de las Angustias bis zum Santuario de Nuestra Señora de las Angustias. Dort zweigt die über Argual nach Los Llanos de Aridane führende Straße ab.

Verlängerung der Tour nach Puerto Naos

Todoque, Puerto Naos

Tazacorte

Puerto de Tazacorte

Los Llanos de Aridane

Reiseziele von A bis Z

Barlovento C 2

Höhe: 548 m ü.d.M.
Einwohnerzahl: 2700

Lage und Allgemeines

In der Gegend um Barlovento, ganz im Nordosten von La Palma, wird intensiv Landwirtschaft betrieben. Obst und Gemüse, in den tieferen Lagen auch Bananen werden auf terrassenartig angelegten Feldern angebaut. Bei rund 800 mm Niederschlag pro Jahr sind die Bauern dieser Gegend geradezu privilegiert. Das ganze Jahr über kann es kühle neblige Tage geben. Vor allem jedoch im Winter ist mit häufigen Niederschlägen zu rechnen. In diesen Monaten regnet es durchschnittlich an zehn bis fünfzehn Tagen. Was die Bauern freut, ist für die meisten Touristen eher ein Ärgernis, so spielt der Fremdenverkehr in Barlovento denn auch kaum eine Rolle. Allerdings gibt es am südlichen Ortsrand ein wunderschön gelegenes Hotel (La Palma Romántica), idealer Ausgangspunkt für Wanderungen in der noch ursprünglichen Waldlandschaft.

Ortsbild

Die Häuser von Barlovento verteilen sich weitläufig über die Landschaft. Einzige "Sehenswürdigkeit" ist die Iglesia de Nuestra Señora del Rosario. Die ältesten Bauteile stammen vom Ende des 16. Jh.s. Kostbarster Kirchenbesitz ist die Statue der Virgen del Rosario am Hauptaltar. Die Statue der Schutzpatronin ist eine flämische Arbeit aus dem 16. Jahrhundert. Das Taufbecken wurde im 17. Jh. in Sevilla gefertigt.

Umgebung von Barlovento

Laguna de Barlovento

Vom Zentrum in Barlovento ist die Straße zur 2 km entfernten Laguna de Barlovento ausgeschildert. Seit jeher sammelte sich in niederschlagsreichen Monaten in dem ehemaligen Vulkankrater La Laguna Wasser, das jedoch allmählich im porösen Gestein versickerte. Nachdem es gelang, den Vulkankraterboden abzudichten, ist die Laguna de Barlovento heute das größte Wasserreservoir der Insel. Den direkten Zugang zum Stausee verhindert ein Stacheldrahtzaun.

Parque Recreativo

Der am Südufer angelegte Parque Recreativo, ein Freizeitgelände mit Picknick- und Grillmöglichkeiten, einem Restaurant und Vogelbeobachtungsstation sowie Schautafeln zu Flora und Fauna der Region, zieht vorwiegend einheimische Ausflügler an.

Las Mimbreras

Fährt man vom Stausee zurück Richtung Barlovento, hält sich aber bei der ersten Abzweigung links, so gelangt man nach 2 km zur Quelle "Las Mimbreras". Einige Holztische und Bänke laden zu einer Picknickpause ein (sanitäre Einrichtungen vorhanden).
Von Las Mimbreras führt die alte, erst seit einigen Jahren asphaltierte Hauptstraße weiter in westlicher Richtung. Sie erschließt ein landschaftlich reizvolles Waldgebiet.

Barlovento

Die neue gut ausgebaute Hauptstraße führt von Barlovento aus in westlicher Richtung zunächst zum Weiler La Tosca. Vom an der Hauptstraße gelegenen Mirador de La Tosca überblickt man die grüne Hügellandschaft des Nordens und entdeckt auch etliche stattliche Drachenbäume. Mit rund 20 Exemplaren besitzt La Tosca den größten Drachenbaumhain der Insel.

La Tosca

Eher ein Ziel für Wanderer denn für Autofahrer ist das rund 6 km weiter westlich gelegene Gallegos. Von der Hauptstraße führen steile Gassen in das Dorf hinab. Inmitten von Obst- und Gemüsegärten stehen kleine Häuschen, einige sind noch aus Natursteinen errichtet.

Gallegos

Nicht minder idyllisch als Gallegos präsentiert sich Franceses. Die Häuschen der Ortschaft verteilen sich auf grüne Barrancohänge.

Franceses

Von Franceses führt ein Sträßchen hinab zum am Meer gelegenen Ort La Fajana. Fast alle Häuser sind heute verlassen. Nur am Wochenende belebt sich die Szenerie. Dann kommen die ehemaligen Bewohner für einen Tagesausflug hierher.

La Fajana

Gebirgslandschaft bei Barlovento

Nicht zu verwechseln mit dem Küstenort La Fajana sind die Piscinas del Fajana. Dabei handelt es sich um Naturschwimmbecken an der äußersten Nordostspitze von La Palma, nahe dem Leuchtturm an der Punta Cumplida. Man erreicht die Schwimmbecken über zwei schmale Sträßchen, eines zweigt von der Straße Los Sauces – Barlovento ab, die andere besser ausgebaute Zufahrtsstraße ist von Barlovento aus ausgeschildert. Eine starke Brandung und heftiger Wind machen in den Wintermonaten das Baden in den Schwimmbecken von Fajana meist unmöglich. Sind die Witterungsbedingungen jedoch günstig, so sind die Piscinas del Fajana ein hübsches Badeplätzchen mit Steinterrassen zum Sonnen. Sonnenschirme und Liegestühle werden vermietet. Das Restaurant La Gaviota versorgt die Badegäste mit Getränken und Speisen.

Piscinas del Fajana

Breña Alta C 3

Höhe: 344 m ü.d.M.
Einwohnerzahl: 5600

Lage und Allgemeines
Den Namen "Breña" teilen sich zwei nur wenige Kilometer südlich von Santa Cruz de la Palma gelegene Gemeinden: Breña Alta ist die höher gelegene Ortschaft; → Breña Baja liegt in Küstennähe ("alto" = "hoch", "bajo" = "tief gelegen"). "Breña" bedeutet "mit Gestrüpp bewachsener Fels" – davon ist heute allerdings nicht mehr viel zu sehen. Gepflegte Häuschen und hübsche Gärten bestimmen das Bild. Eigentümer sind vielfach ehemalige, gut situierte Bewohner von Santa Cruz, die täglich zu ihrem Arbeitsplatz in der Inselhauptstadt pendeln. Tradition hat in Breña Alta das Handwerk. Bis heute gilt der Ortsteil San Pedro als Zentrum der palmerischen Zigarrenherstellung. Entlang der Hauptstraße gibt es noch einige Werkstätten, in denen die "puros" gedreht werden (→ *Baedeker Special*, S. 66/67).

Ortsbild
Breña Alta ist der Sammelbegriff für mehrere verstreut liegende Teilgemeinden. Den Mittelpunkt bildet San Pedro. An der Hauptstraße, der Calle General Franco, liegt die Plaza mit dem obligatorischen Kiosk. Etwas unterhalb steht die Iglesia de San Pedro Apóstol ebenfalls an einem idyllischen kleinen Platz.

Sehenswertes in Breña Alta

Iglesia de San Pedro Apóstol
Die Iglesia de San Pedro Apóstol stammt aus dem 16. Jh., hat aber im Laufe der Jahrhunderte mehrmals bauliche Veränderungen erfahren. Erhalten sind aus der Zeit der spanischen Eroberung noch das Taufbecken und die Marienfigur Nuestra Señora del Socorro.

*Dragos Gemelos
Eine botanische Kuriosität findet man im Ortsteil San Isidro: die Dragos Gemelos (= Drachenbaumzwillinge). Von der Straße San Pedro – Mazo folgt man der Beschilderung "San Isidro 3 km bzw. La Cumbre 10 km", wenige hundert Meter hinter dieser Abzweigung stehen die Zwillingsdrachenbäume links der Straße inmitten einer kleinen Gartenanlage, zu der eine Steintreppe hinabführt. Das Alter ist bei Drachenbäumen schwer zu bestimmen. Die beiden 12 – 15 m hohen Bäume sind aber mindestens 100 Jahre alt, manche Botaniker schätzen ihr Alter gar auf 300 – 400 Jahre.

Umgebung von Breña Alta

Monte Breña
Im südlichen Gemeindebezirk von Breña Alta erhebt sich der Monte Breña (565 m ü.d.M.). Eine von der Hauptstraße San Pedro – Mazo abzweigende Asphaltpiste führt zum Gipfel hinauf. Von hier hat man einen weiten Blick über die Küstenlandschaft. Die Zona Recreativa am Fuße des Berges mit Grillstellen und Picknickplätzen lockt am Wochenende vorwiegend einheimische Ausflügler an.

Breña Baja C 3

Höhe: 287 m ü.d.M.
Einwohnerzahl: 3500

Lage und Allgemeines
Ebenso wie die Nachbargemeinde → Breña Alta ist Breña Baja eine aus mehreren Teilgemeinden bestehende Siedlung, in der sich viele Berufspendler aus Santa Cruz niedergelassen haben. Einen erheblichen wirt-

schaftlichen Aufschwung erlebte die Ortschaft in den letzten zehn Jahren: An der zum Gemeindebezirk gehörenden Küste entstand La Palmas neues Touristenzentrum, → Los Cancajos. *Breña Baja (Fortsetzung)*

Die Häuser von Breña Baja stehen weit über die Landschaft verstreut. Als Sitz der Verwaltung ist der Ortsteil San José das Zentrum der Gemeinde. Mit Sehenswürdigkeiten kann Breña Baja nicht aufwarten. Die Pfarrkirche San José erhielt ihr heutiges Aussehen im 18. Jahrhundert. *Ortsbild*

Caldera de Taburiente

→ Parque Nacional de la Caldera de Taburiente

Cubo de la Galga

→ Puntallana

Cumbre Nueva · Cumbre Vieja B/C 3/4

Ein in Nord-Süd-Richtung verlaufender Bergkamm, die Cumbre Nueva und ihre südliche Fortsetzung, die Cumbre Vieja, gliedern die Südhälfte La Palmas in eine regenreichere und daher vegetationsreichere Osthälfte und eine trockenere Westhälfte. Die Berghänge der Cumbre Nueva erreichen Höhen zwischen 1200 und 1400 m, sie sind von tiefen Barrancos zerfurcht und überwiegend dicht bewaldet. Die Cumbre Vieja steigt bis auf 1949 m ü.d.M. an. Lichte Kiefernwälder wechseln mit Schlackenkegeln und Lavafeldern. Im Süden setzen Weingärten einzelne Farbakzente. Ihrem Namen zum Trotz ("Cumbre Vieja" = "alter Höhenrücken") ist die Cumbre Vieja einer der geologisch jüngeren Teile der Insel. Bis in die jüngste Vergangenheit kam es hier immer wieder zu Vulkanausbrüchen – die letzten in diesem Gebiet ereigneten sich 1949. Damals spuckten der Duraznero, der Hoyo Negro und der San Juan glühende Lava, Schutt und Asche. Insgesamt reihen sich rund 100 Vulkankegel auf der Cumbre Vieja aneinander. Nach Süden hin fällt die Cumbre Vieja steil ab. Sie endet im Volcán de San Antonio (657 m ü.d.M.). *Lage und **Landschaftsbild*

Die landschaftlichen Schönheiten der Cumbre Nueva und der Cumbre Vieja erschließen sich vor allem dem Wanderer. Erste Eindrücke von der bizarren Landschaft bekommt man jedoch auch bei einer Fahrt durch die Cumbre Nueva bzw. die nördlichen Ausläufer der Cumbre Vieja. Von El Paso kommend, zweigt kurz vor dem Cumbre-Tunnel eine zwar schmale, aber gut ausgebaute Straße nach rechts ab. Zunächst geht es durch ein üppig bewaldetes Gebiet. Bei entsprechenden Witterungsbedingungen kann man von der Straße aus beobachten, wie sich die von Nordosten heranziehenden Passatwolken über den Grat der Cumbre schieben, auf der Westseite herabfallen, sich dann aber plötzlich auflösen (vgl. S. 15). Die Straße gewinnt an Höhe, Vulkanschlacken und -aschen bestimmen das Landschaftsbild. In der Nähe der Montaña Quemada kann man den Wagen abstellen und zu Fuß den Llano del Jable erkunden. Die "Sandebene", ein ausgedehntes Aschenfeld, entstand beim Ausbruch des Quemada im 15. Jahrhundert. Nur ganz allmählich beginnt sich hier wieder Vegetation anzusiedeln. Die Straße gewinnt weiter an Höhe und passiert mit 1450 m ü.d.M. das Freizeitgelände El Pilar mit Grill- und Picknickplätzen. Hier beginnen zahlreiche Wanderungen, auch die beschriebene Ruta de los Volcánes. In etlichen Kurven windet sich die Straße dann abwärts, ein schöner Park- und Rastplatz (La Pared Vieja) lädt mit prächtiger Aussicht über den Süd- *Fahrt durch die Cumbre Nueva*

Cumbre Nueva · Cumbre Vieja

Grandioses Naturschauspiel: Die über die Cumbre Nueva quellenden Passatwolken sinken herab und lösen sich auf.

Fahrt durch die Cumbre (Fts.)

osten der Insel nochmals zum Verweilen ein. Bald darauf erreicht man die ersten Häuser von San Isidro, einem Ortsteil von → Breña Alta.

✳✳Ruta de los Volcánes

Ausgangspunkt, Wanderzeit, Schwierigkeitsgrad

Zu den schönsten Wanderrouten der gesamten Insel gehört die Ruta de los Volcánes. Empfehlenswert ist die Tour allerdings nur bei schönem Wetter, dann ergeben sich immer wieder fantastische Ausblicke über die südliche Inselhälfte und zu den Nachbarinseln Teneriffa, Gomera und Hierro. Bei Nebel wird man nicht nur um landschaftliche Schönheiten gebracht, auch die Orientierung ist dann vielerorts problematisch. Ausgangspunkt für die Vulkanroute ist die Zona Recreativa El Pilar (1450 m ü.d.M.), die man am besten per Taxi erreicht, öffentliche Verkehrsverbindungen hierher existieren nicht. Von Fuencaliente, dem Endpunkt der Tour, bestehen zwar Busverbindungen nach Los Llanos de Aridane und nach Santa Cruz, doch verkehren die letzten Busse auf diesen Strecken meist schon am Spätnachmittag (ggf. nach aktuellen Abfahrtszeiten erkundigen!), vielfach muß die Rückfahrt also ebenfalls im Taxi absolviert werden.

Auf der insgesamt 19 km langen Strecke müssen knapp 600 Höhenmeter Aufstieg bewältigt werden, knapp 1300 m steigt man insgesamt ab. Etwa 6 Std. Wanderzeit sollte man für die Tour veranschlagen. Trittsicherheit und eine gute Kondition sind Voraussetzungen für die Wanderung. Das scharfkantige Lavagestein erfordert gutes Schuhwerk! Unterkunfts- und Einkehrmöglichkeiten bestehen unterwegs nicht. Verschiedentlich markieren Steinmännchen und weiße Pfeile den Weg, dennoch kann die Orientierung problematisch werden.

Wegbeschreibung

Vom Refugio El Pilar geht es vorbei an einem Wasserspeicher durch Kiefernwald bergauf. Nach knapp 10 Min. hält man sich an der Gabelung

El Paso

rechts. Ein Aussichtspunkt gibt den Blick nach Norden frei, man schaut über die bewaldeten Berghänge bis zur Caldera de Taburiente. Der Pfad verläuft dann am Westhang des Pico Birigoyo (1808 m ü.d.M.) entlang und trifft nach insgesamt rund 30 Min. Gehzeit auf einen Forstweg, dem man nach links folgt. Nach weiteren 10 Min. zweigt inmitten eines lockeren Kiefernwaldbestandes ein Weg rechts ab. Er ist zunächst von niedrigen Steinmauern eingefaßt. Durch eine liebliche Waldlandschaft steigt der Weg leicht bergan. Man überquert eine Holzbrücke und steigt allmählich zum Kamm der Cumbre an. Die Aussicht wird immer großartiger, bald überblickt man die gesamte Südhälfte von La Palma. Im weiteren Verlauf der Wanderung helfen die Gemarkungssteine (sie grenzen die Gemeindegebiete von Breña, Mazo und El Paso ab) bei der Orientierung. Nach rund 90 Min. verläuft der Pfad links am Krater des Hoyo Negro vorbei. Das "Schwarze Loch" macht seinem Namen alle Ehre. Aus einzelnen Erdspalten steigen manchmal Dämpfe auf. Sie zeigen, daß die vulkanische Tätigkeit noch nicht vollständig zum Erliegen gekommen ist. Bald darauf gerät der Doppelgipfel des Deseada ins Blickfeld. Bevor man diesen jedoch erreicht, passiert man den Cráter del Duraznero. An einer Gabelung an der tiefsten Stelle des Pfades gilt es die Entscheidung über den Weiterweg zu treffen. Der Weg geradeaus führt zum Deseada-Hauptgipfel (1949 m ü.d.M.). Wer sich diesen Abstecher nicht zumuten möchte, hält sich rechts. Am Hang des Deseada steigt man über Lavagestein leicht bergan. Bei einer erneuten Weggabelung hält man sich links und erklimmt nach insgesamt knapp drei Stunden Gehzeit den zweiten Gipfel des Deseada (1937 m ü.d.M.). Für die Mühen des Aufstiegs entschädigt ein schöner Rundblick.

Auf der Kammhöhe geht es in leichtem Auf und Ab weiter in Richtung Süden, Steinmännchen und gelegentlich auch Pfeile markieren den Weg. Ein weiterer Höhepunkt der Wanderung ist der Blick auf den rötlich schimmernden Volcán Martín. Unterhalb des Vulkans zweigt ein Weg zum Kraterrand ab, man hält sich jedoch rechts und geht am Hang des Vulkans entlang bergab. Mehrfach biegen Pfade nach rechts und links ab, die man nicht beachtet. Immer geradeaus gehend, stößt man schließlich auf einen breiten Waldweg (er führt nach rechts zur Fuente del Tión). Es geht weiter geradeaus bergab, auch bei einer erneuten Wegkreuzung behält man die Richtung bei. Erst an einer mit "Fuencaliente" ausgeschilderten Wegkreuzung zweigt man rechts ab und steigt in zahlreichen Kurven abwärts. Streckenweise säumen auf Lavafeldern angelegte Weingärten den Weg. Man wechselt auf einen Querweg, dem man nach links bergab folgt. Er führt am Sportplatz vorbei und trifft schließlich auf die Hauptstraße in Fuencaliente.

Wer sich die etwas mühselige Organisation der Anfahrt per Taxi und der Rückfahrt per Taxi bzw. Bus ersparen möchte, kann die Ruta de los Volcánes auch in zwei Teilwanderungen aufteilen. Mit dem Mietwagen gelangt man problemlos zum Refugio El Pilar. Von dort wandert man bis zum Gipfel des Deseada, die landschaftlich reizvollste Teilstrecke der Ruta de los Volcánes hat man damit absolviert. Der Rückweg zum Refugio El Pilar erfolgt auf derselben Strecke (Wanderzeit ca. 5 – 6 Std.). Ausgangs- und Endpunkt für die südliche Teilstrecke der Ruta de los Volcánes ist natürlich Fuencaliente.

Cumbre Nueva · Cumbre Vieja (Fortsetzung)

Wegalternative

El Paso B 3

Höhe: 664 m ü.d.M.
Einwohnerzahl: 7300

El Paso bedeutet "der Durchgang" und tatsächlich kann man auf La Palma die Durchfahrt von El Paso kaum vermeiden. Der Ort im Aridane-Tal liegt an der N 812, die die Inselhauptstadt Santa Cruz mit dem an der West-

Lage und Allgemeines

65

Baedeker Special

Puros – ein reiner Genuß

Statussymbol der Reichen und Mächtigen, unverzichtbarer Begleiter von Denkern und Forschern, aber auch Markenzeichen der Unterwelt – die symbolische Zuordnung der Zigarre im Laufe der Jahrhunderte ist äußerst vielfältig. Staatsmann Bismarck, Psychoanalytiker Sigmund Freud, Unterweltsboß Al Capone, Premierminister Winston Churchill, Schauspieler Orson Welles, Ölmagnat Onassis, "Wirtschaftswunder"-Vater Ludwig Erhard, Revolutionär Ché Guevara – wer kennt sie nicht mit dem dicken Glimmstengel zwischen den Lippen!

Zwar bedeutete das Zigarrenrauchen für alle genannten Größen höchsten Genuß, doch in der Tabakwahl war man gänzlich unterschiedlicher Ansicht. Der eine bevorzugte Tabak von der indonesischen Insel Sumatra, der andere schwor auf brasilianische Erzeugnisse oder Produkte aus deutschen Landen oder ließ sich nur mit einer echten Havanna zum Rauchgenuß verführen.

Churchill, der Zigarren erst auf der Antilleninsel Kuba kennengelernt hatte, liebte Havannas. Er griff aber auch gern zu "puros" von La Palma, die, wie er gesagt haben soll, dem kubanischen Spitzenreiter in nichts (außer im Preis: sie sind viel preiswerter) nachstünden. Kein Wunder! Nach Kuba emigrierte Palmeros gehörten zu den ersten Tabakpflanzern der damals noch spanischen Kolonie. Nachdem Kuba 1898 an die USA abgetreten werden mußte, kehrten etliche palmerische Auswanderer, die über jahrelange Erfahrung im Tabakanbau verfügten, in ihre Heimat zurück. Rund um El Paso entstanden ausgedehnte Tabakfelder, zahlreiche kleine Werkstätten in Breña Alta, Breña Baja, Mazo, Santa Cruz und El Paso produzierten Puros nach kubanischem Muster.
Doch auch dem Tabak blieb das Schicksal früherer palmerischer Monokulturen nicht erspart: Mangelnde Nachfrage, bedingt u.a. durch billigere Importe, setzte diesem Wirtschaftszweig schwer zu. Heute wird die Rolle der einst bedeutenden Zigarrenmanufaktur von der Zigarettenfabrik des amerikanischen Tabakmultis Reynolds in El Paso eingenommen, dem einzigen großen Industriebetrieb auf La Palma, in dem rund 300 Beschäftigte aus importierten Tabaken "Camel" und "Winston" herstellen.

Doch noch immer wird Tabak in der Caldera de Taburiente angebaut, und noch immer gibt es einige wenige Werkstätten, die Zigarren anfertigen, und zwar "hecho a mano", also handgemacht, wie bei den erlesenen Spitzenmarken der Havannas. Drei Familien produzieren in etwas größerem Maßstab für den Export, darunter die Familie Vargas in Santa Cruz (Calle Baltasar Martín 83), die, seit 75 Jahren im Geschäft, derzeit die Hälfte aller auf dem Archipel handgemachten Zigarren dreht. Daneben üben noch einige ältere Männer auf La Palma im Ein-Mann-Unternehmen den vom Aussterben bedrohten Beruf aus, stellen Zigarren in Handarbeit her. Den "torcedores" (span. "torcer" = "drehen"), den letzten Vertretern dieser Zunft, kann man in der Regel bei der Arbeit zusehen, bei ihnen aber auf alle Fälle Zigarren erstehen, die zu den besten der Welt gehören.

Tabak, ein Nachtschattengewächs wie die Tomate, Kartoffel und Paprikaschote, wird auf La Palma im April gepflanzt, im August geerntet, dann 45 Tage lang an der Luft getrocknet und weitere 45 Tage lang in einer Holzscheune gebeizt. Anschließend werden die nun ledrig braunen Blätter in einer hermetisch abgeschlossenen Kammer bei 21% Luftfeuchtigkeit und über 35 Grad Celsius sechs Monate lang, teils auch länger, gegärt. Bei dieser Fermentierung (Vergärung) werden Eiweiß und andere unerwünschte Stoffe abgebaut, Duft, Würze und Aroma freigesetzt, der Nikotingehalt vermindert sowie die Farbe der Blätter ausgeglichen, kurz: werden, wie beim Gärungsprozeß des Weins, Geschmack und Charakter des Tabaks herausgebildet. Die auf La Palma vielfach verarbeiteten dunklen Blätter aus Kuba besitzen ein kräftiges Aroma, der Tabak von der Kanareninsel hingegen ist weniger aromatisch und nicht so charakteristisch. Der palmerische Tabak eignet sich in beschränktem Maß auch für Pfeifenmischungen, keineswegs aber für Zigaretten.

Bestandteile der Zigarre sind Einlage, Umblatt und Deckblatt. Für die Einlage müssen die Tabakblätter, die meist aus verschiedenen Sorten stammen, entrippt, kleingerissen und so in Längsrichtung zusammengelegt werden, daß eine Art Kanal entsteht, durch den der Rauch ziehen kann. Die Kunst beim Drehen einer Zigarre per Hand besteht darin, die Blätter so zu legen, daß die Zigarre gleichmäßig brennt. Dann wird die Einlage in ein besonders elastisches und kräftiges Tabakblatt (Umblatt) gewickelt. Die halbfertige Zigarre (Wickel bzw. Puppe) kommt anschließend mit vielen anderen über Nacht oder für längere Zeit in einen Preßstock, um "in Form" gebracht zu werden. Nun erhält die Zigarre ihren wichtigsten Bestandteil: das Deckblatt. Dieses zarte, mit einem scharfen Messer zurechtgeschnittene Tabakblatt, in das der Wickel eingerollt wird, steuert nicht nur 30 – 60% des Aromas bei, sondern gibt der Zigarre vor allem das gewinnende Aussehen. Zum Schluß muß man nur noch die Enden der fertigen Zigarre abschneiden. Handgemachte Zigarren werden häufig in Zedernholzkästen verpackt und aufbewahrt, da Zedernholz den Reifungsprozeß unterstützt und ein Austrocknen verhindert.

Zu den bekanntesten Zigarrenmarken, die auf La Palma hergestellt werden, zählen "Condal", eine feuchte Zigarre, die vornehmlich in Deutschland verkauft wird, die milde "Don Julián", die "Dunhill" mit dem schwarzen Oval auf der Bauchbinde und die 1990 auf den Markt gebrachte "Joya de Canarias". Auf den Kanarischen Inseln heißen Zigarren nicht "cigarros" sondern "puros" (die "Reinen"). Auf Kuba wird jede Zigarre so genannt, die für den Export bestimmt ist; außerhalb dieser Insel verbindet man im spanischsprachigen Raum mit dem Ausdruck "puro" eine Zigarre, deren Einlage, Umblatt und Deckblatt aus Tabaken bestehen, die alle in demselben Land gewachsen sind.

Zigarrenherstellung im Ein-Mann-Betrieb. Manche "Torcedores" lassen sich bei der Arbeit zuschauen.

Die Palmeros lieben ihre "puros". Zu jeder Stunde und an jedem Ort sieht man Männer mit einer dicken Handgedrehten im Mundwinkel. Es heißt, nur zum Zähneputzen würden sie ihren ständigen Begleiter für einige Minuten auf die Seite legen. Allerdings gehören die Zigarrenliebhaber fast ausschließlich der älteren Generation an. Die Jungen rauchen, wenn überhaupt, lieber Zigaretten.

El Paso

Allgemeines (Fortsetzung)

küste gelegenen zweitgrößten Ort, Los Llanos de Aridane, verbindet. Eine gut ausgebaute Umgehungsstraße führt am Südrand von El Paso vorbei, so bleibt das eigentliche Zentrum von El Paso vom Durchgangsverkehr unberührt.

Die Höhenlage und das damit verbundene angenehme Klima sowie die schöne Umgebung – besonders reizvoll zur Zeit der Mandelbaumblüte zwischen Mitte Januar und Mitte Februar – lassen El Paso für viele zum idealen Wohnort werden. In den letzten Jahren haben sich viele Deutsche in El Paso und Umgebung niedergelassen, haben hier alte Fincas komfortabel ausgebaut bzw. neue moderne Häuschen und Villen errichtet. Es gibt eine regelrechte deutsche Kolonie, deren Einkaufswünsche natürlich befriedigt werden müssen: So sind in El Paso deutsches Brot und deutsche Wurstwaren ebenso zu haben wie Naturkost. Das in der alten Zigarettenfabrik eingerichtete Einkaufszentrum (Ecke Carretera General / Avenida José Antonio) ist eines der größten der Insel.

Mandelbaumblüte bei El Paso

Tabakverarbeitung

Ein Handwerk mit Tradition ist die Tabakverarbeitung. Der in der Caldera de Taburiente angebaute Tabak gilt als qualitativ hochwertig. In kleinen Werkstätten wird er in El Paso (aber vor allem auch in Santa Cruz und Breña Alta) zu erstklassigen Zigarren gedreht. In größerem Maßstab findet die Tabakverarbeitung in der in El Paso ansässigen Zigarettenfabrik statt. Der amerikanische Konzern Reynolds läßt hier allerdings von rund 300 Beschäftigten nur importierte Tabake verarbeiten (→ *Baedeker Special,* S. 66/67).

Ortsbild

Im Zentrum von El Paso findet man kaum ältere Bausubstanz – dies gilt sogar für die Iglesia de Nuestra Señora de Bonanza, deren Bau erst in den dreißiger Jahren des 20. Jh.s vollendet wurde. Sehenswert im Innern ist lediglich die Kassettendecke im Mudéjarstil.

Von der Carretera General, die Santa Cruz mit Los Llanos de Aridane verbindet, zweigt die Avenida José António, die Hauptstraße des Ortes, ab.

El Paso

An ihr sowie an der Carretera General findet man die meisten Geschäfte und Verwaltungseinrichtungen sowie den etwas nüchtern wirkenden Stadtpark. Ganz anders zeigt sich El Paso entlang der alten Landstraße, die den Ort mit dem 5 km westlich gelegenen Los Llanos de Aridane verbindet. Bauernhäuser und Landgüter säumen die streckenweise abenteuerlich steile Straße. Viele Autofahrer nutzen die Abkürzung zwischen Los Llanos und El Paso und versuchen einen neuen Geschwindigkeitsrekord aufzustellen, so kann man die eigentlich schöne Strecke für einen Spaziergang nicht empfehlen.

Ortsbild (Fortsetzung)

Sehenswertes in El Paso

El Paso ist der einzige Ort auf den Kanaren, in dem die Seidenraupenzucht und die Verarbeitung der Seide noch betrieben werden. Die Tradition der Seidenproduktion reicht auf La Palma bis in das Jahr 1513 zurück, ihren Höhepunkt erlebte sie auf der Kanareninsel jedoch im 18./19. Jahrhundert. Damals wurden viele Maulbeerbäume neu angepflanzt, von deren Blättern sich die Seidenraupen ernähren. Neue Techniken der Seidenherstellung und das verstärkte Aufkommen von Kunstseide führten schon Ende des 19. Jh.s zum Niedergang dieses Wirtschaftszweiges. Erst durch die zahlreichen Touristen belebte sich das Geschäft mit der Naturseide auf La Palma wieder.
Im Seidenmuseum (Museo de Seda) in der Calle Manuel Taño 6 (geöffnet: Mo. – Fr. 10.00 – 13.00, Di. und Do. auch 17.00 – 19.00 Uhr) kann man sich über die Seidenraupenzucht informieren und kann in der angeschlossenen Weberei auch den Frauen bei der Arbeit zuschauen.

*Museo de Seda

Am westlichen Ortsrand von El Paso entstand eine hübsche gepflegte Gartenanlage mit zahlreichen tropischen Pflanzen und Volieren (geöffnet: tgl. 10.00 – 18.00 Uhr). Von der N 812, der Carretera General, aus ist das "Paradies der Vögel" ausgeschildert. Aus Richtung Santa Cruz kommend, liegt der Vogelpark rechts der Carretera General, inmitten eines Wohnviertels. Ein kurzer Rundgang führt durch das von Wasserbecken und Wasserläufen aufgelockerte Gelände. Höhepunkte des Besichtigungsrundgangs sind das Orchideenhaus sowie die Freiflughalle. In Ruhe auf sich wirken lassen kann man die gewonnenen Eindrücke auf der Terrasse der Cafébar. In den Hallen am Eingang zum Vogelpark werden Austernpilze gezüchtet.

Parque Paraíso de las Aves

Das Besucherzentrum des → Parque Nacional de la Caldera de Taburiente befindet sich am östlichen Ortsausgang von El Paso an der Carretera General (geöffnet: Mo. – Fr. 10.00 – 14.00 und 16.00 – 18.00, Sa., So., Fei. 10.00 – 15.00 Uhr). Anhand von Schaubildern, Exponaten, per Computer und durch eine Filmvorführung erhält man Informationen zu Geologie, Klima, Flora und Fauna in der Caldera bzw. der gesamten Insel. Angeschlossen sind dem Centro de Visitantes eine Bibliothek sowie eine Videothek.
An der Rezeption des Besucherzentrums werden Campinggenehmigungen für die Caldera ausgestellt, außerdem ist hier Informationsmaterial über den Nationalpark erhältlich.

Centro de Visitantes

Ein lohnender kurzer Spaziergang (auf streckenweise schmalem, etwas rutschigen Pfad; hin und zurück ca. 45 Min.) führt vom Zentrum in El Paso zu den Felsinschriften von La Fajana (Petroglifos de Fajana). Am besten stellt man sein Fahrzeug schon an der Hauptstraße, der Avenida José António, ab. Von dieser zweigt hinter der Casa de la Cultura die Calle Capote in westlicher Richtung ab. Ihre Fortsetzung bildet die Calle Verde Turrula. Spätestens bei den letzten Häusern in dieser Gasse muß man den Wagen zurücklassen und folgt zu Fuß dem holprigen Weg durch Weinhänge abwärts. Der Weg wird zu einem Pfad, der auf ein weißes, von einer hohen Palme überragtes Haus zuführt. Kurz vor dem Haus geht es steil hinab in einen Barranco, man durchquert ihn und folgt dem Pfad, der vor dem erwähnten Haus rechts aufwärts führt. Er teilt sich nach wenigen Metern,

Petroglifos de Fajana

69

Fuencaliente

El Paso
(Fortsetzung)

man hält sich links und erreicht nach 50 m die durch ein Gitter geschützten Felsinschriften.
Auch von der alten Landstraße, die El Paso mit Los Llanos de Aridane verbindet, sind die Felsinschriften von La Fajana ausgeschildert. Die Beschilderung endet schon nach wenigen Metern, am besten geht man auch von hier zu Fuß weiter.

Umgebung von El Paso

Ermita Virgen
del Pino

Etwa 2 km vom östlichen Ortsrand von El Paso entfernt steht die Ermita Virgen del Pino. Man erreicht sie über die zur Cumbrecita (Parque Nacional de la Caldera de Taburiente) hinaufführende Straße und eine von dieser rechts abzweigende beschilderte Straße. Die Wallfahrtskapelle verdankt ihre Entstehung der Tatsache, daß die Jungfrau Maria hier in einer gewaltigen Kiefer erschienen sein soll. In einer Aushöhlung im Baumstamm wurde daraufhin eine Marienfigur verehrt. Im 19. Jh. soll die mächtige Kiefer gefällt worden sein und die "Señora del Pino" wird heute in der (fast immer verschlossenen) Kapelle bewahrt, ihren großen Auftritt hat sie alle zwei Jahre, wenn ihr Fest mit einer traditionellen Wallfahrt begangen wird.

San Nicolás

Zwei Straßen verbinden El Paso mit dem 7 km südlich gelegenen San Nicolás. Als sich 1949 ein Nebenkrater des sich östlich der Ortschaft erhebenden Pico Birigoyo öffnete und Glut und Lava spie, fürchtete man, daß der Lavastrom die gesamte Ortschaft unter sich begraben würde. Glücklicherweise kam es nicht dazu. Der Lavastrom wälzte sich nahe an der Ortschaft vorbei Richtung Meer. Die Straße, die San Nicolás mit Todoque verbindet, durchschneidet, in Serpentinen abwärts führend, diesen Lavastrom mehrfach. Zum Dank, daß San Nicolás den Vulkanausbruch unbeschadet überstand, errichteten die Bewohner 1951 das Santuario de Fátima, oberhalb der Ortschaft. Man erreicht es über die Straße, die bei der Kirche Richtung Osten abzweigt. Fast immer ist das aus Lavagestein errichtete Heiligtum der Jungfrau von Fátima – Fátima ist eine Wallfahrtsstätte in Portugal – mit frischen Blumen geschmückt.
Beliebtes Ausflugsziel ist am südlichen Ortsrand von San Nicolás "Bodegon Tamanca", ein in eine Höhle hineingebauter Weinkeller mit Restaurant (→ Praktische Informationen, Restaurants).

Las Manchas

Eines der neueren architektonischen "Schmuckstücke" der Insel findet man in Las Manchas unterhalb von San Nicolás. Im Ortszentrum wurde 1997 die Plaza "La Glorieta" angelegt mit Lavagestein, bunten Kachelbildern, Bodenmosaiken und vielen Pflanzen. Der Entwurf stammt von Luis Morera, einem palmerischen Bildhauer, Maler und Musiker.

Fuencaliente B 4

Höhe: 722 m ü.d.M.
Einwohnerzahl: 1800

Lage und
Allgemeines

Fuencaliente ist die südlichste Ortschaft der Insel. Ihren Namen – "fuente caliente" heißt "heiße Quelle" – verdankt sie einer Schwefelquelle, die sich früher hier befunden hat. Während oberhalb von Fuencaliente Kiefernwald die Berghänge bedeckt, erstreckt sich südlich der Ortschaft eine bizarre Lavalandschaft. Bis in die jüngste Vergangenheit kam es hier wiederholt zu Vulkanausbrüchen, 1646 spuckte der Volcán de Martín Schutt und Asche. Die Eruptionen des San Antonio um die Jahreswende 1677/1678 dauerten neun Wochen, die erwähnte Schwefelquelle und viel fruchtbares Weideland wurden dabei verschüttet. Andererseits verdankt La Palma dem Ausbruch des San Antonio sein bestes Weinanbaugebiet. Im 18. Jh. erkannte man, daß das poröse Vulkangestein Feuchtigkeit hervorragend speichert.

Fuencaliente

Allgemeines (Fortsetzung)

Zudem verstärkt es die Kondensation bodennaher Luftschichten, da es sich tagsüber sehr stark erwärmt und nachts wiederum rasch abkühlt. Durch diese besonderen Eigenschaften hält das Gestein den Boden bis zu einer Tiefe von 25 bis 30 cm ständig feucht. Im sonnenreichen Klima an La Palmas Südspitze können Weinreben so hervorragend gedeihen. Der vorläufig letzte Vulkanausbruch in diesem Gebiet ereignete sich 1971. Die dabei herausgeschleuderten Asche- und Lavamassen bildeten einen Kegel – den Vulkan Teneguía.

Vom Tourismus ist Fuencaliente noch kaum vereinnahmt. Es werden lediglich einige Privatzimmer und Apartments vermietet, zudem kann man sich in alten restaurierten Häuschen einmieten. Die meisten Touristen kommen jedoch nur für einen Tagesausflug nach Fuencaliente. Die Besichtigung der beiden Vulkane San Antonio und Teneguía gehört beinahe zum Pflichtprogramm für La-Palma-Urlauber. Zudem endet in Fuencaliente die Ruta de los Volcánes, eine der schönsten Wanderrouten der Insel (siehe S. 64).

Weinbau

Rund 1,5 Mio. l Wein werden im Bezirk von Fuencaliente jährlich gekeltert. Wichtigste Traubensorte ist "listán", aus ihr werden leichte trockene Weißweine erzeugt. Nicht mehr allzu hoch in der Gunst der Käufer steht der süße schwere Malvasier. Die Trauben reifen auf der dunklen Lavaerde in flachen Mulden oder durch Steinmäuerchen geschützt heran. Zunächst kriechen die Reben meist am Boden entlang. Die heranwachsenden Trauben stützen die Winzer dann im Juli mit kleinen Holzgabeln ab, um sie vom heißen Boden wegzuheben und dem Zugriff von hungrigen Eidechsen zu entziehen. Die Weinlese beginnt bei Fuencaliente bereits im August. Die verschiedenen hier gekelterten Weine kann man in den Bodegas Teneguía probieren und kaufen. Die im südlichen Ortsgebiet gelegene Genossenschaft, der rund 200 Winzer angeschlossen sind, wurde bereits 1948 gegründet. Heute ist sie eine der modernsten Weinkellereien der Kanaren. Ebenfalls gute Weine werden in der Bodega Carballo (gegenüber der Zufahrt zum Volcán de San Antonio) ausgeschenkt (Weinprobe und Verkauf).

Volcán de San Antonio: Wanderung am Abgrund mit grandioser Aussicht!

Fuencaliente

Ortsbild

Fuencaliente besteht aus mehreren Ortsteilen, dazu gehören Las Indias im Westen des Gemeindegebietes und Las Caletas im Osten. Im zentralen Ortsteil Los Canarios befinden sich Rathaus und Kirche der Gemeinde. Gepflegte weiße Häuschen reihen sich an der Durchgangsstraße aneinander. Es gibt einige auch von Touristen besuchte Restaurants, abends sind die Einheimischen hier aber meist wieder unter sich.

Umgebung von Fuencaliente

*Volcán de San Antonio

Mit seinem gleichmäßigen Krater gilt der sich unterhalb von Fuencaliente erhebende, 657 m hohe Volcán de San Antonio als "Bilderbuchvulkan". Von der Durchgangsstraße aus ist die Anfahrt ausgeschildert. Die Straße endet an einem Parkplatz, direkt am Kraterrand. Hier warten neuerdings einige Kamele darauf, Besucher durch die Gegend zu schaukeln. Der Volcán de San Antonio besteht überwiegend aus rötlich-schwarzen Aschemassen. Sein Krater hat einen Durchmesser von ca. 500 m. Umrunden darf man den Krater derzeit nicht mehr, die Osthälfte des Kraterrundweges ist aus Sicherheitsgründen gesperrt. Nicht entgehen lassen sollte man sich jedoch den Spaziergang auf dem westlichen Kraterhalbrund. Der gut angelegte Pfad verläuft fast ohne Höhenunterschied und endet nach ca. 15 Min. Gehzeit. Man blickt hinab in den mit Kiefern bewachsenen 50 m tiefer liegenden Kratergrund und hat eine fantastische Aussicht: Nach Süden schweift der Blick hinüber zum Volcán de Teneguía.

*Volcán de Teneguía

Dumpfe grollende Erdstöße kündeten den Ausbruch des Volcán de Teneguía an. Am 26. Oktober 1971 stiegen erstmals Rauch und Dampf auf. Bei dieser und den folgenden Eruptionen wurden Gesteinsbrocken, Asche und Lapilli herausgeschleudert. Aus mehreren Krateröffnungen ergoß sich Lava. Mit einer Geschwindigkeit von bis zu 120 m pro Minute floß sie Richtung Meer. Fast einen Monat lang kam der Vulkan nicht zur Ruhe. Die letzte Eruption erfolgte am 22. November 1971. Die rechtzeitig vorgenommenen Evakuierungen vieler Bewohner von Fuencaliente erwiesen sich als unnötig, größere Schäden verursachte der Vulkanausbruch nicht. Vielmehr versammelten sich Tausende von Schaulustigen im Süden der Insel, um den Vulkanausbruch "live" mitzuerleben. Der Teneguía (439 m ü.d.M.) ist heute nicht mehr aktiv; mittlerweile steigen auch keine Dämpfe aus Erdspalten mehr auf. Doch das Gestein ist stellenweise nur wenige Zentimeter unterhalb der Erdoberfläche noch recht heiß.

Von der Straße, die den Ortskern von Fuencaliente mit dem Ortsteil Los Quemados verbindet, ist die Piste zum Volcán de Teneguía ausgeschildert. Auf ihr passiert man den Roque de Teneguía, den nur noch etwa 20 m hohen Rest eines alten Vulkanschlotes. Man entdeckte in der Nähe dieser hellen Felsformation zahlreiche Felsinschriften, die heute allerdings größtenteils verwittert oder zerstört sind. An einer Abzweigung hält man sich rechts und erreicht den Parkplatz am Volcán de Teneguía. Der Gipfel läßt sich von hier in rund 10 Min. auf einem schmalen rutschigen Pfad erklimmen (Vorsicht bei starkem Wind!).

Wanderung zum Volcán de Teneguía

Einen noch besseren Eindruck von der bizarren Vulkanlandschaft bekommt man bei der Wanderung zum Volcán de Teneguía. Der Weg dorthin beginnt beim Parkplatz am Volcán de San Antonio. Angesichts des lockeren Gesteins ist gutes Schuhwerk ein absolutes "Muß".

Vom Parkplatz geht man in westlicher Richtung auf einem gut erkennbaren, teilweise mit Steinen eingefaßten Pfad abwärts. Der Pfad mündet auf einen Schotterweg (die "Zufahrtsstraße" von Los Quemados zum Teneguía), dem man nach links folgt. Nach ca. 10 Min. Gehzeit auf diesem Schotterweg passiert man rechts unterhalb den zuvor erwähnten Roque de Teneguía. Bei einer Abzweigung hält man sich rechts und gelangt zum Parkplatz am Fuß des Teneguía (gesamte Gehzeit ca. 30 – 40 Minuten). Den Aufstieg zum Gipfel sollten sich nur trittsichere und schwindelfreie Wanderer zumuten.

Fuencaliente

Vom Volcán de Teneguía kann man zur Punta de Fuencaliente weiterwandern. Steigt man danach wieder zum Parkplatz am San Antonio auf, so muß man einen Ab- und Aufstieg von jeweils 700 Höhenmetern bewerkstelligen. Für die insgesamt rund 18 km sollte man eine Wanderzeit von 5 Std. einplanen. Der Aufstieg erfolgt auf derselben Strecke wie der Abstieg und ist angesichts des lockeren Vulkangesteins recht anstrengend. Besser organisiert man im voraus die Rückfahrt vom Leuchtturm an der Punta de Fuencaliente im Taxi oder per Privatwagen.

Verlängerung der Tour zur Punta de Fuencaliente

Vom Parkplatz beim Volcán de Teneguía geht man ein kurzes Stück zurück und biegt dann rechts in eine Schotterpiste ab. An zwei Abzweigungen hält man sich rechts und geht immer weiter in Richtung Leuchtturm abwärts. Schließlich überquert man die um die südliche Landspitze herumführende Straße. Der Pfad schneidet einige Kurven der Straße ab. Die letzten Meter zum Leuchtturm legt man auf einer Schotterpiste zurück.

Zwei Leuchttürme, eine kleine Sandbucht und Salinen an La Palmas Südspitze, der Punta de Fuencaliente.

Eine gut ausgebaute Straße führt um La Palmas Südspitze herum. Über Los Quemados und las Indias gelangt man in Kurven hinab zur Westküste. Seit Beginn der siebziger Jahre werden in diesem Gebiet Bananen angebaut.

Fahrt um La Palmas Südspitze

Unterhalb von Las Indias zweigt rechts eine beschilderte Straße zur Punta Banco ab. Auf ihr erreicht man nach 800 m die Playa Chica und nach 1000 m die Playa de Zamora (Achtung: genau auf die Entfernungsangabe achten, der Zugang zu den Stränden ist nicht beschildert!). Man stellt den Wagen an dem schmalen Sträßchen ab. Bei beiden Stränden handelt es sich um wildromantische Sandbuchten, zu denen Steintreppen hinabführen. Die Straße endet schließlich unvermittelt an der Punta Banco.

Playa Chica, Playa de Zamora, Punta Banco

Fährt man auf derselben Strecke zurück und dann weiter Richtung Süden, so passiert man die Punta Larga. In Schuppen und Buden verbringen hier

Punta Larga

Garafía

Fuencaliente (Fortsetzung)
Einheimische ihr Wochenende. An dem Kies-/Geröllstrand gibt es zwar eine Bar, aber die Szenerie lädt nicht unbedingt zum Verweilen ein.

Playa Echentive
Äußerst gepflegt wirkt dagegen die über Stufen leicht zugänglich gemachte Playa Echentive. An dem weiten Kies-/Sandstrand, der seine Existenz dem Ausbruch des Teneguía verdankt, trifft man nur wenige andere Ausflügler.

*Punta de Fuencaliente
Gleich zwei Leuchttürme stehen am Südzipfel von La Palma, an der Punta de Fuencaliente. Das ältere Exemplar wird derzeit restauriert. Die Inselregierung beabsichtigt, hier ein Schiffsmuseum einzurichten. Der neue, rotweiß gestreifte Leuchtturm ist seit 1984 in Betrieb. Er wird mit Solarenergie betrieben. Zu Fuß gelangt man von den Leuchttürmen zu den ca. 200 m östlich gelegenen Salinen. Das Gelände ist jedoch abgesperrt, man kann nur von Ferne einen Blick auf die flachen Becken werfen, in denen Meersalz gewonnen wird. Es wird als Speisesalz auf der gesamten Insel verkauft. Westlich der Leuchttürme gibt es einen kleinen von Bretterbuden gesäumten Strand. Ein einfaches Restaurant versorgt hier Ausflügler und Wanderer mit Getränken und Speisen.
Durch die bizarre Kulisse schwarzer Lavamassen windet sich die Straße wieder aufwärts, passiert die Siedlung Las Caletas und trifft auf die den Inselsüden erschließende Hauptstraße.

Garafía   B 1/2

Höhe: 326 m ü.d.M.
Einwohnerzahl: 2000

Lage und Allgemeines
Die Anfahrt in das im äußersten Nordwesten von La Palma gelegene Garafía ist auf kurvenreichen Straßen noch heute langwierig. Vor wenigen Jahrzehnten jedoch war die Ortschaft von der Außenwelt nahezu abgeschnitten. Nur Pfade und Wege führten in die aus 15 Weilern bestehende Gemeinde, deren Hauptort Santo Domingo de Garafía (vielfach nur kurz Garafía genannt) ist. Erst seit Anfang der sechziger Jahre des 20. Jh.s verbindet eine Straße Garafía mit Los Llanos de Aridane, die asphaltierte Straße zwischen Barlovento und Garafía wurde gar erst in den neunziger Jahren dem Verkehr übergeben. Angesichts der schlechten Verkehrsanbindung und der geringen Arbeitsmöglichkeiten verwundert es nicht, daß Garafía mit stark zurückgehenden Bevölkerungszahlen zu kämpfen hat. Vor allem jüngere Menschen wanderten in die größeren Städte ab bzw. emigrierten auf andere Kanareninseln oder ins Ausland. Lebten 1950 fast 5000 Menschen in Garafía, so sind es heute gerade noch 2000. Für sie sind nach wie vor Landwirtschaft und Viehzucht die wichtigsten Erwerbsquellen. Etliche Ziegenherden streifen durch die grüne Landschaft – Garafía ist der größte Ziegenkäseproduzent der Insel.
In der Umgebung von Garafía wurden in den letzten Jahren im Rahmen des Turismo Rural einige Bauernhäuschen mit Fördermitteln der Regierung restauriert. Sie dienen heute als individuelle Ferienunterkünfte. In Anbetracht der hübschen Landschaft – grüne Felder, Wiesen, vereinzelt stehende Drachenbäume und verstreut liegende Häuser fügen sich zu einem stimmungsvollen Bild – ist Garafía für ruhesuchende Feriengäste ein geeigneter Urlaubsort.

Ortsbild
Der Hauptort der Gemeinde, Santo Domingo de Garafía, besteht im wesentlichen aus einer einzigen Straße, die sich nach Norden hin zu einer Plaza verbreitet. Die wenigen davon abzweigenden Seitengassen enden schon bald im Nichts. An der Plaza Baltazar Martín spenden Indische Lorbeerbäume Schatten. Die Bars und Restaurants im Ort sind vor allem am Wochenende gut besucht, wenn auch einheimische Ausflügler in die Abgeschiedenheit vordringen.

Garafía

Barranco de la Luz: Stattliche Drachenbaumexemplare und ein verfallendes Bauernhaus aus Natursteinen eignen sich als Fotomotiv.

Unterhalb der Plaza steht die Iglesia de Nuestra Señora de la Luz. Die um 1550 erbaute Kirche wurde Mitte des 17. Jh.s um ein Seitenschiff vergrößert. Sie birgt im Innern eine hübsche Mudéjar-Kassettendecke und einen Barockaltar aus dem 17. Jahrhundert.

Ortsbild (Fortsetzung)

Geht man von der Plaza in nördlicher Richtung weiter, so bietet sich schon nach wenigen Metern ein schöner Blick auf den Barranco de la Luz. Ein schmaler Pfad führt zum Barrancogrund hinab. In einigen Ortsteilen von Garafía sieht man noch Mühlen, in denen früher Gofio gemahlen wurde. Ein stattliches Exemplar steht an der Straße nach Las Tricias, ein anderes im Ortsteil Llano Negro.

Umgebung von Garafía

Bei Garafía hat man gute Chancen, Felsgravuren zu entdecken. Man erreicht das Petroglyphenfeld von El Calvario über die Straße, die zum Puertito de Santo Domingo hinabführt. Aus Richtung Las Tricias kommend, zweigt sie am südlichen Ortsanfang von Garafía nach links ab. Bis zum Friedhof ist die Straße asphaltiert. Man stellt hier am besten das Fahrzeug ab und geht zu Fuß weiter. Die Piste führt unterhalb des Friedhofs vorbei abwärts. Wenn man sich auf der Höhe der hinteren Ecke der Friedhofsmauer befindet, geht man noch wenige Schritte weiter, dann zweigt ein nur schlecht erkennbarer Pfad nach rechts ab. Rund 200 m mehr oder weniger querfeldein Richtung Meer gehend, stößt man auf die Felsgravuren. Ein wagenradgroßer Felsbrocken ist aufgerichtet. Auf ihm sind spiralförmige Felsgravuren erkennbar (Abb. S. 41). Weitere findet man auf kleineren Felsstücken. Möglicherweise befand sich hier ein Kultplatz der Altkanarier.

El Calvario

Die am Petroglyphenfeld von El Calvario vorbeiführende (mit dem Auto befahrbare) Piste endet nach 2 km. Von hier muß man auf einem steilen ge-

Puertito de Santo Domingo

Garafía

Puertito de Santo Domingo (Fortsetzung)

pflasterten Weg noch rund 500 m weitergehen. Dann steht man am fast 350 Höhenmeter unterhalb von Santo Domingo de Garafía gelegenen "Puerto". Bis Mitte des 20. Jh.s wurde fast der gesamte Warentransport von und nach Garafía über den winzigen Hafen abgewickelt. Bei unruhiger See war das Be- und Entladen der kleinen Boote jedoch unmöglich, auch sonst meist nicht ungefährlich. Seit Fertigstellung der Straße nach Garafía wurde der Hafen daher kaum mehr benutzt. Die Mole ist mittlerweile zerstört. Eindrucksvoll ist jedoch die Szenerie: An der Küste und an den drei vorgelagerten kleinen Felseninseln brechen sich hoch aufspritzend die Wellen.

San Antonio del Monte

Das "Ereignis" in Garafía ist die Fiesta San Antonio del Monte am 12./13. Juni. Schauplatz des Geschehens ist San Antonio del Monte, das man über ein von der Straße Garafía – Barlovento abzweigendes Zufahrtssträßchen erreicht. Es besteht eigentlich nur aus der Ermita de San Antonio, einem daneben stehenden größeren Gebäude und vor allem einem riesigen freien Platz. Hier findet im Rahmen der Fiesta der größte Viehmarkt der Insel statt.

*Parque Cultural La Zarza y La Zarcita

Folgt man von Garafía kommend, nicht der Abzweigung nach San Antonio del Monte, sondern fährt weiter Richtung Barlovento, so ist nach 1 km der rechts der Straße gelegene Kulturpark von La Zarza und La Zarcita ausgeschildert. Die Felsgravuren von La Zarza und La Zarcita gehören zu den interessantesten Fundstellen von Petroglyphen auf La Palma.

Im Besucherzentrum (geöffnet im Winter: tgl. 11.00 – 17.00, im Sommer: tgl. 11.00 – 19.00 Uhr) kann man sich zunächst über die Urbevölkerung im allgemeinen und über die Felsgravuren im besonderen informieren. Sie wurden fast ausschließlich auf Plateaus oder in Schluchten, vielfach in der Nähe von Quellen, entdeckt und finden sich meist auf Basalt oder phonoli-

Parque Cultural La Zarza y la Zarcita: Die hier und andernorts auf La Palma entdeckten Felsgravuren haben Ähnlichkeit mit geometrischen Darstellungen, die man in der Bretagne, aber auch in Nordafrika fand.

tischem Gestein. Auf die ersten Gravuren stieß man 1752 in der Cueva Belmaco (→ Mazo), die Felsbilder von La Zarza und La Zarcita wurden dagegen erst in den vierziger Jahren des 20. Jh.s. entdeckt. Was sie bedeuten, bleibt bis heute der Phantasie des Betrachters überlassen. Vermutlich stehen sie mit kultischen Handlungen in Zusammenhang.

Beim Besucherzentrum beginnt ein ca. 30minütiger Rundweg (zugänglich nur zu den angegebenen Öffnungszeiten). Er führt zunächst zur Fuente de la Zarza, der Dornbuschquelle. An der Felswand dahinter erkennt man zahlreiche wellenförmige Muster, Spiralen und labyrinthartige Darstellungen. Der Weg durch die üppig grüne Schlucht leitet dann zu den wenige Minuten entfernten Felsbildern von La Zarcita. Die Fundstelle verdankt ihren besonderen Status der Tatsache, daß die Felswand neben geometrischen Motiven auch figürliche Darstellungen zieren: ein Männerkopf im Profil und eine sehr abstrakt wirkende Frauengestalt mit Rock.

Garafía, Umgebung (Fortsetzung)

Hierro (El Hierro)

Inselfläche: 277 km^2
Bewohnerzahl: 8000
Hauptort: Valverde

Hierro ist die westlichste und kleinste der sieben Kanarischen Hauptinseln. Vom Massentourismus ist sie noch völlig unberührt. Wanderer entzückt das wilde, etwas spröde wirkende Eiland. Badeurlauber werden hier kaum auf ihre Kosten kommen. Seit 2000 genießt Hierro ebenso wie Lanzarote und mehr als 350 Gebiete in aller Welt den von der Unesco verliehenen Status eines Biosphärenreservates. Die Insel verfügt demnach über ein Ökosystem, in dem technischer Fortschritt und Natur im Einklang stehen.

Langwierig ist die Anreise nach Hierro. Von Teneriffas Nordflughafen bestehen in der Regel zweimal täglich Flugverbindungen. Per Fähre erreicht man Hierro von Los Cristianos (Teneriffa) aus via San Sebastián de la Gomera. Wer vorhat, Hierro von La Palma aus für einen Kurztrip zu besuchen, gibt dieses Vorhaben am besten gleich wieder auf. Durchaus lohnend ist es jedoch, den Urlaub auf La Palma mit einem mehrtägigen Besuch von Hierro zu verbinden. Es gibt allerdings weder direkte Flug- noch Fährverbindungen zwischen beiden Inseln. Vor allem in den Wintermonaten ist Hierro an manchen Tagen völlig von der Außenwelt abgeschnitten: Bei rauher See können die Fähren im Puerto Estaca nicht anlegen, und der Flugverkehr ist bei starkem Wind angesichts der relativ kurzen Start- und Landebahn ebenfalls beeinträchtigt.

Lage und Anreise

Hierro ist ein kleines wildes Vulkaneiland. Die Entfernung von der Nord- bis zur Südspitze beträgt lediglich 24 km, von der West- bis zur Ostseite etwa 27 km. Vermutlich handelt es sich bei der halbkreisförmigen Bucht El Golfo im Norden um die Überreste eines gewaltigen Kraterrandes, dessen nördliche Hälfte im Meer versunken ist. Die älteren vulkanischen Schichten sind von einer Vielzahl jüngerer Vulkane durchbrochen. Obwohl es in historischer Zeit zu keinen Eruptionen kam, sind die Spuren des Vulkanismus doch deutlich sichtbar: Gewaltige frisch aussehende Lavaströme säumen die meisten Küstenstriche. Die auf den ersten Blick unwirtlich erscheinende Insel wird von bis zu tausend Meter hoch aufragenden Felswänden umgeben; dementsprechend gibt es nur wenige kleinere Strände. Das Zentrum nimmt ein Hochland ein, dessen höchste Erhebung der Malpaso (1500 m ü.d.M.) ist. Dieses Hochland bietet neben den tieferen Lagen im Norden die besten Siedlungs- und Wirtschaftsmöglichkeiten.

Auf der Insel fehlen Quellen (abgesehen von der Schwefelquelle Sabinosa) sowie perennierende Wasserläufe. Da zudem die Niederschlagsmenge relativ gering ist und das Regenwasser schnell in den wasserdurchlässigen Schichten des Vulkangesteins versickert, ist eine ausreichende Wasserversorgung schon von jeher ein Problem. Dies bestätigen die zahlreichen Sa-

Landesnatur

Hierro

gen, die sich um den wasserspendenden "Árbol Santo" (= Heiliger Baum), den die Urbewohner "garoé" nannten, ranken. Man sagt, daß das aus den Nebelwolken kondensierte und von seinen langen Nadeln abtropfende Wasser ausreichte, um alle Bewohner des Ortes Amoco (heute Valverde) mit Wasser zu versorgen. Der Baum wurde bei einem Wirbelsturm Anfang des 17. Jh.s entwurzelt.

Heute löst die Erschließung von Wasserstollen das Problem des Wassermangels. Man ist vor einigen Jahren auf den sehr ergiebigen Pozo de los Padrones gestoßen; die pro Sekunde ausströmenden 100 l reichen aus, um die gesamte Insel mit dem lebenswichtigen "Naß" zu versorgen. Die meisten Inselbewohner haben zudem eigene Zisternen, in denen sie Regenwasser sammeln.

Landesnatur (Fortsetzung)

Es gibt die unterschiedlichsten Vermutungen darüber, wie die Insel zu ihrem Namen Ferro und später Hierro (span. = Eisen) kam. Da Eisenerze in der Natur auf Hierro nicht vorkommen, ist eine direkte Ableitung von dem Begriff Eisen auszuschließen. Einige Sprachwissenschaftler gehen davon aus, daß es sich um eine fälschliche Ableitung von dem altkanarischen "hero" (= Wasserbehälter) handelt, andere meinen, daß "hierro" auf den von Ptolemäus verwendeten Begriff "esoro" zurückgeht, was so viel wie "stark", aber auch "heilig" bedeutet.

Deutung des Inselnamens

Zwar beträgt die Jahresniederschlagsmenge allenfalls 300 mm, doch bringt der häufige Nebel in den Lagen über 500 m vor allem an der Nordostseite der Insel zusätzlich Feuchtigkeit. Ein ausgeglicheneres und sonnenreicheres Klima weisen das Inselinnere und die West- bzw. Südseiten des Eilandes auf.

Klima

Entsprechend den klimatischen Bedingungen gehört die Zone unterhalb 500 m der Sukkulentenstufe an. In höheren Regionen, besonders in der Bucht des El Golfo, finden sich noch Reste der Lorbeerwald-, Zedern- und Kiefernformation. Oberhalb 1300 m stößt man auf die Besonderheit Hierros, auf ausgedehnte Kiefernwälder.

Vegetation

Um die Jahrhundertwende lebten auf Hierro bereits rund 7000 Menschen, 1940 waren es 9500. In den folgenden Jahrzehnten nahm die Einwohnerzahl jedoch deutlich ab. 1980 hatte die Insel lediglich noch 6500 Bewohner zu verzeichnen. Grund für diese Entwicklung waren die beschränkten Erwerbsmöglichkeiten. Ein Großteil der Herreños war gezwungen, den Lebensunterhalt im Ausland zu erwirtschaften. Bevorzugtes Ziel der Auswanderung war Südamerika, insbesondere Venezuela. Seit einigen Jahren ist ein gegenläufiger Trend zu beobachten. Derzeit beläuft sich die Bevölkerungszahl wieder auf rund 8000.

Bevölkerung

Haupterwerbszweig auf Hierro ist die Landwirtschaft. Angebaut werden vor allem Wein, Tomaten, Kartoffeln, Mandeln, Pfirsiche sowie Bananen und Ananas. Während die meisten Bauern nur kleine Landstücke bewirtschaften, werden lediglich die zum großen Teil für den Export bestimmten Bananen und Ananas auf größeren Plantagen kultiviert. Die Viehwirtschaft, in erster Linie Schaf- und Ziegenzucht, wird durch das nur begrenzt zur Verfügung stehende Weideland stark eingeschränkt. Eine bescheidene Rolle spielt daneben die Fischerei. Vor der Südküste wird Fischfang betrieben, die Fangmengen sind jedoch nicht so groß, daß sich eine Weiterverarbeitung auf Hierro lohnen würde.

Wirtschaftlich ist es mit dem kleinen Eiland in den letzten Jahren kräftig bergauf gegangen. Dank finanzieller Unterstützungen von der Inselregierung konnten sich Bauern und Fischer zu Kooperativen zusammenschließen. Sie produzieren und verkaufen ihre Erzeugnisse dadurch erheblich gewinnbringender.

Wirtschaft

◄ *Vom Mirador de la Peña bietet sich ein grandioser Blick auf die Bucht El Golfo im Nordwesten Hierros.*

Hierro

Tourismus

Auch der Tourismus hat einen gewissen Anteil am Aufwärtstrend der Wirtschaft, wenngleich man auf Hierro nach wie vor auf einen "sanften Tourismus" setzt. Derzeit gibt es rund 800 Gästebetten auf der Insel. Diese Zahl soll in den kommenden Jahren allenfalls noch auf das Doppelte erhöht werden. Mehr ist derzeit allerdings auch wirklich nicht nötig. Schon heute sind mit Ausnahme von Juli und August, wenn Urlauber von den größeren Kanareninseln anreisen, meist 70 – 80% der Gästebetten nicht belegt. Und die regionale Presse meldet es sogar, wenn der Parador (rund 100 Betten) wirklich einmal ausgebucht ist. Nur jeder 1600. Kanaren-Urlauber verirrt sich nach Hierro – es sind übrigens fast ausschließlich Deutsche.

Geschichte

Der griechische Naturforscher Ptolemäus ging im 2. Jh. n. Chr. davon aus, daß das Westkap von Hierro der westlichste Punkt der Welt sei und bezeichnete es entsprechend als "al fin del mundo" (= am Ende der Welt). Daran anknüpfend, nahm man 1634 die Westspitze der Insel (Punta de Orchilla) als Bezugspunkt des Nullmeridians. Auf deutschen Karten wurde Punta de Orchilla erst 1884 von Greenwich in dieser Funktion abgelöst.

Die Geschichte der Insel vor der spanischen Inbesitznahme liegt im dunkeln. Als sicher gilt lediglich, daß vor den Spaniern schon arabische Seeleute nach Hierro kamen. Die spanische Einflußnahme auf Hierro setzte mit der Landung Jean de Béthencourts im Jahre 1405 ein. In der Folge wurde ein Großteil der männlichen Bevölkerung als Sklaven nach Europa entführt und auf Hierro wurden normannische und kastilische Bauern angesiedelt, die sich allmählich mit den verbliebenen Urbewohnern vermischten. Dieser Prozeß war gegen Ende des 15. Jh.s abgeschlossen. Hierro erhielt den Señorío-Status (1515) mit Abgabepflichten gegenüber den Grafen von Gomera und der spanischen Krone. Bis ins 19. Jh. hinein blieben die feudalherrschaftlichen Strukturen bestehen.

Eine gewisse Bedeutung erlangte Hierro bei den Entdeckungsfahrten von Kolumbus. Er nahm die Insel als Ausgangspunkt für seine zweite Überfahrt nach Amerika (1493). Ansonsten blieb Hierro von den großen Weltereignissen beinahe unberührt. Erst die erheblichen sozialen, wirtschaftlichen und gesellschaftlichen Veränderungen (Elektrifizierung, Ausbau der Wasserversorgung und Kanalisation, Verbesserung des Bildungswesens u.a.) sowie der Bau des Flughafens führten seit Beginn der 1970er Jahre dazu, daß die Insel aus ihrem Dornröschenschlaf erwachte und den Anschluß an Europa fand.

"Nein" zur
Satelliten-
Abschußrampe

Ins Blickfeld der Weltöffentlichkeit gelangte Hierro 1997/1998, als die Einwohner ein klares "Nein" zur geplanten Errichtung einer Satelliten-Abschußrampe formulierten. Die spanische Zentralregierung wollte von Hierro aus mit im Land entwickelten Kleinraketen Forschungs- und Beobachtungssatelliten in den Weltraum schicken. Obgleich ihnen glänzende wirtschaftliche Perspektiven verhießen wurden, wandten sich die Herreños nahezu geschlossen gegen dieses Projekt. Sie befürchteten erhebliche Umweltschäden, und ein sanfter Tourismus ließe sich dann auch nicht mehr verwirklichen. Im Januar 1997 zogen 4000 Menschen durch Valverde (die Insel hat 8000 Einwohner!), um ihrem Protest gegen die Raketenbasis Nachdruck zu verleihen. Einige tausend pilgerten im Mai desselben Jahres nach Teneriffa, um in Santa Cruz vor dem Sitz der Regionalregierung zu demonstrieren. Ihnen schlossen sich viele Bewohner der größeren Kanareninsel an. Mit mehr als 20 000 Teilnehmern kam es zur größten Demo in der Geschichte der Kanaren. Davon zeigte man sich gar in Madrid beeindruckt. Das kanarische Parlament entschied sich 1998 gegen die Errichtung der Abschußrampe.

Valverde

Allgemeines

Der im Nordosten von Hierro gelegene Hauptort der Insel ist nach kurzer Fahrt vom Flughafen aus (ca. 7 km) bzw. vom Hafen (Puerto Estaca; ca. 10 km) zu erreichen. Den Namen Valverde (= grünes Tal) verdient das

Hierro

Städtchen (ca. 2000 Einwohner, im gesamten Gemeindebezirk leben 3700 Menschen) auch heute noch zu Recht. Es ist von Obst-, Gemüse- und Blumengärten umgeben. Einladend und freundlich wirkt die Szenerie allerdings nur, wenn nicht gerade der Passat den 620 m hoch gelegenen Ort einnebelt und ihn zu einem windigen und kühlen Platz werden läßt.

Valverde (Fortsetzung)

Schon die Urbewohner besiedelten das Gebiet des heutigen Valverde. Sie nannten die Ortschaft, die sich einst hier befand, Amoco. Seine Funktion als Verwaltungshauptort der Insel erhielt Valverde nach der spanischen Eroberung. Die Stadtanlage, so wie wir sie heute vorfinden, entstand Ende des 15. Jh.s.

Geschichte

Im Frühjahr verwandeln sich die Wiesen rund um Valverde in ein Blütenmeer.

Städtisches Leben darf man in Valverde nicht erwarten. Die wichtigsten Verwaltungseinrichtungen, Geschäfte, Banken, Tourismusinformation und Restaurants findet man entlang der Calle Dr. Quintero sowie an der nach Osten abzweigenden Calle San Francisco. Etwas unterhalb der Calle Dr. Quintero erstreckt sich die in Terrassen angelegte Plaza. Hier erhebt sich die als Festungskirche gegen die Piratenangriffe erbaute Iglesia de la Concepción. Das dreischiffige Gotteshaus wurde Ende des 18. Jh.s auf den Resten eines Vorgängerbaus aus dem Jahre 1544 errichtet.

Ortsbild

Weitere Sehenswürdigkeiten auf Hierro

Die übrigen interessanten Landschaften und Orte auf Hierro werden, ausgehend von Valverde, im Rahmen einer Rundtour beschrieben. Man sollte jedoch bedenken, daß es sich bei den "Straßen" im Westen der Insel teilweise noch immer um mehr oder minder gut befahrbare Waldpisten handelt. Für geringe Entfernungen benötigt man auch mit dem Auto relativ viel Zeit.

Hinweis

HIERRO
3 km
★★El Golfo
Punta Arenas Blancas
Ptas. de Gutiérrez
Pta. Tosca Amarilla
Playa de Verodal
Punta del Verodal
Bahía de los Reyes
Playa la Madera
Punta de los Palos
Bahía de la Hoya
Mirador del Bascos
Pozo de la Salud
Balneario
Sabinosa
El Sabinal
La Dehesa
Ventejea
1216
Santuario N. S. de los Reyes
Cruz de los Humilladeros
Punta de los Reyes
El Estacadero
Punta del Barbudo
Faro de Orchilla
Playa de los Colorados
Punta de los Mozos
Playa de los Mozos
El Júlan
Los Letreros
Playa de Tejeda
Punta de Tejeda
Punta de las Poyatas
Chaco Azul
Roques de la Sal
Los Llanillos
Malpaso
1500
TF912
Cueva del Gat
Playa de Lines
Hoya del Taco
Punta Lajas del La
Embar
Punta de Te
Playa los Corr
Cruz de
Punta
El
Meres
4
6
7
10
16

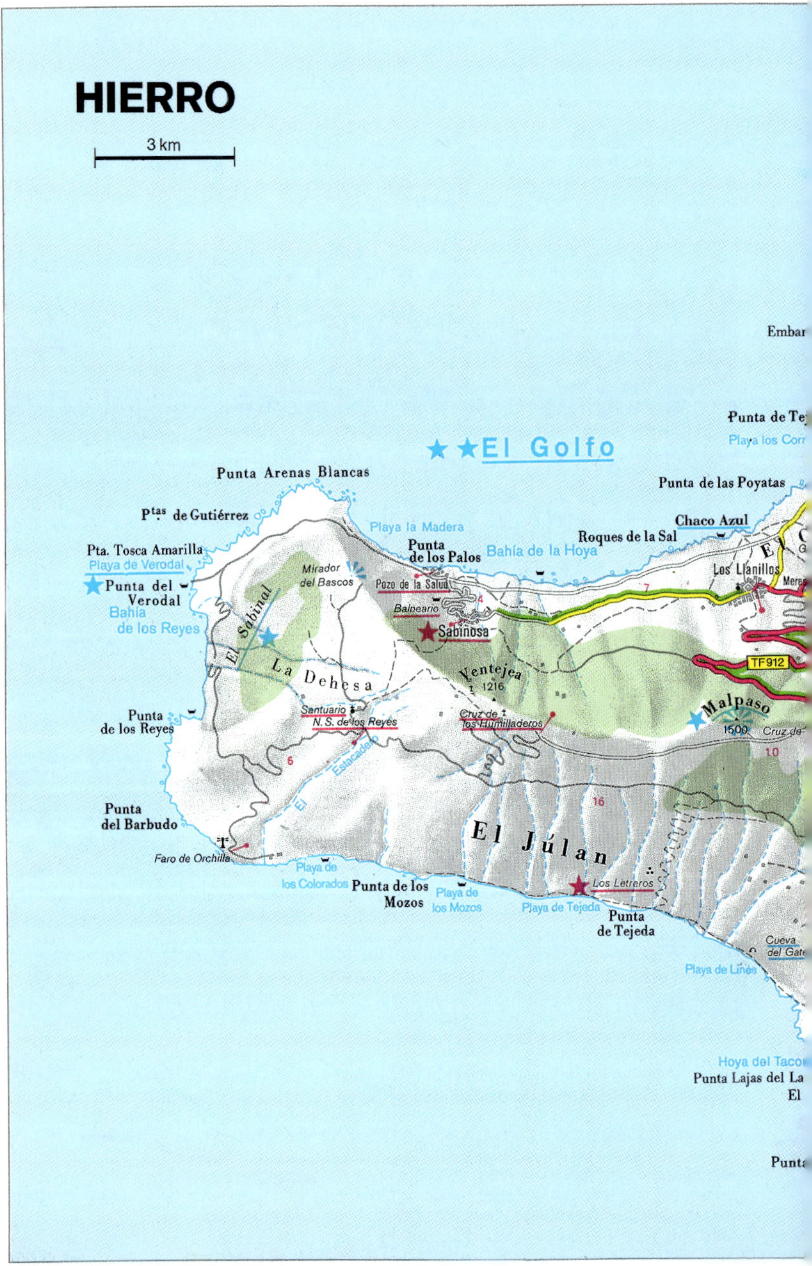

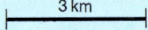

Hierro

Hierro

Mirador de la Peña Verläßt man Valverde in nordwestlicher Richtung, so gelangt man über die Ortschaften Mocanal und Guarazoca zum Mirador de la Peña (ca. 10 km). Nach Entwürfen des bekannten Lanzaroriner Künstlers César Manrique (1920 – 1992) entstand hier ein Gebäude aus Glas und rötlichem Lavagestein, das seit seiner Fertigstellung 1988 ein Restaurant (Ausbildungsstätte der Hotelfachschule) beherbergt. Ebenso wie die terrassenförmig angelegten Aussichtsplattformen fügt es sich glänzend in die Landschaft ein.

**El Golfo Von hier öffnet sich dem Betrachter ein weiter Blick über die Bucht von El Golfo (Abb. S. 78) mit den steilen bis zu 1000 m hoch aufragenden Felswänden und der fruchtbaren vorgelagerten Ebene samt ihren zahlreichen weißen Ortschaften. Den östlichen Abschluß der Bucht bilden die nördlich des Aussichtspunktes gelegenen Roques de Salmor. Sie ragen fast 100 m aus dem Meer auf.

Mirador de Jinama Kurz hinter dem Mirador de la Peña zweigt eine Straße in südlicher Richtung ab. Auf ihr gelangt man zum Mirador de Jinama. Auch dieser 1230 m ü.d.M. gelegene Aussichtspunkt offenbart einen phantastischen Blick über El Golfo (ist allerdings häufig von Wolken eingehüllt!).
Bei der Ermita de la Caridad am Mirador beginnt ein gepflasterter Weg, der nach Frontera hinabführt. Diese Wanderstrecke ist eine der beliebtesten auf der ganzen Insel. Die Orientierung bereitet keine Probleme. Auf einer Strecke von ca. 5 km muß man einen Höhenunterschied von knapp 900 m überbrücken. Insofern ist, will man zum Ausgangspunkt der Wanderung zurückkehren, der Aufstieg recht anstrengend.

Frontera Anfangs geht es noch durch dichte Kiefernwälder, dann schlängelt sich das Sträßchen durch Weinhänge hinab nach Frontera. Dieser inmitten des größten Obst- und Weinanbaugebietes von Hierro gelegene Ort ist der zweitgrößte der Insel und das Verwaltungszentrum des südlichen und westlichen Inselteiles. Wahrzeichen des Ortes ist der zu der Pfarrkirche gehörende Glockenturm, der von dieser weit entfernt, auf einem Vulkankegel thront, damit das Geläut im ganzen Tal zu hören ist.
Im Ortsteil Tigaday findet man mehrere Apartmenthäuser, Restaurants und Bars. Es gibt hier mittlerweile bereits zwei Souvenirläden, und sogar für Unterhaltung ist gesorgt: Ein Kino ist vorhanden!

*Guinea In Frontera zweigt eine Straße in nordöstlicher Richtung nach Las Puntas ab. Auf ihr erreicht man nach ca. 4 km das Museumsdorf Guinea mit Häusern aus verschiedenen Epochen der Inselgeschichte. In dem sonnenbegünstigten Halbrund von El Golfo lebten schon in vorspanischer Zeit Menschen. Teile eines ehemals bewohnten Vulkantunnels kann man in Guinea besichtigen. Auch den spanischen Eroberern erschien die Lage von Guinea als geeignete Wohnstätte. Im Laufe der Jahrhunderte wurden hier einfache Häuschen errichtet, die sich stark ähneln. Sie wurden aus schwarzem Lavagestein gebaut, haben nur winzige Fenster und sind strohgedeckt. Die meisten Häuser bestehen nur aus einem einzigen Raum, eine "modernere" Unterkunft von 1940 hat immerhin zwei Zimmer. Das Innere der Häuser ist nur im Rahmen von Führungen (Auskunft: Touristeninformation in Valverde) zugänglich. Auch ohne Innenbesichtigung lohnt jedoch ein Bummel durch das Museums-Dorf. Für die Zukunft ist geplant, daß hier Bauern und Handwerker die alten Traditionen wieder beleben sollen.

Centro de Recuperación del Lagarto Gigante Unmittelbar nördlich von Guinea hat die Eidechsenstation (Centro de Recuperación del Lagarto Gigante) ihren Sitz. Eingerichtet wurde sie, um das Überleben der vom Aussterben bedrohten "Lagartos gigantes" (Rieseneidechsen) zu sichern (→ *Baedeker Special*, S. 86/87). Sie kann donnerstags besichtigt werden, zuvor muß man allerdings eine Besuchsgenehmigung beantragen (im Bürgermeisteramt von Frontera, Mo. – Fr. 8.30 bis 14.00 Uhr; für Gäste des Paradors übernimmt die Rezeption die Beantragung). Zukünftig wird die Besuchsprozedur erleichtert. Bei der Eidechsen-Zuchtstation soll ein Besucherzentrum entstehen.

Hierro

Las Puntas

Die an Guinea und der Eidechsenstation vorbeiführende Straße endet in Las Puntas. Einige Bungalows hier werden an Touristen vermietet. Zudem steht in Las Puntas in exponierter Lage das im Guinness-Buch der Rekorde verzeichnete "kleinste Hotel der Welt" (→ Praktische Informationen, Hotels). Dem Tourismus soll ein direkt an der Küste gelegenes Naturschwimmbad weiteren Auftrieb geben, mit dessen Bau schon vor Jahren begonnen wurde.

Sabinosa

Etwa 12 km sind von Frontera bis zu dem im Nordwesten von Hierro gelegenen Sabinosa zurückzulegen. Seinen Namen verdankt der Ort dem "Sabinar" (Juniperus sabina), einem wacholderartigen Zypressengewächs (vgl. S. 88).

Pozo de la Salud

Bekannt ist Sabinosa für die 3 km entfernt bei Pozo de la Salud (= Gesundheitsbrunnen) gelegene schwefelhaltige Heilquelle. Ein modernes Kurhotel hat hier 1996 seinen Betrieb aufgenommen. Wenige Schritte davon entfernt, findet man integriert in einen terrassenartig angelegten Aussichtsplatz die Heilquelle. Es ist die einzige auf den Kanaren.

*Playa del Verodal

Seit kurzem ist die von Pozo de la Salud nach Westen führende Straße asphaltiert. Sie verläuft parallel zur Küste. Von ihr zweigt nach 5 km die 1,5 km lange, nicht asphaltierte Piste zur Playa del Verodal ab. Der schönste Strand der Insel besteht aus rötlichem feinen Sand, durchsetzt mit einzelnen Felsbrocken. Wegen der exponierten Lage ganz im Westen der Insel weht hier fast immer ein starker Wind. Bei schönem Wetter ist es dennoch ein herrlicher Sonnenplatz. Angesichts gefährlicher Strömungen sollte man auf das Schwimmen im Meer besser verzichten.

Hierros Vorzeigestrand: Playa del Verodal

Faro de Orchilla

Hinter der Abzweigung zur Playa del Verodal windet sich die Straße in engen Serpentinen aufwärts zur La Dehesa (= Viehweide), einer sanft gewellten Hügellandschaft. Eine beschilderte, 6 km lange Piste zweigt von der Straße zum Faro de Orchilla ab. Wer den Leuchtturm am Ende der Welt besucht, kann sich im Touristenbüro von Valverde eine Bestätigungsurkunde geben lassen. Die Inselregierung plant, in der Nähe des Leuchtturms ein Denkmal aufzustellen, das an die einstige Bedeutung der Punta de Orchilla als Bezugspunkt des Nullmeridians (vgl. S. 80) erinnert.

Santuario de Nuestra Señora de los Reyes

Weiter in östlicher Richtung fahrend, weist ein Schild die Zufahrt zum Santuario de Nuestra Señora de los Reyes. In der Kapelle wird das Standbild der Inselheiligen aufbewahrt. Der Legende nach hatten Hirten das Abbild der heiligen Jungfrau am 6. Januar 1546 von Seeleuten, deren Schiff aus unerklärlichen Gründen in einer Bucht festsaß, gegen Wasser und Lebens-

Baedeker Special

Vom Aussterben bedroht!

Für die Bimbaches, die Ureinwohner von Hierro, war Lagarto gigante, die Rieseneidechse, ein ganz normaler Mitbewohner des Eilands, der hin und wieder ihren Speiseplan bereicherte. Heute wird die Echse von vielen Herreños als Wappentier der Insel angesehen und gilt als Modellbeispiel für den Schutz und die Aufzucht einer vom Aussterben bedrohten Tierart.

Die Riesenechse von Hierro wird zum erstenmal bei Plinius d. Ä. genannt, der sich in seiner "Naturgeschichte" (Historia naturalis) auf alte Quellen von König Juba II. stützt. Die Rede ist von einer Insel namens Capraria, auf der große Lagartos leben. Man weiß allerdings nicht mit Sicherheit, ob es sich bei dieser Insel wirklich um Hierro handelt. Den ersten konkreten Hinweis auf die Existenz dieser Echsenart liefern die französischen Chroniken von der Eroberung der Insel (1404), die von katzengroßen Echsen berichten, die harmlos und nicht giftig, aber scheußlich anzusehen sind. 1867 entdeckte der deutsche Geologe von Fritsch auf Hierro einige Exemplare, 1889 beschrieb sie der Naturwissenschaftler Franz Steindachner zum erstenmal wissenschaftlich ("Über die Reptilien und Batrachier der westlichen und östlichen Gruppe der Canarischen Inseln") und gab ihnen zu Ehren des lange Zeit auf Hierro wirkenden Geologen Oscar Simonyi den Beinamen "simonyi". Von diesem Zeitpunkt an war es mit der Ruhe von Galottia simonyi simonyi (lagarto gigante) auf Hierro endgültig vorbei, nahm der ohnehin bedrohte Bestand der Riesenechse auf der Vulkaninsel in dramatischer Weise ab. Von den Ureinwohnern waren die Reptilien schon gejagt, geschlachtet und gegessen worden; die spanischen Konquistadoren hatten die Tiere getötet, wo sie sie nur antrafen, weil diese an den neu eingeführten Ackerpflanzen besonders großen Gefallen fanden; Hausschafe und -ziegen engten den Lebensraum der Echsen ein und machten ihnen die Nahrung streitig; für streunende Katzen und Hunde bildeten die Lagartos eine leichte Beute. Schließlich waren sie nur noch auf den Roques de Salmor nördlich von Las Puntas anzutreffen. Doch mit Steindachners Abhandlung (s. oben) machten nun Wissenschaftler und Neugierige Jagd auf die vom Aussterben bedrohten Tiere. Sie nahmen sie gefangen, töteten sie, stopften sie aus und verkauften sie an Museen und Sammler; "ein englischer Sammler gab (den Tieren sogar) vergifteten Talg und vernichtete so die wenigen, die noch übriggeblieben waren" (R. Arcaya Godoy). Am Ende wurden einige wenige Exemplare dieser Reptilienart nur noch in höheren Gebirgslagen, vor allem im fast völlig unzugänglichen Felsmassiv bei Las Puntas, im Risco de Tibataje, vermutet.

Im Jahre 1972 entdeckte ein Schäfer in der Steilwand Fuga de Gorreta dieses Felsmassivs eine kleine Kolonie der Lagartos. Zwei Jahre später besuchte der berühmte Reptilienzüchter und -forscher Werner Bings die Kanareninsel und machte sich auf die Suche nach den legendären Echsen. Doch mußte er sein Projekt vorzeitig beenden. Am selben Tag, als er die Insel verließ, weil sein Sohn erkrankt war, gelang es zwei Ziegenhirten, ein Echsenpärchen einzufangen. 1974 stellte die spanische Naturschutzbehörde ICONA die Reptilien unter Schutz. 1985 konnten ein Männchen, zwei Weibchen und ein Junges gefangen werden; ein Jahr darauf schlüpften aus drei in Gefangenschaft produzierten und ausgebrüteten Gelegen insgesamt 21 junge Echsen. Mittlerweile soll sich sogar der Populationsbestand in der Fuga de Gorreta auf weit über 1000 Exemplare erhöht haben; auch in Nachbargebieten sind die Lagartos dank der scharfen Naturschutzbestimmungen der Regierung wieder ansässig.

Bei der heute noch auf Hierro lebenden Population handelt es sich allerdings nicht um den legendären Lagarto gigante, besser bekannt als

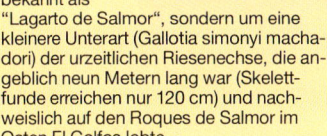

"Lagarto de Salmor", sondern um eine kleinere Unterart (Gallotia simonyi machadori) der urzeitlichen Riesenechse, die angeblich neun Metern lang war (Skelettfunde erreichen nur 120 cm) und nachweislich auf den Roques de Salmor im Osten El Golfos lebte.

Lange Zeit war der frühere Lebensraum des Lagarto gigante auf Hierro relativ unbekannt. Von Fritsch (1867) vermutete, die Echsen hätten nur den östlichen Teil des Eilands bewohnt; seit 1996 weiß man, daß die Lagartos einst auf der gesamten Insel beheimatet und somit an verschiedene Ökosysteme angepaßt waren. Auch auf Teneriffa, La Gomera und Gran Canaria lebten einst die Rieseneidechsen, wie Fossilienfunde belegen.

Der heute noch vorkommende Lagarto ist von kräftiger, gedrungener Gestalt, hat einen anthrazitfarbenen Schuppenpanzer mit hellen Punkten an den Körperseiten, deren zitronengelbe Farbe sich während der Fortpflanzungszeit verstärkt, und wird im Durchschnitt 60 cm lang und 400 g schwer (es soll auch Individuen mit 75 cm Länge geben, doch Beweise liegen bisher nicht vor). Die Männchen haben größere Köpfe, dickere Schwänze und einen kräftigeren Wuchs als die Weibchen. Über das Alter der Lagartos gibt es noch keine gesicherten Erkenntnisse. In Gefangenschaft werden sie um die 20 Jahre alt, in Freiheit erreichen sie wahrscheinlich kein so hohes Alter. Nach einer Winterruhe ernähren sich die Rieseneidechsen vorwiegend vegetarisch, von Blüten, Knospen, Blättern, Kräutern, Gräsern etc., aber auch Insekten sind ein beliebter Leckerbissen. Die Paarungszeit der Echsen ist im Mai. Die Kopulation beginnt damit, daß das Männchen sich dem Weibchen mit aufgeblähtem Kropf und Kopfwackeln nähert, woraufhin die Angebetete nach ihm schnappt, um sich ihn vom Leibe zu halten. Schließlich verbeißt er sich in die Haut ihres Halses und verrenkt sich mit ihr, bis es ihm gelingt, eines seiner beiden Zeugungsorgane in die Kloake des Weibchens einzuführen. Einen Monat nach der Kopulation legen die Weibchen zwischen vier und 14 Eier, aus denen bis August die Jungen schlüpfen. Einige weibliche Tiere können in dieser Zeit sogar zwei Gelege werfen. Die Jungen, bei der Geburt 17 cm lang, 4 g schwer und von brauner Farbe, ernähren sich nach zehn Tagen selbst; im Alter von sechs Monaten erreichen manche Exemplare bereits eine Körperlänge von 25 cm. Im vierten Lebensjahr verdunkelt sich der Panzer, womit vermutlich die sexuelle Reife einsetzt.

Einige Riesenechsen können im Centro de Recuperación del Lagarto Gigante bewundert werden (vgl. S. 84), wo man Tiere aufzieht, um sie dann später an verschiedenen, für Menschen nicht zugänglichen Stellen der Insel neu anzusiedeln. Um die Lebensweise der in die Freiheit entlassenen geschützten Echsen besser studieren zu können, bekommen die Tiere unter der Haut einen Mikrochip mit Radiosender eingepflanzt. Die Aufzucht in Gefangenschaft zeigt bisher große Erfolge: Allein in den Jahren 1995 – 1997 wurden fast 300 Nachkommen gezeugt. Das läßt Hoffnung aufkommen, denn noch immer ist der einst über ganz Hierro verbreitete Lagarto das am meisten vom Aussterben bedrohte Reptil Europas und eines der fünf gefährdetsten Kriechtiere der Welt überhaupt!

Hierro

Santuario de
Nuestra Señora de
los Reyes
(Fortsetzung)

mittel eingetauscht. Sie führten die Figur auf dem Rücken eines Esels bergauf und stellten verwundert fest, daß das Schiff plötzlich ungehindert seine Fahrt fortsetzen konnte. In der Folge soll die Jungfrau die Insel mehrmals von einer schrecklichen Trockenheit befreit haben. Auch als im Januar 1714 eine lange Trockenphase die Insel heimsuchte, trug man die Jungfrau von der kleinen Kapelle auf der Dehesa nach Valverde, um auf diese Weise um Regen zu bitten. Da schon bald heftige Regenfälle einsetzten, beschloß man, die Jungfrau von nun an alle vier Jahre (das nächste Mal 2001) in einer Prozession nach Valverde zu bringen und machte sie darüber hinaus zur offiziellen Inselpatronin. Um ausgewanderten Herreños die Teilnahme an den umfangreichen Feierlichkeiten zu erleichtern, verlegte man die Bajada (= Abstieg) de la Virgen de los Reyes später auf das erste Wochenende im Juli.

Das Santuario de Nuestra Señora de los Reyes bewahrt das Standbild der Inselschutzheiligen.

*El Sabinar

Das Wahrzeichen der Insel, uralte Wacholderbäume, möchte fast jeder Hierro-Besucher aus nächster Nähe besichtigen. Man folgt der zunächst asphaltierten Piste, die am Santuario vorbei bergauf führt. An einer Abzweigung hält man sich rechts, an einer zweiten links, dann gelangt man zu den vom Wind gekrümmten Bäumen (span. el sabinar). Früher bildeten sie einen ganzen Wald, die letzten Exemplare dieser für Hierro typischen Nadelbaumart stehen unter Naturschutz.

*Malpaso

Zurück zur Straße, die in ihrem weiteren Verlauf streckenweise nicht mehr asphaltiert, aber auch mit einem Pkw gut befahrbar ist. Nach 6 km (hinter dem Santuario) gilt es die Entscheidung über den Weiterweg zu treffen. Links zweigt eine in Serpentinen aufwärts führende Piste zum Malpaso, der mit 1500 m höchsten Erhebung der Insel, ab. Vom unbewaldeten Gipfel überblickt man die Insel nach allen Seiten. Folgt man der am Malpaso vorbeiführenden Piste weiter in östlicher Richtung, so trifft man schließlich wieder auf die Straße Valverde – Frontera.

Hierro

*Los Letreros

Ignoriert man die Abzweigung zum Malpaso und fährt in östlicher Richtung weiter, so weist bald ein Schild den Weg nach Los Letreros. Die Inschriften erreicht man nur zu Fuß (6 km von der Abzweigung). Da Souvenirjäger große Teile dieser wertvollen Funde geraubt haben, hat die Inselregierung Absperrungen errichten lassen. Wer dennoch die z.T. stark verwitterten Inschriften begutachten möchte, benötigt eine schriftliche Genehmigung der Inselverwaltung und einen Führer.

Entdeckt wurden die Steininschriften im Jahre 1870 durch den Geistlichen Don Aquilino Padrón. Er war durch die Ortsbezeichnung "Los Letreros" (die Inschriften) auf den Platz aufmerksam geworden. Nach wie vor ist ungelöst, aus welcher Zeit die Schriftfunde genau stammen und was sie bedeuten. Fest steht allerdings, daß auf einer einzigen Felswand Schriftzeichen verschiedener Kulturstufen gefunden wurden. Man unterscheidet zwei Formen einer "Sinnschrift", d.h. einer Schrift, die als Vorläufer der eigentlichen Schrift lediglich Vorstellungen und Begriffe vermittelt. Des weiteren gibt es Zeugnisse für ein komplexeres Zeichensystem, für eine "Sprachschrift". Sie weist Ähnlichkeiten mit unserer heutigen Alphabetschrift auf: Festgelegte graphische Zeichen stehen für eine sprachlich geformte Mitteilung. Eine andere Variante markiert, indem sie Zeichen der Sinn- und Sprachschrift beinhaltet, den Übergang von der zeichnerischen zur alphabetischen Schrift.

Die Gegend von Los Letreros muß eine bedeutende Kultstätte der Insel gewesen sein. Davon zeugen Funde von Tierknochen, die Überreste des "tagoror", eines aus Steinen gehauenen runden Versammlungsplatzes der Urbewohner, sowie der "conchero", eine fast einen Meter tiefe Erdschicht, die dicht mit unzähligen Muschelschalen durchsetzt ist.

Hoya del Morcillo

Folgt man dem nunmehr wieder asphaltierten Waldsträßchen in Richtung Osten, so erreicht man das Erholungsgebiet Hoya del Morcillo (Grillstellen, hölzerne Tische und Bänke, sanitäre Einrichtungen). Es ist besonders am Wochenende der bevorzugte Picknickplatz der Einheimischen.

Las Casas / Taibique

Kurz danach trifft das Waldsträßchen auf die den Inselsüden erschließende Straße. Auf ihr gelangt man zunächst nach Las Casas, das zusammen mit dem Nachbardorf Taibique unter dem Namen El Pinar als Verwaltungseinheit zusammengefaßt wurde. In Taibique biegt ein Sträßchen zum nahen Mirador de Tanajara ab. Bei klarer Sicht reicht der Blick von den terrassierten Obst- und Gemüsegärten um Taibique bis zu den Felsufern von La Restinga.

Mirador de las Playas

Ebenfalls eindrucksvoll ist die Aussicht vom Mirador de las Playas. Wenige Kilometer nördlich von Las Casas zweigt von der Hauptstraße nach San Andrés ein Pfad zum Mirador ab.

La Restinga

Gut 10 km sind von Taibique bis nach La Restinga zurückzulegen. Die Siedlung an der äußersten Inselsüdspitze ist der sonnensicherste Ort auf Hierro. Diese Tatsache führte vermutlich dazu, daß La Restinga heute der touristisch am besten erschlossene Ort der Insel ist. Daneben spielt aber weiterhin der Fischfang eine wichtige Rolle als Erwerbsquelle. Geschützt durch eine lange hohe Kaimauer, dümpeln bunte Boote im Hafen, den mittlerweile eine Promenade säumt. In den letzten Jahren sind etliche neue Apartmentbauten entstanden. Einen besonderen Ruf genießt La Restinga bei Tauchern, es gibt drei Tauchzentren im Ort. Das Meeresareal an Hierros Südküste bietet zwar keine sensationellen Fischschwärme, aber unter Wasser imposante Schluchten, Höhlen und eindrucksvolle Felsformationen.

Äußerst engagiert sind die Fischer von La Restinga. Vor allem ihnen ist es zu verdanken, daß eine der Küste vorgelagerte Meeresregion, das sogenannte Mar de las Calmas, zum Meeresreservat erklärt wurde. Das allerdings nur 7,2 km^2 große Gebiet steht seit 1996 unter Naturschutz. In naher Zukunft soll ein Besucherzentrum in La Restinga Hintergrundinformationen zum Meeresreservat liefern.

Los Cancajos

Hierro (Fortsetzung) *Mirador de Isora	Rund 25 km muß man von La Restinga in nördlicher Richtung zurücklegen, um wieder auf die Straße Valverde – Frontera zu stoßen. Man folgt ihr in nordöstlicher Richtung, durchfährt die Ortschaft San Andrés und biegt am Ortsende rechts Richtung Isora ab. Nach knapp 5 km endet die Straße am Mirador de Isora. Von mehreren Aussichtsterrassen überblickt man die gesamte Südostküste. Ein gut erkennbarer Pfad führt vom Mirador hinab zur Südküste. Stellenweise ist der Pfad sehr schmal, nur trittsichere und schwindelfreie Wanderer sollten sich die 3,5 km lange Strecke zumuten. Man muß dabei einen Höhenunterschied von 800 m bewältigen. Der Weg endet in der Bucht von Las Playas, etwa auf halber Strecke zwischen Parador und Roques de Bonanza.
Tamaduste	Verläßt man Valverde in östlicher Richtung, so zweigt nach 4 km eine Straße links Richtung Flughafen ab. Man passiert die Zufahrt zum Flughafen mit seiner erschreckend kurzen Landepiste und erreicht kurz darauf Tamaduste. Der Ort ist das beliebteste Freizeitziel der Herreños. Rund um die geschützte Badebucht (es ist die am leichtesten zugängliche der Insel) entstanden in den letzten Jahren gepflegte Wochenendhäuschen, eine hübsche Promenade wurde angelegt.
La Caleta	Ähnlich wie Tamaduste ist das südlich des Flughafens gelegene La Caleta eine Mischung aus Wohn- und Badeort der Herreños. Man kann sich hier auf Felsterrassen sonnen. Für Kinder gibt es ein in den Fels geschlagenes Planschbecken, Erwachsene gelangen über Eisenleitern ins Meer (vor allem im Winter macht die starke Brandung das Baden im Meer jedoch unmöglich).
Puerto Estaca	Etwa 8 km südlich von Tamaduste liegt Puerto Estaca, der Hafen von Hierro. Über ihn wurde bis zur Fertigstellung des Flughafens 1972 der gesamte Verkehr von und nach Hierro abgewickelt. Seinen Namen verdankt Puerto Estaca dem Pfahl ("estaca" = "Stab" oder "Eisenstange"), an dem die Fischer ihre Boote festmachten. Bis zu Beginn des 20. Jh.s konnte man hier nur durch Ausbooten an Land gelangen. Erst nachdem bei dieser Aktion der spanische König Alfons XIII. ein unfreiwilliges Bad nehmen mußte, beschloß man 1906 den Bau einer Hafenmole. Dennoch verhindern die Windverhältnisse nicht selten das Anlegen der Fähre.
*Roques Bonanza	Vom Puerto Estaca führt eine gut ausgebaute Straße weiter in südlicher Richtung. Plötzlich hat man eine rote Ampel vor sich. Das solarbetriebene Gerät regelt den Verkehr durch einen nur einspurig befahrbaren Tunnel. Gleich nach Passieren des Tunnels gelangt man auf der alten Küstenstraße nach links zu den Roques Bonanza. Die vom Meer ausgehöhlte bizarre Felsformation aus Tuff und Basalt befindet sich nur wenige Meter vor der Küste.
Parador Nacional "El Hierro"	Die gut ausgebaute Küstenstraße endet am Parador Nacional "El Hierro". Der Parador wurde im altkastilischen Stil in den Jahren 1973 – 1976 erbaut. Da es Schwierigkeiten beim Bau der Zufahrtsstraße gab, konnte das komfortable Hotel jedoch erst 1981 eröffnet werden (→ Praktische Informationen, Hotels).

Los Cancajos C 3

	Höhe: Meereshöhe Gästebetten: 2000
Lage und Allgemeines	Los Cancajos oder auch Playa de los Cancajos ist das zweitgrößte Ferienzentrum der Insel. Noch Anfang der achtziger Jahre des 20. Jh.s deutete nichts darauf hin, daß an der eher unwirtlichen Küste bei einer stillgelegten

Los Cancajos

Der Strand des Touristenzentrums Los Cancajos wurde künstlich angelegt. Hier kann man auch dann gefahrlos baden, wenn andernorts die Atlantikbrecher mit voller Wucht gegen die Küste donnern.

Saline zwischen Santa Cruz und Flughafen eine Urlauberstadt entstehen sollte. Heute befinden sich hier knapp 2000 der insgesamt 7500 Gästebetten auf La Palma. Damit nicht genug, innerhalb nur weniger Jahre kann sich diese Zahl mehr als verdoppeln. Bereits weitere 2600 Betten wurden in Bebauungsplänen genehmigt.
Wer Los Cancajos als Ferienort wählt, wohnt in einer eher nüchternen Touristenstadt, muß ab und an mit Fluglärm rechnen, kann sich aber andererseits in der wohl schönsten Apartmentanlage der Insel (Hacienda San Jorge) einmieten und ist nur wenige Fahrminuten von der reizvollen Inselhauptstadt entfernt.

Allgemeines (Fortsetzung)

Entsprechend der rasanten Entstehung von Los Cancajos gibt es natürlich keinen gewachsenen Ortskern. Am ehesten übernimmt diese Funktion ein größeres Einkaufszentrum mit Supermarkt, verschiedenen Geschäften, Bars und Restaurants. Die Hotels und Apartmentanlagen reihen sich an der Küste aneinander. Einige Anlagen befinden sich natürlich auch in "zweiter Reihe". Recht schön ist die am Meer entlangführende Promenade. Allerdings kämpfen die angepflanzten Palmen und sonstigen Gewächse noch ums Überleben.

Ortsbild

Los Cancajos hat zwei schwarzsandige, flach zum Meer hin abfallende Buchten, von ca. 200 und 100 m Länge. Sie wurden künstlich angelegt. Dank einiger Wellenbrecher ist hier gefahrloses Baden möglich. Sanitäre Einrichtungen und Umkleidekabinen sind ebenso wie eine Rettungsstation vorhanden, Liegen und Sonnenschirme werden vermietet. Am Wochenende kommen gern auch Ausflügler aus der nahen Inselmetropole hierher, dann kann es am Strand schon einmal recht voll werden. Um den möglicherweise steigenden Touristenzahlen gerecht werden zu können, soll in der nördlich angrenzenden Bucht ein weiterer Sandstrand entstehen.

Strände

Los Llanos de Aridane   B 3

Höhe: 344 m ü.d.M.
Einwohnerzahl: 10 000

Lage und Allgemeines

Los Llanos de Aridane, der zweitgrößte Ort der Insel, erstreckt sich über das gleichnamige weite Tal. In den letzten Jahrzehnten hat Los Llanos, wie das Städtchen meist nur kurz genannt wird, einen erheblichen Bevölkerungszuwachs erlebt: Die Einwohnerzahl verdoppelte sich seit den fünfziger Jahren nahezu. In der Stadt selbst leben heute rund 10 000 Menschen, im gesamten Gemeindebezirk rund 18 000. Grund für diese Entwicklung war ein regelrechter Wirtschaftsboom. Obgleich die Niederschlagsmengen in Los Llanos relativ gering sind, weil der Ort im sonnenbegünstigten Westen der Insel liegt, verfügt man dank der über der Caldera de Taburiente niedergehenden Regenmengen über reiche Wasserreserven. Dadurch können die riesigen Bananenplantagen im fruchtbaren Aridane-Tal bewässert werden. Da der Bananenanbau mittlerweile auch schon seit Jahren in der Krise seckt, sind einige Bauern auf andere Anbauprodukte ausgewichen: Noch immer sind die Flächen, auf denen Avocados und weitere tropische Gemüse- und Obstsorten angebaut werden, jedoch relativ klein. Zum zweiten wichtigen Wirtschaftsstandbein hat sich seit den achtziger Jahren des 20. Jh.s der Tourismus entwickelt. Mit → Puerto Naos, das ebenfalls zum Gemeindegebiet von Los Llanos gehört, verfügt die Stadt im Aridane-Tal über den schönsten Strand der Insel. Viele Ausländer haben sich dauerhaft in Los Llanos bzw. in der Umgebung niedergelassen. Mit rund 7% hat die Gemeinde einen recht hohen Anteil von ausländischen Bewohnern.

Wenngleich Los Llanos nicht mit herausragenden Sehenswürdigkeiten aufwarten kann, lohnt doch ein Besuch des Städtchens. Die beste Tageszeit dafür sind entweder die Morgenstunden, wenn man auf dem belebten Markt im Anblick von frischem Obst und Gemüse schwelgen kann, oder die späteren Nachmittagsstunden. Von einem der beiden Straßencafés auf der Plaza de España läßt man die Szenerie am besten erst einmal in Ruhe auf sich wirken. Ein kleiner Einkaufsbummel bzw. der nachfolgend beschriebene Stadtrundgang könnten dann auf dem Programm stehen. Abschließend gilt zu erwägen, ob man nicht zum Abendessen in Los Llanos bleibt. Es gibt eine erstaunliche Vielzahl recht guter Restaurants in der "zweiten Inselhauptstadt". Nicht wenige davon sind übrigens in deutscher Hand. Sehr schön ist auch das Ambiente im Restaurant "La Casona de Argual" an der stimmungsvollen Plaza von Argual (vgl. S. 93 und → Praktische Informationen, Restaurants).

Stadtbild

Los Llanos de Aridane ist ein modernes Städtchen. Im Ortskern gibt es kaum alte Bausubstanz, eine kurze Fußgängerzone, das imposante Rathaus und weitere Verwaltungsbauten künden von Wohlstand. Recht ursprünglich ist die Bebauung noch in den engen Gassen östlich der Plaza de España.

Sehenswertes in Los Llanos de Aridane

Plaza de España

Unumstrittenes Zentrum und Ausgangspunkt jeglicher Unternehmungen ist die Plaza de España. In zwei Straßencafés treffen sich unter hohen Indischen Lorbeerbäumen Einheimische und Fremde.

Iglesia de Nuestra Señora de los Remedios

Nach Norden hin begrenzt die Iglesia de Nuestra Señora de los Remedios die Plaza. Die Anfang des 16. Jh.s erbaute dreischiffige Kirche wurde in den nachfolgenden Jahrhunderten mehrfach umgestaltet. Der barocke Hochaltar birgt die Statue der Schutzpatronin. Es ist eine flämische Arbeit aus dem 16. Jahrhundert. Beachtenswert ist daneben vor allem die Mudéjar-Kassettendecke.

Los Llanos de Aridane

Vorbei am modernen im kanarischen Stil errichteten Rathaus schlendert man in südlicher Richtung durch die Calle de Diaz Pimenta. Geschäfte mit hochpreisigem Warenangebot säumen die Fußgängerzone. Es gibt hier sogar ein kleines edles Shopping Center.

Calle de Diaz Pimenta

Die Calle Diaz Pimenta trifft auf die verkehrsreiche Avenida Carlos Francisco Lorenzo Navarro, der man einige hundert Meter in westlicher Richtung folgt. Dann zweigt rechts die Avenida Dr. Fleming ab. Der von hohen Indischen Lorbeerbäumen gesäumte Mittelstreifen lädt zum Bummeln ein. Zahlreiche kleinere Cafés, Lädchen und Kioske säumen die Straße.

Avenida Dr. Fleming

Auf der Höhe der Post zweigt links die Avenida de Tanausú ab. Hier zeigt sich Los Llanos von einer ganz anderen Seite. Gepflegte Stadtvillen mit hübschen Vorgärten bestimmen das Bild.

Avenida de Tanausú

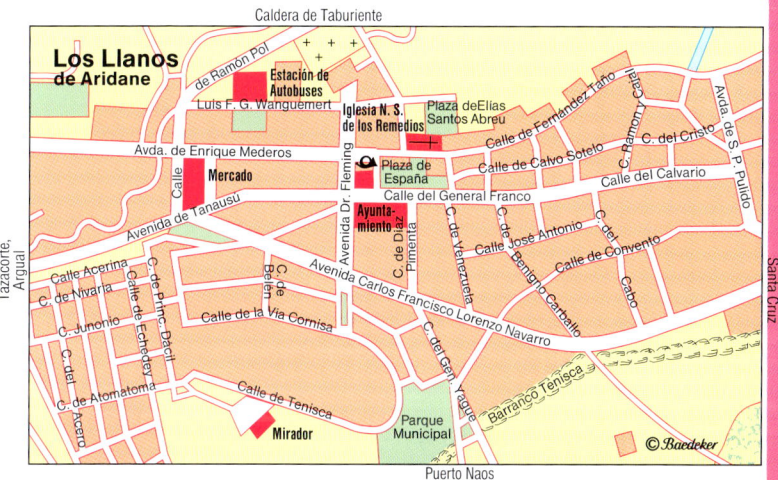

Die Avenida de Tanausú führt zum in den Vormittagsstunden (außer So.) belebten Markt. Obst, Gemüse, aber auch Fisch, Fleisch und andere Erzeugnisse von den Bauern der Umgebung werden hier vertrieben.

Mercado

Die an der Nordseite der Markthalle vorbeiführende Avenida de Enrique Mederos führt zurück zum Zentrum. Hier sollte man der Plaza de Elías Santos Abreu an der Nordseite der Kirche noch einen Besuch abstatten. Von den meisten Einheimischen wird der nach dem palmerischen Arzt und Naturforscher benannte Platz meist nur Plaza Chica (= Kleiner Platz) genannt. Mit Palmen, dem plätschernden Brunnen und Bänken bietet er ein idyllisches Bild.

Plaza de Elías Santos Abreu

Südlich der Innenstadt erstreckt sich der Stadtpark (Parque Municipal). Vor einigen Jahren wurde die Grünanlage neu gestaltet und lohnt nun wegen ihres alten Baumbestandes, etlichen subtropischen Pflanzen und einem Kinderspielplatz einen Besuch.

Parque Municipal

Umgebung von Los Llanos de Aridane

In Los Llanos westlichem Ortsteil Argual stößt man völlig unerwartet auf eines der schönsten Bauensembles der Insel. Die Plaza von Argual ist

*Argual

Los Llanos de Aridane

Argual (Fortsetzung)

allerdings leicht zu verfehlen. Man folgt von Los Llanos aus der Straße Richtung Tazacorte. Dort, wo rechts die Straße nach Puntagorda abzweigt, biegt man links zur Plaza von Argual ab, die ihr heutiges Aussehen zu Beginn des 20. Jh.s erhielt. Rund um den baumbestandenen Platz gruppieren sich ansehnliche Landhäuser, die sich durch den Anbau von Zuckerrohr reich gewordene Grundherren im 17./18. Jh. errichten ließen. Sie wurden in den letzten Jahren mit Fördermitteln der EU restauriert. Die Casa Massieu (Hausnr. 31) aus dem 17. Jh. wird heute zeitweilig für Ausstellungen genutzt. Ein Raum im Erdgeschoß fungiert als Touristeninformation und Verkaufsstelle von Kunsthandwerk (unregelmäßige Öffnungszeiten). Wenn sie geöffnet ist, kann man einen Blick in den Innenhof mit seinen kunstvollen Holzgalerien werfen. Schräg gegenüber steht die Casa Sotomayor (Hausnr. 7) mit einem kleinen Balkon über dem Portal. Die Casa Monteverde wurde im 18. Jh. errichtet. Sie beherbergt ein stimmungsvolles Restaurant (La Casona de Argual).

Wenige Schritte von der Plaza entfernt, trifft man auf die Iglesia de San Pedro. Die Kirche wurde 1641 von der Familie Sotomayor gestiftet.

Blick vom Mirador El Time auf das fruchtbare Aridane-Tal und das Häusermeer von Los Llanos und El Paso

Santuario de N. S. de las Angustias

Die in Argual nach Puntagorda abzweigende Straße führt zunächst in etlichen Kurven hinab in den Barranco de las Angustias, in die Schlucht der Todesängste. Im Talgrund steht direkt an der Straße das Santuario de Nuestra Señora de las Angustias. Die Kapelle für die Schutzheilige des Tales wurde Anfang des 16. Jh.s erbaut. Eine umfangreiche Renovierung erfolgte in den letzten Jahren.

*El Time

Nach Passieren der Kapelle geht es am nördlichen Barrancohang in unzähligen Kurven und Kehren wieder aufwärts. Eine grandiose Aussicht bietet in 594 m Höhe der Mirador El Time. Von der Café-Terrasse aus überblickt man das gesamte Aridane-Tal. Die Fotobedingungen sind am späten Nachmittag bzw. am frühen Abend am besten.

Los Sauces

Südöstlich von Los Llanos wurde 1995 der Pueblo Parque eröffnet (geöffnet: Mo.–Sa. 10.30–17.00 Uhr; Führungen 11.00, 13.00 und 15.00 Uhr). Die Zufahrt ist von der Straße Los Llanos – Santa Cruz, ca. 500 m hinter dem Ortsausgang von Los Llanos beschildert. Nach Entrichten des recht stattlichen Eintrittspreises betritt man die etwas verwahrlost wirkende Parkanlage. Bei dem geführten Rundgang (Dauer ca. 90 Min.) erfährt der erstaunte Besucher, was er schon immer über Flora und Fauna, über Kultur und Handwerkstraditionen der Insulaner wissen wollte. Man schaut einer Korbflechterin über die Schulter, kann beim Sticken zusehen, hat die Möglichkeit, Heil- und Kräuterpflanzen günstig zu erwerben, an einer Weinprobe teilzunehmen – oder wie wäre es mit moderner Kunst? Eine kleine Sammlung von Werken verschiedener Hobbymaler ist in der Casa de Arte ausgestellt. Natürlich gehört ein Restaurant zu der Anlage, Kinder erfreuen sich vielleicht am Spielplatz und am Ritt auf dem Esel.

Los Llanos, Umgebung (Fortsetzung)
Pueblo Parque

Schon seit mehr als zehn Jahren ist Palmex, ein prächtig gestalteter Kakteengarten, eine Besucherattraktion (geöffnet: Di., Mi., Do. 10.00 – 18.00 Uhr). Der Kakteengarten liegt ganz in der Nähe des Pueblo Parque. Zwischen km 49 und km 48 der Straße Los Llanos – Santa Cruz zweigt die beschilderte Zufahrt nach links ab.
Rund um die eigene Ferienvilla pflanzte ein deutsches Ehepaar 1978 die ersten Kakteen und Sukkulenten. Keine Pflanze war damals höher als 40 cm. Nachdem die trockenheitsliebenden Pflanzen prächtig gediehen waren, öffneten die Inhaber ihren Privatgarten 1988 für das Publikum. Heute beeindrucken in dem hübsch angelegten Garten über 660 verschiedene Kakteen- und andere Pflanzenarten. Einige Prachtexemplare sind bis zu 16 m hoch. Beim Lösen der Eintrittskarte erhält man ein Samentütchen – eine Garantie darauf, daß die stachligen Pflanzen zu Hause genauso gut wachsen wie im Palmex Cactus gibt es natürlich nicht.

Palmex Cactus

Los Sauces C 2

Höhe: 266 m ü.d.M.
Einwohnerzahl: 4400

Los Sauces bildet zusammen mit dem Küstenort → San Andrés den Gemeindebezirk San Andrés y Sauces im Nordosten der Insel. Früher scheint es in dieser Region einmal viele Weiden gegeben zu haben, darauf weist der Ortsname ("los sauces" = "die Weiden") hin. Seinem Wasserreichtum verdankt Los Sauces den Aufstieg zum bedeutendsten Handels- und Landwirtschaftszentrum im Norden La Palmas. Die ersten Siedler, die sich nach der spanischen Eroberung hier niederließen, widmeten sich dem Zuckerrohranbau. Es gibt noch kleine Anbauflächen mit Zuckerrohr und eine nur saisonal arbeitende Destillerie, in der Rum hergestellt wird. Bei weitem wichtigstes Landwirtschaftsprodukt ist heute jedoch die Banane.

Lage und Allgemeines

Die den Inselnordosten erschließende Küstenstraße verläuft mitten durch das Zentrum von Los Sauces und teilt sogar die weitläufige Plaza in zwei Hälften. Hier zeigt sich Los Sauces von seiner städtischen Seite: Mehrstöckige Wohn- und Geschäftshäuser, Banken und Bars säumen den Platz.

Ortsbild

Sehenswertes in Los Sauces

Die Plaza beherrscht die Iglesia de Nuestra Señora de Montserrat, eine der größten Kirchen der Insel. Ihre Gründung geht auf das Jahr 1515 zurück, sie wurde jedoch in den nachfolgenden Jahrhunderten mehrfach umgebaut. Bedeutendster Kirchenschatz ist die "Katalonische Tafel", die in der Taufkapelle aufbewahrt wird. In der Regel ist die Taufkapelle verschlossen,

Iglesia de Nuestra Señora de Montserrat

Los Sauces

Iglesia de N. S. de Montserrat (Fortsetzung)

man kann nur durch ein Eisengitter (rechts vom Eingang) einen Blick auf das Gemälde werfen. Es zeigt die Madonna von Montserrat und stammt wohl von dem flämischen Meister Pieter Pourbus (1523 – 1584).

Umgebung von Los Sauces

*Los Tilos

Los Tilos ist das größte zusammenhängende Lorbeerwaldgebiet auf La Palma und eine der faszinierendsten Landschaftsregionen der Insel. Unter der Bezeichnung "El Canal y Los Tilos" wurde es 1983 durch die UNESCO zum Biosphärenreservat erklärt. Das Reservat umfaßt heute 511 ha, die kanarische Regierung hat jedoch bei der UNESCO einen Antrag auf Erweiterung des Gebietes eingereicht.

Die Zufahrt erfolgt durch eine am südlichen Ortsrand von Los Sauces ausgeschilderte Asphaltstraße. Sie verläuft durch den Barranco del Agua und endet nach 3 km inmitten des Lorbeerwaldareals beim Forschungs- und Besucherzentrum des Naturschutzgebietes (geöffnet: Mo. – Fr. 9.00 bis 17.00 Uhr). Es informiert über Flora, Fauna und Gefährdung – vor allem durch Austrocknung – des Lorbeerwaldareals. Leider sind alle Schautafeln und Exponate nur spanisch beschriftet, die Videovorführungen sind ebenfalls nur mit spanischen Texten unterlegt. Etwas unterhalb des Besucherzentrums befindet sich ein Restaurant/Cafeteria. Unter hohen Lorbeerbäumen kann man auch sehr schön draußen sitzen. Als Alternative für eine Rast bieten sich mehrere Picknickplätze an. Schon hier bekommt man einen Eindruck von dem urwaldartigen Areal. Zu den am meisten vertretenen Baumarten gehört eine Lorbeerart, die die Spanier "til" oder "tilo" nennen (normalerweise "tilo" mit "Linde" übersetzt). In Anlehnung an den lateinischen Namen "Ocotea foetens" wird er im Deutschen als "Stinklorbeer" bezeichnet. Daneben kommt der Kanarische Lorbeer häufig vor (vgl.

Die Passatwinde sorgen dafür, daß im Nordosten von La Palma häufig ein neblig-feuchtes Klima herrscht. Dadurch können hier zahlreiche Lorbeerarten gedeihen.

Mazo

S. 18). Flechten hängen von den Ästen herab, riesige Farne wuchern im Unterholz, den Boden bedecken Moose. Überall rinnt Wasser von den Felswänden herab, vielerorts plätschern Quellen.

Los Sauces, Umgebung (Fortsetzung)

Beim Besucherzentrum beginnen mehrere ausgeschilderte Wanderwege. Man kann von hier aus auch einige kürzere Touren unternehmen. Schöne Eindrücke vermittelt bereits eine bequeme Wanderung auf breitem, für den Autoverkehr gesperrten Forstweg. Er zweigt etwa 500 m vor Erreichen des Besucherzentrums von der Zufahrtsstraße links ab. Nach wenigen Minuten durchquert man einen Tunnel. Langsam bergan steigend, gerät man immer tiefer in das Lorbeerwaldareal hinein. Nach rund 45 Min. wird eine Wegkreuzung erreicht. Entweder kehrt man hier um oder folgt dem nach links abzweigenden, teilweise durch ein Geländer gesicherten schmalen Pfad in wenigen Minuten bis zu einem Aussichtspunkt mit Wettermeßstation.

Ein anderer Pfad führt vom Besucherzentrum in rund 30 Min. hinauf zum Mirador de las Babandas mit schönem Ausblick über das Waldgebiet und hinab nach Los Sauces.

Den vielleicht besten Eindruck von der üppig wilden Vegetation vermittelt eine Wanderung im Barranco del Agua, die allerdings mit einiger Kraxelei verbunden ist. Kurz vor dem Besucherzentrum zweigt bei der Brücke ein deutlich erkennbarer Pfad ab. Er verläuft zunächst an einem Wasserkanal entlang und führt dann zum Barrancobett hinunter, dem man, über Felsbrocken balancierend, taleinwärts folgt. Nach ca. 30 Min. ist bei der dritten Steilstufe ein weiteres Vorwärtskommen fast unmöglich.

Mazo (Villa de Mazo)   C 3

Höhe: 500 m ü.d.M.
Einwohnerzahl: 5300

Oberhalb von La Palmas Ostküste liegt 12 km südlich von Santa Cruz der Ort Mazo, offiziell als "Villa de Mazo" bezeichnet. Man erreicht die Ortschaft über die beiden parallel zueinander verlaufenden Straßen, die von Breña Alta bzw. Breña Baja Richtung Fuencaliente führen. Die obere der beiden Landstraßen verläuft durch den Hauptort der Gemeinde. Für ihn findet sich auf einigen Karten dieselbe Bezeichnung wie für die gesamte Gemeinde also Mazo oder Villa de Mazo; die meisten Einheimischen sprechen dagegen von El Pueblo, dem Dorf. Die untere Straße führt in den Ortsteil Hoyo de Mazo. Bekannt ist er vor allem für den hier angebauten Wein. Besonders die unter dem Label "Hoyo de Mazo" verkauften Rotweine genießen einen guten Ruf. Daneben ist Mazo ein auf der Insel bekanntes Zentrum des Kunsthandwerks. Die im Ort ansässige Escuela de Artesanía wurde bereits 1968 gegründet. Erfahrene Stickerinnen, Strohflechterinnen oder Weberinnen geben ihr Wissen an Interessierte weiter.

Lage und Allgemeines

Wenn man auf La Palma von der "Villa del Corpus" spricht, ist jedem klar, daß Mazo gemeint ist. Nirgendwo sonst auf der Insel wird Corpus Christi (Fronleichnam) so aufwendig und farbenprächtig begangen wie in Mazo. Hier sind die Blumenteppiche prachtvoller, die Gestaltung ist ideenreicher als in anderen Ortschaften. Mit der Vorbereitungen für Fronleichnam wird schon Wochen vor dem Fest begonnen. Nicht nur Blüten auch Samen, Blätter, Moose, Sand, Getreidekörner und Hülsenfrüchte werden zu kunstvollen "Gemälden" zusammengefügt.

Fronleichnam

Entlang der oberen bzw. westlicheren der beiden den Inselsüdosten erschließenden Hauptstraßen sowie östlich davon erstreckt sich das Zentrum von Mazo. Wer mit dem Auto kommt, findet bei der Markthalle – zumindest außerhalb der Markttage Samstag und Sonntag – zahlreiche Parkmöglichkeiten. Die Anfahrt dorthin ist vom südlichen Ortsende ausgeschildert. Vom Markt in nördlicher Richtung gehend, passiert man die Escuela de Artesanía (Kunsthandwerksschule). Kurz danach stößt die Straße auf

Ortsbild

Mazo

Ortsbild
(Fortsetzung)

die steile Calle General Mola. Folgt man ihr ein Stück nach links aufwärts, so gelangt man zur kleinen Plaza mit dem Rathaus, nach rechts geht es am Friedhof vorbei abwärts zur Iglesia de San Blás.

Sehenswertes in Mazo

*Iglesia de San Blás

Die Iglesia de San Blás wurde bereits 1512 erbaut, der Anbau der beiden Seitenschiffe erfolgte allerdings erst Anfang des 19. Jh.s. Recht gut gelungen sind die modernen Bleiverglasungen oberhalb der beiden Seitenportale. Das Innere birgt neben einem kostbaren Hochaltar einige Statuen aus dem 16. Jahrhundert. Beachtenswert ist ferner die kunstvolle Mudéjar-Decke des Altarraums.

Iglesia de San Blás, eine der ältesten und schönsten Kirchen der Insel

Mercadillo

Mitte der achtziger Jahre hatten die Bauern, Winzer und Fischer von Mazo eine grandiose Idee: Sie schlossen sich zu Kooperativen zusammen und vertrieben ihre Erzeugnisse fortan gemeinsam in einer nagelneuen Markthalle. Bald wurde der Mercadillo, der Bauernmarkt von Mazo, zu einer auch von Touristen vielbeachteten Einrichtung. Markttage sind nur Samstag und Sonntag (im Sommer: Sa. 15.00 – 20.00, So. 8.30 – 13.00; im Winter: Sa. 16.00 – 19.00, So. 8.30 – 13.00 Uhr). Am besten kommt man bereits am Samstag und auch dann nicht allzu spät, schon nach wenigen Stunden sind häufig die besten Erzeugnisse ausverkauft. Nicht nur Obst, Gemüse, Fisch und Käse sind im Angebot, auch selbstgemachte Marmeladen, eigene Weinabfüllungen, Mojo-Saucen nach Spezialrezepten, selbstgebackenes Brot, köstlicher Kuchen und vieles mehr suchen Abnehmer. Die Preise für alle Waren werden übrigens festgelegt, Höchst- und Tiefpreise sind auf einer Tafel am Eingang angeschrieben.

Das Obergeschoß der Markthalle gehört dem Kunsthandwerk. Stickerinnen und Korbflechterinnen lassen sich bei der Arbeit zuschauen – und natürlich kann man ihre kunstvollen Arbeiten auch gleich erstehen.

Mazo

Im unteren Ortsteil Hoyo de Mazo ist "El Molino", eine in einer alten Gofiomühle untergebrachte Keramikwerkstatt, Besuchermagnet (geöffnet: Mo. bis Sa. 9.00 – 13.00 und 15.00 – 19.00 Uhr). Von der in Küstennähe verlaufenden Hauptstraße ist die Zufahrt beschildert. Nach Art der Altkanarier (ohne Töpferscheibe!) werden schwarze, nach unten konisch geformte Keramikgefäße getöpfert und mit traditionellen Kerbmustern versehen. Mit ihren ästhetischen, schlichten Gefäßen haben die Betreiber der Töpferei Ramón und Vina weit über die Grenzen La Palmas hinaus auf sich aufmerksam gemacht. Der Werkstatt ist ein kleiner Ausstellungsraum mit Fundstücken aus vorspanischer Zeit angeschlossen – und sehenswert ist allein schon der hübsch angelegte Garten, der die Mühle umgibt.

*El Molino

Umgebung von Mazo

Vom Ortsteil Hoyo de Mazo in südlicher Richtung fahrend, erreicht man bei km 7 das Gelände des Parque Arqueologico de Belmaco (geöffnet: Mo. bis Sa. 10.00 – 18.00, So. 10.00 – 14.00 Uhr). Angelegt wurde der Archäologi-

*Parque Arqueologico de Belmaco

El Molino: Keramikherstellung nach altkanarischem Vorbild – ohne Töpferscheibe

sche Park rund um die Cueva de Belmaco, eigentlich eher ein Felsüberhang als eine Höhle. Es handelt sich vermutlich um die "Residenz" eines altkanarischen Inselfürsten, des Mencey von Tedote. Mit der Radiokarbonmethode konnte nachgewiesen werden, daß die Cueva de Belmaco im 10. Jh. bewohnt war. Der Backofen im hinteren Teil der Höhle war damals allerdings noch nicht in Betrieb. In der Nähe des Eingangs fand man mehrere Felsblöcke mit prähistorischen Inschriften. Was die 2 – 3 cm tief in den Felsen eingeritzten Spiralgravierungen bedeuten, blieb bis heute ungeklärt. Ihre Existenz war bereits dem kanarischen Historiker Viera y Clavijo Mitte des 18. Jh.s bekannt. Rechts und links von der Höhle führen Steinstufen aufwärts. Über sie gelangt man zu kleineren Höhlen, die den Altkanariern

Parque Nacional de la Caldera de Taburiente

Mazo, Umgebung (Fortsetzung)
möglicherweise als Sterbehöhlen dienten. Weitere Infos erhält man im angeschlossenen Besucherzentrum.

Playa del Pozo
Allzu attraktiv sind die Strände im Gemeindegebiet von Mazo allesamt nicht. In den meisten Buchten ist Sand eher Mangelware, Stein und Geröll laden weder zum Sonnen noch zum Baden ein. Dennoch haben an mehreren Buchten Einheimische einfache Bretterbuden errichtet. Sie sind am Wochenende beliebte Anlaufstelle. Am ehestens empfehlenswert ist die Playa del Pozo, ein etwa 50 m langer, schmaler Sandstreifen. Da sich hier in den achtziger Jahren einige Schweden niedergelassen haben, hört man auch die Bezeichnung "Playa del Sueco".

Parque Nacional de la Caldera de Taburiente B/C 2

Lage und
**Landschaftsbild
Seit 1954 steht das Zentrum von La Palma als Parque Nacional de la Caldera de Taburiente unter Naturschutz. Wanderungen im Nationalparkgebiet gehören zum Schönsten, was La Palma zu bieten hat. Wer nicht beabsichtigt, die gewaltige Naturlandschaft per pedes zu erkunden, sollte es sich zumindest nicht entgehen lassen, von einem der Aussichtspunkte die grandiose Gebirgslandschaft auf sich wirken zu lassen.
Das Herz des Nationalparks bildet die Caldera de Taburiente, ein riesiger Kessel mit einem Umfang von 28 km und einem Durchmesser von 8 km. Die Wände der Caldera erreichen Höhen von über 2000 m, höchste Erhebung des Kraterrandes ist der Roque de los Muchachos (2426 m ü.d.M.). Zum Kesselgrund hin fallen die Ränder der Caldera bis zu 1500 m steil ab, lediglich nach Südwesten hin durchbricht der Barranco de las Angustias die hufeisenförmige Caldera. "Diese Schlucht der Todesängste" bildet den natürlichen Abfluß des in der Caldera entspringenden Quellwassers. Für die Urbewohner von La Palma war der Barranco de las Angustias die letzte Zufluchtsstätte während der spanischen Eroberung (→ *Baedeker Special*, S. 34/35). Nahe dem Barranco de las Angustias ragt der Roque Idafe auf. Bei der Felsnadel handelt es sich um einen Monolithen aus Basalt, den die Urbewohner für heilig hielten.

Vegetation
Fast das gesamte Nationalparkgebiet bedeckt ein lichter Kiefernwald. (→ Pflanzen und Tiere). Oberhalb der Kiefernwaldgrenze, ab 2000 m Höhe, trifft man auf eine subalpine Vegetation. Vorherrschende Pflanze ist Codesco, eine Ginsterart. Die Sträucher werden bis zu 1 m hoch.

Entstehung
Der Begriff "Caldera" (span. für "Kessel") wurde 1825 von dem deutschen Geologen und Paläontologen Leopold von Buch in die Fachterminologie der Geologie eingeführt. Bei der Beschreibung einer Caldera bezog sich von Buch auf die Caldera de Taburiente auf La Palma. Er ging davon aus, daß es sich bei der Caldera de Taburiente um den Überrest eines ehemaligen Vulkans handle, dessen zentraler Teil eingestürzt sei oder durch eine gewaltige Explosion weggesprengt wurde. Diese These wurde bereits Mitte des 19. Jh.s von den englischen Geologen Charles Lyell angezweifelt. Auch nach neueren Forschungen geht man davon aus, daß Erosion ein, wenn nicht "der" wesentliche Faktor der Caldera-Entstehung auf La Palma war. So bezeichnet der geowissenschaftliche Fachbegriff "Caldera" denn heute auch einen auffallend breiten, durch Einsturz oder Erosion kesselförmig erweiterten Krater.
Im Besucherzentrum des Nationalparks (→ El Paso) werden zwei neuere Theorien der Caldera-Entstehung gegenübergestellt. Während J.M. Navarro in einer Veröffentlichung des Jahres 1994 davon ausgeht, daß Erosion die Hauptkraft bei der Ausformung der Caldera war, so stellt im selben Jahr der Geologe Ancoechea die Hypothese auf, daß vor 12 Mio. Jahren ein schildförmiges Vulkangebilde im Zentrum La Palmas entstand. Durch nach Südwesten gerichtete Erdrutsche (Barranco de las Angustias) bildete sich seiner Ansicht nach die Caldera.

Parque Nacional de la Caldera de Taburiente

Mirador de las Chozas: grandioser Blick in die Caldera de Taburiente

Das Nationalparkgebiet wurde 1981 auf 4690 ha vergrößert. Seit damals umschließt ein Puffergürtel das Nationalparkgebiet, in dem ebenfalls jegliche Baumaßnahmen strengen Auflagen unterliegen. Das Nationalparkgebiet selbst ist in vier verschiedene Zonen eingeteilt. Den Kern des Nationalparks bildet die "Zona de reserva". Diese "voll-geschützte" Zone, in der auch der Roque Idafe liegt, darf nur mit besonderer Genehmigung betreten werden. Organisierte Wanderungen finden in diesem Gebiet nicht statt. Die "Zona de uso restringido" ist zugänglich, allerdings nur zu Fuß. Auch bei dem Besuch der beiden anderen, für Erholungszwecke vorgesehenen Zonen sollte man die Satzungen des Nationalparks unbedingt beachten. Natürlich gehört dazu, daß man weder Pflanzen, noch Tiere oder Steine sammelt, die angelegten Pfade nicht verläßt und außerhalb des Zeltplatzes nicht campt oder ein Lagerfeuer entzündet. Es gibt im Nationalparkgebiet keine Abfalleimer, also muß sämtlicher Müll mit zurückgenommen werden.

Naturschutz

Um dem Besucher genauere Kenntnisse über Geologie, Flora und Fauna in dem Gebiet des Nationalparks zu vermitteln, hat die Parkverwaltung ICONA bei → El Paso ein Besucherzentrum (Centro de Visitantes) eingerichtet. Hier erhält man auch Informationen über Wanderungen im Nationalpark, kann Broschüren und Karten erwerben. Einen Informationskiosk unterhält die ICONA am Aussichtspunkt La Cumbrecita.

Besucherzentrum

Ziele im Nationalpark

Auch mit dem Auto lassen sich verschiedene Aussichtspunkte erreichen, die faszinierende Einblicke in die Landschaft der Caldera de Taburiente eröffnen.

Autotouren

Meistbesuchtes und am leichtesten zugängliches Ziel im Nationalpark ist der Aussichtspunkt "La Cumbrecita" (1287 m ü.d.M.) am Südrand der Cal-

** La Cumbrecita

Parque Nacional de la Caldera de Taburiente

La Cumbrecita
(Fortsetzung)

dera de Taburiente. Man erreicht ihn über ein von der Straße Santa Cruz – Los Llanos beim Besucherzentrum des Nationalparks in El Paso abzweigendes asphaltiertes Sträßchen. Es endet nach 8 km an einem Parkplatz an der Cumbrecita (die Parkmöglichkeiten sind begrenzt: Bei Überbelegung, dies ist bei schönem Wetter häufig zwischen 11.00 und 14.00 Uhr der Fall, wird die Zufahrt mitunter gesperrt). Am Parkplatz gibt es einen Informationskiosk der ICONA, eine Tafel informiert über Wanderwege.

Von der Cumbrecita ist der Blick in die Tiefe wegen des Baumbestandes nur bedingt möglich. Eine weit bessere Sicht hat man von dem ca. 1 km entfernten Mirador de las Chozas, ein auf einer vorgeschobenen Felskanzel angelegter Aussichtspunkt, zu dem von La Cumbrecita aus ein breiter (für den Autoverkehr gesperrter) Waldweg führt. Schon unterwegs bieten sich immer wieder phantastische Ausblicke über die Caldera. (Den Weg zum Mirador de las Chozas kann man zu einem kleinen Rundweg ausdehnen, indem man nach dem Besuch der Aussichtskanzel ein kurzes Stück auf derselben Strecke zurückgeht, dann zweigt links ein schmaler Pfad ab, der unterhalb des für den Hinweg benutzten breiten Forstweges verläuft. Von ihm biegt schließlich ein beschilderter Weg nach rechts zum Parkplatz an der Cumbrecita ab).

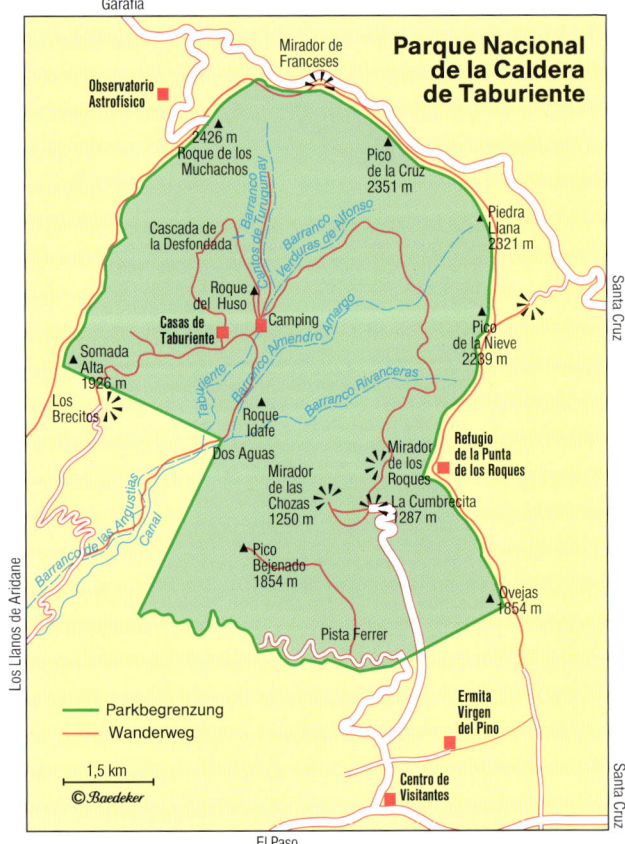

Parque Nacional de la Caldera de Taburiente

Ebenfalls schöne Landschaftseindrücke vermittelt eine Fahrt auf der von Santa Cruz zum Roque de los Muchachos hinauf- und weiter in den Nordwesten der Insel führenden Straße. Sie ist zwar kurvenreich, aber in gutem Zustand. Selbst wenn sich an den Berghängen oberhalb von Santa Cruz die Passatwolken stauen, hat man durchaus Hoffnung auf Sonne in den Hochlagen. Spätestens im Bereich der oberen Kiefernwaldgrenze (ab 2000 m Höhe) lichtet sich der Nebel, und man hat von mehreren Aussichtspunkten eine prächtige Sicht über die Caldera, weite Teile von La Palma und sieht in der Ferne den Pico de Teide aus einem Wolkenkranz aufragen. Bis auf wenige Meter kann man an den Gipfel des Roque de los Muchachos, den "Knabenfelsen", heranfahren. Mit 2426 m ist es die höchste Erhebung der Insel.

**Roque de los Muchachos

Bei der Auffahrt zum Roque de los Muchachos passiert man die Gebäude des Observatorio Astrofísico. Das astrophysikalische Observatorium wurde 1985 eröffnet. Mehrere europäische Länder sind an der Anlage, eine der wichtigsten dieser Art in der Welt, beteiligt. Ausschlaggebend für den gewählten Standort des Projektes waren die günstigen klimatischen Bedingungen auf der höchsten Erhebung von La Palma: Hier oben sind extrem viele wolkenlose Nächte zu verzeichnen, und die Luft ist besonders klar (→ *Baedeker Special*, S. 104/105). Normalerweise ist das Observatorium für Besucher nicht zugänglich. In den letzten Jahren bestand jedoch in den Sommermonaten jeweils an einem Tag die Möglichkeit zur Besichtigung im Rahmen von dreißigminütigen Führungen.

Observatorio Astrofísico

Ein weiterer Mirador, den man per Auto – allerdings auf einer extrem schlechten Wegstrecke! – erreichen kann, liegt bei Los Brecitos. Eine etwa 12 km lange Piste führt von Los Llanos dorthin. Wer sich die endlos erscheinende Schaukelei ersparen möchte, stellt sein Fahrzeug bereits auf dem Parkplatz am Grund des Barranco de las Angustias ab. Von hier besteht vormittags ein Pendeldienst im Jeep nach Los Brecitos. Vom Aussichtspunkt dort bietet sich ein eindrucksvoller Blick auf die Caldera und die umliegenden höchsten Erhebungen. Eine äußerst lohnende Wanderung führt von hier zum Campingplatz in der sogenannten Playa de Taburiente, dem breiten, von Bächen durchzogenen Talgrund in der Caldera (s. unten).

Los Brecitos

Wanderungen im Nationalpark

Die Caldera de Taburiente ist eines der schönsten Wanderreviere auf den Kanaren. Verschiedene Veranstalter bieten Touren unterschiedlicher Schwierigkeitsgrade in die Caldera an (→ Praktische Informationen, Wandern). Die ICONA organisiert im Sommer vier- bis fünfstündige Wanderungen im Nationalparkgebiet; Ausgangspunkt ist der Zeltplatz im Kratergrund (Auskünfte im Besucherzentrum in → El Paso).
Wer sich keiner geführten Wanderung anschließen möchte, dem können die nachstehenden Routenempfehlungen sowie die nebenstehende Übersichtskarte als Orientierungshilfe dienen. Es ist jedoch zu bedenken, daß sich nicht alle Pfade in bestem Zustand befinden, daß manche von ihnen auch sehr steil abfallen und daß nach starken Regenfällen einige Wege überhaupt nicht begehbar sind. Bei mehrtägigen Wanderungen besteht die Möglichkeit, auf dem Zeltplatz in der Caldera zu campen, hierfür ist zuvor die Erlaubnis der Parkverwaltung einzuholen (→ Praktische Informationen, Camping).

Allgemeines

Diese 12 km lange Strecke (hin und zurück) gilt als leichteste und schnellste Wandertour in die Caldera. Dabei ist ein Höhenunterschied von 300 m zu bewältigen. Die Wanderzeit beträgt (hin und zurück) gut drei Stunden. Problematisch ist lediglich die Anfahrt nach Los Brecitos (siehe oben). Beim Parkplatz Los Brecitos beginnt in 1030 m Höhe ein breiter, durchgehend beschilderter Wanderweg, der durch Kiefernwald leicht abwärts

Los Brecitos – Campingplatz (und zurück)

Baedeker Special

Blick ins Weltall

Beim Roque de los Muchachos, der höchsten Erhebung La Palmas, steht eines der wichtigsten astrophysikalischen Observatorien der Welt. Warum gerade hier, hat seine Gründe. Vor über 250 Jahren schrieb der englische Physiker und Mathematiker Sir Isaac Newton in seinem Hauptwerk "Optics", daß es nahezu unmöglich scheine, von der Erdoberfläche aus mit weitreichenden Fernrohren ins All zu blicken, zu wirr sei das Durcheinander von Lichtstrahlen, das durch das Vibrieren der Atmosphäre hervorgerufen werde; einzig in ruhigen Luftschichten, z.B. auf hohen Bergen, ergebe die Installation solcher Fernrohre wohl einen Sinn. Diese Feststellung hat bis heute ihre Gültigkeit.

So verwundert es nicht, daß 1970 auf Teneriffa das – rein spanische – Teide-Observatorium gegründet und der Universität von La Laguna angegliedert wurde. Drei Jahre später folgte die Gründung des "Instituto de Astrofisica de Canarias" (IAC). Immer mehr internationale Forschungsgruppen reisten auf die Kanaren, um sich von der Qualität der Sonnen- und Sternbeobachtung zu überzeugen. Man fand dabei heraus, daß sich von Teneriffa aus die Sonne hervorragend beobachten läßt, während La Palma sich besser zur Sternbeobachtung eignet. Der Grund: La Palma hat über dem Roque de los Muchachos einen schwärzeren Himmel.

Im Jahr 1979 unterzeichneten in Santa Cruz de la Palma die Länder Spanien, Schweden, Dänemark und Großbritannien ein Abkommen, das ihnen astrophysikalische Forschungen auf dem Roque de los Muchachos gestattet. Weitere Länder schlossen sich dem astronomischen Verbund an (die Bundesrepublik Deutschland 1983). Am 29. Juni 1985 schließlich wurde in Anwesenheit zahlreicher Wissenschaftler, der Staatsoberhäupter der beteiligten Länder sowie des spanischen Königspaares das "Observatorio del Roque de los Muchachos" feierlich eingeweiht.

Die mittlerweile 13 Länder und 26 wissenschaftlichen Organisationen, die auf dem 2 km² großen Gelände des Observatoriums von La Palma vertreten sind, verfügen alle über eigene Anlagen, die sie selbst installieren, instandhalten und benutzen, so daß eigentlich nicht von einem, sondern von mehreren Observatorien gesprochen werden müßte. Der IAC, der als Gastgeber Land, Straßen, Luft und Strom zur Verfügung stellt, beansprucht auf allen vorhandenen und zukünftigen Geräten 20% der Beobachtungszeit. Damit die Wissenschaftler ihre meist gigantischen

High-Tech-Anlagen statt altmodischer Sternenguckerei

Forschungsprojekte ungestört von Lärm und atmosphärischen Beeinträchtigungen durchführen können – schließlich läßt sich das Weltall von La Palma aus bis zu einer Tiefe von 13 – 15 Milliarden Lichtjahren erfassen, d.h. bis an die Grenze des Beobachtbaren –, dürfen Flugzeuge laut Gesetz nur in ganz bestimmten Bahnen und zu festgelegten Zeiten den Roque de los Muchachos überfliegen; auch Rundfunksendern ist es nicht gestattet, die Atmosphäre zu stören. Damit ist Spanien das erste Land der Welt, das zum Schutz des astronomischen Himmels ein Gesetz erließ. In den letzten Jahren allerdings wurden die günstigen Beobachtungsbedingungen vom Roque de los Muchachos zunehmend beeinträchtigt: durch die "Contaminación luminosa", die "Lichtverschmutzung" infolge der Jahr für Jahr anwachsenden künstlichen Lichtquellen. Um dem zu begegnen, ließ die spanische Regierung das gesamte Straßenbeleuchtungsnetz auf der Insel erneuern; auch für die Beleuchtungsanlagen von Fabriken und Ferienzentren wurden Richtlinien erlassen.

Sich als Außenstehender ein Bild darüber zu machen, wonach im Observatorium von La Palma im einzelnen geforscht wird, ist nahezu unmöglich. Selbst dort tätige Wissenschaftler können keine Antwort auf die vielfältigen Einzelprojekte der nationalen Betreiberorganisationen geben. Nur eins ist allen Projekten gemeinsam: Die nächtliche "Sternenguckerei" der Astronomen gehört heute weitgehend der Vergangenheit an. Die Bedienung der Teleskope wird zum größten Teil von Computern gesteuert, die ihre Daten zur Auswertung in die Zentralbüros der jeweiligen Institute schicken.

Der Roque de los Muchachos bietet ideale Bedingungen zur Sternenbeobachtung.

Die wohl aufwendigsten Projekte führten bisher die Briten aus. Sie installierten 1987 das "William Herschel Telescope", das mit seinem Durchmesser von 4,2 m zu den größten Teleskopen der Welt gehört und auch noch sehr weit entfernte Objekte erfassen kann. Während sich die Briten auf die nächtliche Beobachtung spezialisiert haben, konzentrieren sich die Schweden auf die Beobachtung der Sonne und ihrer Aktivitäten. Dazu errichteten sie einen 15 m hohen Turm, um die in unmittelbarer Bodennähe problematischen Luftschichten zu überwinden. Ihre Aufnahmen sind mitunter besser und schärfer als Satellitenbilder.

Das größte Sonnenteleskop Europas wurde im März 2002 auf dem Roque de los Muchachos in Betrieb genommen. In naher Zukunft sollen weitere hochmoderne Teleskope ihre Arbeit aufnehmen. Alec Boksenberg, Direktor des Royal Greenwich Observatory, zufolge wird die Insel La Palma auch in Zukunft ein weltweit führender Standort für moderne Teleskope sein.

Parque Nacional de la Caldera de Taburiente

Wanderungen (Fortsetzung)

führt. Einige kleinere Barrancos überquert man auf Holzbrücken. Nach gut 45 Min. Gehzeit bietet sich vom Mirador de Lomo del Tagasaste ein prächtiger Blick auf den sagenumwobenen Roque Idafe. Weiter abwärts gehend, erreicht man nach Durchqueren des Bachbettes den Campingplatz (Zona de acampada).

Wer die Tour ausdehnen möchte, kann zur Cascada de la Desfondada weiterwandern, es ist der höchste Wasserfall auf La Palma, er fällt ca. 100 m tief in einen engen Barranco hinab. Kurz vor Erreichen des erwähnten Bachbettes zweigt der beschilderte Weg dorthin ab. Er geht bald in einen steilen Pfad über! Für die Strecke vom Campingplatz zum Wasserfall und zurück braucht man ca. 90 Minuten (Höhenunterschied: 250 m).

Roque de los Muchachos: Die Erstürmung von La Palmas höchstem Gipfel ist per Auto und natürlich zu Fuß möglich.

Barranco de las Angustias – Campingplatz

Eine reizvolle Tour, die sich allerdings nur ausdauernde Wanderer zumuten sollten (Gesamtlänge: 17 km; Gehzeit: 5 – 6 Std.; Höhenunterschied: 550 m). Ausgangspunkt ist der Parkplatz im Barranco de las Angustias, etwa 5 km von Los Llanos de Aridane entfernt. Vom Parkplatz aus folgt man zunächst dem von hohen Felswänden gesäumten Schotterbett des Barranco de las Angustias bergauf. Eine etwas schwierigere Passage im Bachbett kann man nach ca. 30 Min. auf einem nach links abzweigenden Pfad umgehen. Dieser Pfad überquert mehrfach das Barrancobett und verläuft mal rechts, mal links dazu. Schließlich kommt man nach Dos Aguas, dem Zusammenfluß der Gebirgsbäche Almendro Amargo und Taburiente. Man muß geradeaus gehen, muß also den Rio Taburiente durchqueren (nach heftigen Regenfällen kann er zu einem reißenden Gebirgsbach anschwellen, die Durchquerung ist dann unmöglich; auch im Sommer ist es nicht ausgeschlossen, daß man nasse Füsse bekommt). Kurz darauf zweigt links der beschilderte Weg zum Campingplatz ab. In der Nähe des Campingplatzes staut sich das Wasser des Taburiente-Flüßchens in mehreren Becken, sie sind zwar zum Schwimmen nicht groß genug, reichen aber für ein erfrischendes Bad.

Für den Rückweg kann man zwischen zwei Wegalternativen wählen: Entweder auf derselben Strecke zurück, oder aber man folgt dem zuvor beschriebenen bequemen Wanderweg nach Los Brecitos (sofern von dort eine Rückfahrmöglichkeit besteht!).

Parque Nacional de la Caldera de Taburiente (Fortsetzung)

Trittsicherheit und Schwindelfreiheit sind Voraussetzung für die ca. 12 km lange Wanderung (einfache Strecke) vom Parkplatz nahe dem Pico de la Nieve zum höchsten Gipfel der Insel. Man kann die Tour allerdings gut abkürzen, indem man nicht am Pico de la Nieve startet, sondern beispielsweise am Pico de la Cruz bzw. am Mirador de Franceses (oder Taburiente). Die Anfahrt zum Parkplatz nahe dem Pico de la Nieve erfolgt auf der Straße, die von Santa Cruz zum Roque de los Muchachos führt. Kurz hinter km 22 zweigt eine sehr holprige Piste zum Pico de la Nieve ab. Sie endet nach knapp 2 km an einem Parkplatz mit Aussichtsterrasse. Hier beginnt ein gut angelegter Fußweg zum Pico de la Nieve (2239 m ü.d.M.), von dem aus sich ein grandioser Panoramablick bietet. Wenige Meter unterhalb des Gipfels führt der Weg in nördlicher Richtung am Kraterrand entlang zur Piedra Llana (2321 m ü.d.M.). Ohne große Höhenunterschiede verläuft er dann auf dem Calderarand entlang weiter. Mitunter gerät die von Santa Cruz heraufkommende Gebirgsstraße ins Blickfeld. Bald erreicht man den Pico de la Cruz (2351 m ü.d.M.), die hier stehende Schutzhütte ist allerdings geschlossen. Bei der Degollada de Franceses trifft der Wanderweg auf die von Santa Cruz heraufkommende Straße. Man folgt ihr ca. 200 m nach links (Richtung Roque de los Muchachos) bis zum Mirador de Franceses (oder de Taburiente). Dort findet man wieder den bezeichneten Einstieg in den Wanderweg. Er passiert nach einigen Minuten ein eindrucksvolles Felsentor (Pared de Roberto). Immer weiter dem Kamm der Caldera folgend, genießt man spektakuläre Ausblicke in den Grund der Caldera. Man läßt die Observatorien rechts liegen und sammelt die Kräfte für den letzten Aufstieg zum nicht mehr fernen Gipfel des Roque de los Muchachos.

Pico de la Nieve – Roque de los Muchachos

Playa de los Cancajos

→ Los Cancajos

Puerto de Tazacorte B 3

Höhe: Meereshöhe
Einwohnerzahl: 1700

Puerto de Tazacorte ist nicht das, was man sich unter einem romantischen Fischerstädtchen vorstellt. Und doch lohnt das Kommen, sei es um im Hafen – dem nach Santa Cruz bedeutendsten der Insel – Fische und sonstiges Meeresgetier fangfrisch zu erstehen oder um in einem der am Ort ansässigen Fischlokale die Meeresspezialitäten zu probieren.
Der Hafenort liegt an der Westküste, 3 km nördlich von Tazacorte, an der Mündung des Barranco de las Angustias in den Atlantik. Die Angustias-Schlucht ist allenfalls nach sehr starken Regenfällen für kurze Zeit mit Wasser gefüllt, ansonsten bilden nur Schotter und Steine das breite Barrancobett.

Lage und Allgemeines

Schon die spanischen Eroberer nutzten die Bucht an der Mündung des Barranco de las Angustias als Ankerplatz. Alonso Fernández de Lugo ging hier mit einer Streitmacht von 900 Mann am 29. September 1492 an Land und startete von hier aus die Eroberung der Insel. Zu Beginn des 16. Jh.s war Puerto de Tazacorte dann für kurze Zeit Ausfuhrhafen für Zuckerrohr, später wurden Bananen über den Hafen verschifft.

Geschichte

Puerto de Tazacorte

Ortsbild

Der Hafen liegt am südlichen Ortsende. Seit seiner Erweiterung 2002 können hier auch große Schiffe vor Anker gehen. Meist liegen aber nur bunte Fischerboote und kleine Kutter im Hafenbecken. Mit einem umgebauten Fischerboot werden Ausflüge zur Cueva Bonita bzw. zur Delphinbeobachtung angeboten. Nördlich vom Hafen erstreckt sich der Sand-/Kies-/Steinstrand, was gerade vorherrscht, ist von Wind und Brandung abhängig. Eine Promenade und die landeinwärts von tristen Mietshäusern gesäumte Uferstraße ziehen sich am Strand entlang. Schon seit Jahren wird hier an Meerwasserschwimmbecken gebaut, wann sie fertiggestellt werden, steht noch in den Sternen. Der eigentliche Ortskern liegt nordöstlich des Strandes, direkt unterhalb der Felswand von El Time. Hier sowie an der Uferstraße findet man einige "Kioske" (→ Praktische Informationen, Restaurants), die auf der ganzen Insel für ihre frischen Fischgerichte bekannt sind.

Puerto de Tazacorte – der größte Fischerhafen der Insel

Umgebung von Puerto de Tazacorte

*Cueva Bonita

Von Puerto de Tazacorte aus können an windstillen Tagen Bootsfahrten zu der 6 km nördlich gelegenen Cueva Bonita unternommen werden. Die "Schöne Höhle" mit ihren besonders in den Nachmittagsstunden faszinierenden Licht- und Farbreflexen ist nur vom Meer aus zugänglich. Die Bootsfahrt entlang der Steilküste dorthin und zurück dauert ca. 3 Std.

Wanderung zum Mirador El Time

Im alten Ortskern von Puerto de Tazacorte beginnt am Fuß der Steilwand ein gepflasterter Weg, der zum Mirador El Time hinaufführt. Auf einer Länge von ca. 4 km ist ein Höhenunterschied von fast 600 m zu bewältigen. Der Weg führt zunächst an Bananenplantagen vorbei und steigt in Serpentinen an. Abzweigende Pfade bleiben unbeachtet. Später trifft der gepflasterte Weg auf eine Straße, der man ein Stück weit, vorbei an prächtigen Villen, nach rechts folgt. Hinter einer Bananenplantage zweigt dann rechts eine Piste ab. Weiter bergauf gehend, erreicht man auf zuletzt betoniertem Fahrweg den Mirador (s. S. 94).

Puerto Naos B 3

Höhe: Meereshöhe
Einwohnerzahl: 500

Der klimabegünstigten Lage an La Palmas Südwestküste und dem schönen Sandstrand verdankt Puerto Naos seinen rasanten Aufstieg zum größten Fremdenverkehrszentrum der Insel. Bis in die siebziger Jahre des 20. Jh.s hinein standen hier nur einige Bretterbuden, die Einheimischen als Sommerhäuschen dienten. Dann begann ein recht unkontrollierter Bauboom, dessen Ergebnis eher triste Apartmentbauten sind.

Dennoch kann man sich in Puerto Naos durchaus wohl fühlen. Der Strand und die hübsche Promenade entschädigen für manches. Man hat die Auswahl zwischen einigen angenehmen Restaurants, und auch für sportliche Betätigung ist gesorgt: An der Promenade vermarkten verschiedene Veranstalter organisierte Wandertouren; oder wie wäre es mit einem Gleitschirmflug in Begleitung eines erfahrenen Piloten (→ Praktische Informationen, Sport)?

Lage und Allgemeines

Puerto Naos wetteifert mit Los Cancajos um die "Nummer 1" als Touristenzentrum. Was die Qualität des Strandes angeht, liegt Puerto Naos deutlich vorn!

Am ursprünglichsten zeigt sich Puerto Naos am nördlichen Ortsrand, an der kleinen Bucht liegen immer einige bunte Fischerboote. Hier beginnt die Promenade, die sich am gesamten Strand entlangzieht. Mit vielen Blumenkübeln, einigen Straßencafés und zahlreichen Bänken lädt sie zum Bummeln und Verweilen ein. Am südlichen Ende der Promenade prunkt das größte, 1990 eröffnete Inselhotel (Sol Elite). Recht ansehnlich präsentieren sich noch die drei- und mehrstöckigen Apartmentbauten, die die Uferstraße säumen. In den Parallelstraßen dahinter stehen eher häßliche Wohnblocks, in denen meist Spanier Ferienapartments erworben haben.

Ortsbild

Puntagorda

Puerto Naos (Fortsetzung) *Strand

Das Schönste an Puerto Naos ist zweifellos der feinsandige Strand. Er ist rund 600 m lang und meist 50 m breit. Die in mehreren Reihen angepflanzten Palmen lassen Südseeatmosphäre aufkommen und spenden vor allem auch angenehmen Schatten. Sonnenschirme werden ebenso wie Liegen vermietet. Sanitäre Einrichtungen sind vorhanden.

Umgebung von Puerto Naos

Playa de las Monjas

Die Playa de las Monjas (auch Playa del Pozo genannt) ist der einzige FKK-Strand der Insel. Man erreicht ihn über die Straße, die Puerto Naos in südlicher Richtung verläßt. Etwa 2 km hinter dem Ortsausgang steht rechts der Straße ein zweistöckiges Haus. Direkt daneben führt eine Piste Richtung Meer. Sie endet nach ca. 100 m bei einem kleinen Plateau (keine Parkmöglichkeiten, man muß sein Auto an der Straße abstellen!), von hier gelangt man über Stufen hinab zur recht malerischen Badebucht mit schwarzem Sandstrand (Abb. S. 167).

*Charco Verde

Weiter dem in südlicher Richtung verlaufenden Sträßchen folgend, passiert man schon bald die Badebucht bei Charco Verde. Der schöne Sandstrand ist meist nicht allzu stark besucht. Es gibt in Charco Verde nur eine kleine Bungalowanlage sowie eine einfache Bar.

El Remo

Etwa 3 km südlich von Charco Verde endet die Küstenstraße in El Remo. Es ist eher eine Ansammlung von Bretterbuden, denn ein richtiger Ort. Wegen des Geröllstrandes muß man nicht hierher kommen, wohl aber wegen der Strandbars, in denen man wunderschön den Sonnenuntergang genießen kann (→ Praktische Informationen, Restaurants).

Playa Nueva, Playa de Bombilla

Von Los Llanos kommend, zweigt kurz vor Puerto Naos ein Sträßchen Richtung Leuchtturm und zu zwei wenig attraktiven Stränden ab. Schon bald teilt sich die asphaltierte Straße, hält man sich links, erreicht man die Playa de Bombilla. Einen Sandstrand gibt es hier nicht (zumindest nicht im Winterhalbjahr, im Sommer wird der Strand mitunter von Geröll und Steinbrocken befreit), dennoch haben sich viele Einheimische Sommerhäuschen errichtet. Sie machen einen etwas stabileren Eindruck als in den meisten anderen Strandsiedlungen. Es gibt sogar zwei oder drei mehrstöckige Häuser, in denen auch Zimmer vermietet werden. Von hier aus geht man am besten zu Fuß weiter zum modernen Leuchtturm (einfache Strecke ca. 10 Min.). Er nahm 1993 seinen Betrieb auf. Auf den Felsen beim Leuchtturm versuchen zumindest am Wochenende einige Angler ihr Glück.

Biegt man bei der zuvor erwähnten Straßengabelung nicht links ab, sondern fährt weiter geradeaus, so gelangt man durch Bananenplantagen hindurch zur Playa Nueva. Die "Playa" besteht aus großen Steinen, viel Kiesel und stellenweise auch etwas Sand. Die Kulisse bildet die übliche Ansammlung von einfachen Sommerhäuschen, eine Strandbar gibt's auch.

Puntagorda   B 2

Höhe: 600 m ü.d.M.
Einwohnerzahl: 1800

Lage und Allgemeines

Das Dorf Puntagorda liegt im Nordwesten La Palmas, etwa auf halber Strecke zwischen Los Llanos de Aridane und Garafía, eingebettet in eine grüne Hügellandschaft. Am schönsten ist es hier im Januar/Februar, wenn die vielen Mandelbäume blühen. Hauptereignis ist denn auch die Fiesta del Almendro, das Mandelblütenfest. Der Termin für die Fiesta wird jedes Jahr neu festgelegt, er richtet sich nach dem Blütenstand. Weitere landwirtschaftliche Erzeugnisse sind Kartoffeln, Wein, Getreide, Äpfel und Feigen. Doch lohnt der Anbau kaum, viele Bewohner der Gemeinde sind

Puntagorda

daher in andere Inselregionen abgewandert. Ihrer verlassenen Fincas haben sich gern ausländische Residenten angenommen: Mit rund 10% hat Puntagorda einen hohen Ausländeranteil.

Allgemeines (Fortsetzung)

Der Ortskern erstreckt sich unterhalb der Umgehungsstraße, die von Los Llanos nach Garafía führt, rund um die moderne Iglesia San Mauro sowie das Rathaus. Mit Sehenswürdigkeiten kann Puntagorda nicht aufwarten, es gibt allerdings einige schöne Aussichtspunkte, die vom Zentrum ausgeschildert sind. Am südlichen Ortsrand bietet der Mirador de Miraflores eine prächtige Sicht auf die Hügellandschaft. Der Mirador de los Matos im Norden von Puntagorda gibt einen herrlichen Blick über die Steilküste frei.

Ortsbild

Seit Sommer 2002 ist Puntagorda um eine Attraktion reicher: Am Wochenende (Sa. 15.00 – 19.00, So. 11.00 – 16.00 Uhr) öffnet der Mercado del Agricultor seine Pforten, auf dem die Bauern der Umgebung ihre Erzeugnisse anbieten.

Bauernmarkt

Umgebung von Puntagorda

Unterhalb von Puntagorda steht inmitten einer idyllischen Landschaft die fast ganz zerfallene Iglesia de San Mauro Abad. Man erreicht sie, wenn man vom südlichen Ortsende aus der Piste Richtung Friedhof (Cementerio) folgt, also vom Ortszentrum aus kommend, ca. 50 m hinter dem Restaurant "El Pino" rechts abzweigt. Vor einem Wasserbecken biegt man rechts ab und gelangt nach insgesamt 2,5 km zu der Kirche, deren Inneres wegen Einsturzgefahr nicht zugänglich ist. An der Stelle eines Vorgängerbaus wurde sie 1811 mit barockem Glockenturm errichtet.

Iglesia de San Mauro Abad

Der "Hafen" von Puntagorda ist nur eine Stelle, an der Fischerboote ins Wasser gelassen werden können, aber es gibt hier ein kleines Natur-

Puerto

Jung und alt: Drachenbäume bei El Roque

Puntallana

Puntagorda, Umgebung (Fortsetzung)

schwimmbecken, in dem man vor wildromantischer Küstenkulisse baden kann. Die Anfahrt erfolgt zunächst auf derselben Strecke wie zur Iglesia de San Mauro Abad. Von dort geht es noch ca. 4 km weiter hinab zur Küste. An einer Abzweigung hält man sich rechts und fährt weiter bis zum Ende der Straße. Dort führen Stufen hinab zum Badeplatz (im Winter ist das Baden hier bei starkem Wellengang gefährlich!).

El Roque

In Puntagordas südlichem Ortsteil El Roque steht inmitten einer kleinen Gartenanlage direkt an der N 832 ein windgekrümmter alter Drachenbaum (Abb. S. 111). Ursprünglich gab es noch ein Zwillingsexemplar, das jedoch 1993 einem Sturm zum Opfer fiel.

Las Tricias

Wer beabsichtigt, von Puntagorda nach → Garafía weiterzufahren, sollte die Nebenstrecke über Las Tricias wählen, die bezaubernde Landschaftseindrücke gewährt. Um die Dorfkirche und einen winzigen Laden, der gleichzeitig als Bar fungiert, gruppieren sich die einfachen Häuschen von Las Tricias.

Puntallana   C 2

Höhe: 417 m ü.d.M.
Einwohnerzahl: 2300

Lage und Allgemeines

Verläßt man Santa Cruz in nördlicher Richtung, so gelangt man über eine sehr kurvenreiche Straße nach 10 km in die Ortschaft Puntallana. Ein sehenswertes Museum, ein stimmungsvoller Platz, mehrere Aussichtspunkte und ein hübscher Spaziergang in den Lorbeerwald machen Puntallana zum lohnenden Ausflugsziel.

Ortsbild

Der Ortskern liegt östlich der Durchgangsstraße. Um die Kirche gruppieren sich Rathaus, Bank, Post und zwei Kneipen. Eine steile Straße führt bei der Kirche hinab zur Casa Luján, die mit den umstehenden Bauten ein hübsches Ensemble bildet. Ein Ort zum Träumen ist der kleine Platz unterhalb der Casa Luján, den ein riesiger Jakarandabaum beschattet.

Sehenswertes in Puntallana

Iglesia de San Juan Bautista

Mit dem Bau der Iglesia de San Juan Bautista wurde bereits 1515 begonnen. Ihr heutiges Aussehen erhielt die Johannes dem Täufer geweihte Pfarrkirche jedoch erst im 18. Jahrhundert. Das Innere birgt mehrere kostbare Statuen, darunter die Jungfrau mit dem Kind (Ende 15. Jh.).

*Casa Luján

Die Casa Luján (geöffnet: tgl. 10.00 – 13.00 und 16.00 – 18.00 Uhr) ist ein typisch kanarisches Herrenhaus aus der Mitte des 19. Jh.s. Sie wurde vollkommen restauriert und mit vielen liebevollen Details und Gebrauchsgegenständen wieder so eingerichtet wie zur Zeit ihrer Erbauung. Die Räume im Erdgeschoß dienten ehemals als Ställe. Hier befindet sich heute ein Verkaufs- und Ausstellungsraum für Kunsthandwerk. Im Obergeschoß reihen sich Küche, Speisezimmer, Schlaf- und Wohnzimmer aneinander. Die Casa Luján fungierte zeitweise als Rathaus, aus dieser Zeit rührt der Ratssaal im hinteren Eck her. Im Nebenraum hat die Asociación Turismo Rural ihren Sitz (Vermietung von restaurierten Bauernhäusern als Feriendomizil). Hübsch ist auch der kleine Garten bei der Casa Luján.

Umgebung von Puntallana

*Mirador de San Bartolomé

Einen wunderschönen Ausblick über weite Teile von La Palmas Ostküste gewährt der Mirador de San Bartolomé. In Puntallanas nördlichem Ortsteil

Puntallana

La Galga zweigt eine Straße in östlicher Richtung zur Ermita de San Bartolomé ab. Schon vom Vorplatz der im 17. Jh. errichteten Kapelle bietet sich eine recht eindrucksvolle Aussicht. Weitaus grandioser ist jedoch der Rundblick, den man vom von hier noch 400 m entfernten, auf einer Bergkuppe angelegten Mirador genießt.

Mirador de San Bartolomé (Fortsetzung)

Der Cubo de la Galga ist einer der kleinen Lorbeerwaldreste, die sich auf La Palma erhalten haben. Lohnend ist ein Spaziergang in das Waldareal. Es gibt zwei Zugangsmöglichkeiten. Im Ortsteil La Galga zweigt eine beschilderte Straße in westlicher Richtung ab. Sie endet nach 2,5 km. Hier muß man sein Fahrzeug abstellen und dem zunächst breiten Waldweg bergauf folgen. Er geht schon nach wenigen Metern in einen schmalen Pfad über, der parallel zu einem Wassergraben verläuft. Nach etwa 30 Min. Fußmarsch gelangt man zum Kerngebiet des Cubo de la Galga.

*Cubo de la Galga

Den Ortskern von Puntallana überragt die restaurierte, zum Museum ausgebaute Casa Luján.

Wer sich für die andere Anfahrtsalternative entscheidet, durchfährt von Santa Cruz kommend, auf der Hauptstraße die Ortschaft La Galga. Vor einem Tunnel stellt man sein Fahrzeug ab und geht auf einer breiten Waldpiste nach links in den Barranco hinein. Der Weg steigt allmählich an, das Tal verengt sich, Lorbeerbäume und Farne sind die vorherrschenden Pflanzen. Bei Abzweigungen hält man sich zweimal rechts und gelangt auf zuletzt schmalem Pfad nach einer knappen Stunde zum Talkessel.

Die Playa de Nogales unterhalb von Puntallana ist einer der schönsten Sandstrände der Insel, hohe Felswände säumen die Bucht und bilden eine wildromantische Kulisse. Sonnenanbeter sollten jedoch wissen, daß der Strand schon am frühen Nachmittag vollkommen im Schatten liegt! Die Anfahrt zur Playa de Nogales ist im Ortskern von Puntallana beschildert. Das letzte steile Stück hinab zum Strand kann man jedoch nur zu Fuß zurücklegen (ca. 15 Min.).

Playa de Nogales

San Andrés

Roque de los Muchachos

→ Parque Nacional de la Caldera de Taburiente

San Andrés C 2

Höhe: 40 m ü.d.M.
Einwohnerzahl: 1100

Lage und Allgemeines

Das an der Nordostküste gelegene San Andrés ist einer der hübschesten Inselorte. Zusammen mit dem nahen → Los Sauces bildet es den Gemeindebezirk San Andrés y Sauces. Nur wenige Jahre nach der spanischen Eroberung bekam San Andrés die Stadtrechte zugesprochen. Wirtschaftlich wurde es allerdings schon bald von Los Sauces überflügelt. So ist denn heute auch Los Sauces das Verwaltungszentrum der Gemeinde.
Südlich von Los Sauces zweigt von der N 830 ein Sträßchen ab, das durch Bananenplantagen hinab nach San Andrés führt.

*Ortsbild

Am besten läßt man den Wagen oberhalb des Ortskerns zurück und geht dann auf einer abenteuerlich steilen, von typisch kanarischen Häusern gesäumten Gasse hinab zur Plaza. Mit Palmen und Brunnen bietet der erst kürzlich verschönte Platz ein hübsches Bild. Ein Restaurant ist vorhanden, so daß man die Szenerie in Ruhe auf sich wirken lassen kann.
An der Plaza erhebt sich die Iglesia de San Andrés Apóstol, deren Baugeschichte bis in das Jahr 1515 zurückreicht, die ihr heutiges Aussehen jedoch im wesentlichen im 17. und 18. Jh. erhielt. Beachtenswert im Innern sind die Mudéjar-Holzdecke sowie der barocke Hauptaltar.

San Andrés: romantisches Inseldorf am Meer. Im Ortskern findet man noch typisch kanarische Häuser.

Umgebung von San Andrés

Den Abstecher nach San Andrés kann man hervorragend mit einem Badeausflug zum Charco Azul verbinden. Die hübsch gestaltete Badeanlage mit Naturschwimmbecken, Felsterrassen (Sonnenschirmverleih) sowie einem Restaurant liegt zwischen San Andrés und dem nördlichen Nachbarort Puerto Espíndola. Man erreicht sie von San Andrés aus zu Fuß, an der Küste entlanggehend, oder per Auto über die nach Puerto Espíndola führende Straße. Direkt oberhalb des Charco Azul gibt es bei einer Bananenpackerei einige (wenige!) Parkmöglichkeiten. Über Treppen gelangt man hinab zum Charco Azul (Abb. S. 166).

Charco Azul

Puerto Espíndola ist ein kleiner Fischerhafen, an dem die Boote per Kran ins Wasser gelassen werden. Nur am Wochenende belebt sich die Szenerie, dann ist das hier ansässige Restaurant beliebte Anlaufstelle von palmerischen Familien. In der Nähe des Hafens liegt eine kleine Rumfabrik (Destilerías del Valle), in der das wenige auf La Palma noch angebaute Zukkerrohr verarbeitet wird.

Puerto Espíndola

Santa Cruz de la Palma — C 2

Höhe: bis 100 m ü.d.M.
Einwohnerzahl: 18 000

Santa Cruz de la Palma, meist nur kurz Santa Cruz genannt, liegt an der Ostküste der Insel, unterhalb der bewaldeten Berghänge der Cumbre. Zwischen Küste und Cumbre erstreckt sich nur ein schmaler Uferstreifen, so klettern die weißen Häuschen an den Berghängen empor. Alle Verwaltungseinrichtungen der Insel sind in Santa Cruz konzentriert. Der Hafen hat bis heute einen wichtigen Anteil am Wirtschaftsleben der Insel. An der großen Mole legen neben Fähr- und Kreuzfahrtschiffen auch Frachter an. Der südliche Hafenbereich ist Fischerbooten und Yachten vorbehalten. Als Handels- und Dienstleistungszentrum macht Los Llanos de Aridane der Inselhauptstadt jedoch zunehmend Konkurrenz. Den Besucher erwarten in Santa Cruz keine eleganten Geschäfte und Boutiquen, großstädtisch wirkt die Inselhauptstadt nicht. Und doch oder gerade deswegen muß man unbedingt einen Abstecher in die Inselmetropole einplanen. Santa Cruz ist eine der schönsten Städte des Kanarischen Archipels: Stattliche Bürgerhäuser und Adelspaläste, lauschige Plazas und verträumte Winkel strömen noch immer ein wenig vom Flair der einst stolzen und reichen Handelsstadt aus.

Lage und Allgemeines

Alonso Fernández de Lugo war es, der die Stadt 1493 in der geschützten Meeresbucht gründete und zur Hauptstadt der Insel erhob. Nur wenige Jahrzehnte später erhielt Santa Cruz nach Antwerpen und Sevilla das Privileg, mit Amerika Handel zu treiben. Schnell entwickelte es sich zu einem der wichtigsten Häfen des spanischen Reiches. So ist es nicht verwunderlich, daß Santa Cruz im Laufe des 16. Jh.s immer wieder Piraten anlockte, die sich der Reichtümer der Stadt bemächtigen wollten. Unter dem Befehl von François Le Clerc plünderten 1553 Franzosen die Hafenstadt. Was sie nicht mitnehmen konnten, brannten sie nieder. Nach dieser Katastrophe wurden Kirchen, Klöster und Häuser größer und prächtiger wieder aufgebaut. Neue Verteidigungsbauwerke entstanden. So konnte 1585 der Angriff des Engländers Sir Francis Drake erfolgreich abgewehrt werden. Der Handel mit Amerika begünstigte das Aufkommen weiterer Erwerbszweige (Schiffsbau, Herstellung von Segeltuch etc.). Zahlreiche Kaufleute aus aller Welt kamen nach Santa Cruz und verliehen dem Ort ein internationales Flair, viele fremdländisch klingende Straßennamen zeugen noch heute von dieser glanzvollen Epoche. Der Niedergang setzte bereits Mitte des 17. Jh.s ein. Nach einem Erlaß aus dem Jahre 1657 mußten alle Schiffe auf

Geschichte

Abendstimmung in Santa Cruz. Dem Hafen der Inselmetropole ist von seiner einstigen Bedeutung als Zwischenstation in die Neue Welt nur wenig geblieben. Doch in der Altstadt von Santa Cruz entfaltet sich noch die ganze Pracht der großen spanischen Jahrhunderte.

Santa Cruz de la Palma

Santa Cruz de la Palma

dem Weg nach Amerika auf Teneriffa registriert werden und dort ihre Abgaben entrichten. Der Handelsverkehr im Hafen von La Palma kam damit nahezu zum Erliegen. Zwar gab König Carlos III. 1778 den Amerikahandel für alle spanischen Häfen frei, doch konnte sich Santa Cruz de la Palma nie völlig von der Wirtschaftskrise erholen.

Geschichte (Fortsetzung)

Das tägliche Leben spielt sich in Santa Cruz auf den beiden parallel zur Küste verlaufenden Straßen ab: Die Hauptdurchgangsstraße ist die Avenida Marítima, die nur zur Landseite hin bebaute Uferstraße. Hier sieht man neben neuen repräsentativen Gebäuden auch einige alte Häuser, die kunstvoll verzierte Holzbalkone aufweisen. Beschaulicher geht es in der von stattlichen Bürgerhäusern und Adelspalästen gesäumten Calle O' Daly (auch als Calle Real bezeichnet) zu. Kleine Läden, Cafeterias und Restaurants laden in dieser Fußgängerzone zum Bummeln ein.

**Stadtbild

Sehenswertes in Santa Cruz de la Palma

Etwa einen halben Tag braucht man für den im folgenden beschriebenen Stadtrundgang. Am besten geeignet sind dafür die Vormittagsstunden, wenn alle Geschäfte geöffnet sind und man auch dem belebten Markt einen Besuch abstatten kann. Wer mit dem eigenen Fahrzeug anreist, hat dann allerdings Mühe, in Innenstadtnähe einen Parkplatz zu finden. Die Parkmöglichkeiten an der Avenida Marítima (ausgewiesene Parkplätze direkt an der Küste) sind schnell erschöpft.

Stadtrundgang

Ausgangspunkt für den Stadtrundgang ist die verkehrsreiche Plaza de la Constitución am Nordrand der Hafenanlagen. (Ein schöner Blick auf Hafen und Stadt bietet sich von dem Platz bei der südwestlich gelegenen, meist verschlossenen Ermita de la Luz). An der Plaza de la Constitución beginnt die Calle O'Daly. Benannt ist die Hauptgeschäftsstraße von Santa Cruz nach einer irischen Kaufmannsfamilie.

Plaza de la Constitución

Das Gebäude mit der Hausnummer 22 in der Calle O'Daly ist die Casa Salazar, einer der schönsten Profanbauten der Stadt. Auftraggeber für den repräsentativen Stadtpalast war D. Ventura Salazar de Frias (1601 – 1669). Sein Familienwappen prunkt an der aus schlichten Natursteinen bestehenden Fassade. Es trägt die Inschrift "Soli Deo Sit Gloria" (Gott allein sei Ehr). Seit seiner Restaurierung beherbergt der stattliche Bau das städtische Touristikbüro, weitere Räumlichkeiten werden zeitweilig für Ausstellungen genutzt. Wenn die Tür geöffnet ist, sollte man einen Blick in den hübschen Innenhof werfen. Balkone und Balustraden sind aus dem Holz der Kanarischen Kiefer geschnitzt.

*Casa Salazar

Kurz hinter der Casa Salazar zweigt links die Calle Fernández Ferraz Apurón ab (Stufen). Sie führt aufwärts zum Convento de Santo Domingo. Die Grundmauern des Dominikanerkonvents gehen auf das 16. Jh. zurück. Die Klostergebäude können nicht besichtigt werden, in ihnen ist heute ein Gymnasium untergebracht, wohl aber die Klosterkirche. Sie bewahrt mehr flämische Kunstwerke als jede andere Kirche der Insel, zu den wertvollsten Arbeiten gehören das "Abendmahl" von Ambrosius Francken (1544 bis 1618), gleich mit mehreren Werken ist Pieter Pourbus vertreten (1523 bis 1584; "Der hl. Michael", "Johannes der Täufer").

Convento de Santo Domingo

Eine Gasse führt vom Kloster in nördlicher Richtung zur nahen Ermita de San Sebastián. Das schlichte Kirchlein ist meistens geschlossen, sehr hübsch ist jedoch der idyllische Platz vor der Kirche.

Ermita de San Sebastián

Nur wenige Schritte sind es von hier hinab zur Plaza de España, dem Mittelpunkt der Inselmetropole. Eine Palmenreihe grenzt den Platz zur belebten Calle O'Daly ab. Neben Kirche und Rathaus säumen die asymmetrisch angelegte Plaza stattliche Bürgerhäuser aus dem 18. Jahrhundert. Das

**Plaza de España

Santa Cruz de la Palma

Plaza de España (Fortsetzung)

Standbild auf hohem Sockel erinnert an den palmerischen Priester und Humanisten Manuel Díaz Hernández (→ Berühmte Persönlichkeiten). Die Bronzestatue wurde von einem Bürgermeister gestiftet und 1897 enthüllt. An der Westseite des Platzes wurde 1588 ein Brunnen angelegt. Hier versorgten sich ehemals alle Bewohner der umliegenden Straßenzüge mit Wasser. Den Brunnen ziert das Wappen der Insel La Palma mit dem hl. Michael. Das zweite Wappen ist das des Gouverneurs Jerónimo de Salazar, er gab den Brunnenbau in Auftrag.

Ihr heutiges Aussehen erhielt die Plaza de España in der zweiten Hälfte des 16. Jh.s. Die zuvor hier stehenden Bauten waren ein Opfer des von dem Piraten François Le Clerc gelegten Stadtbrandes geworden. Das aus der ersten Hälfte des 16. Jh.s stammende alte Rathaus stand ursprünglich dort, wo sich heute der Brunnen befindet.

Koloniale Architektur an der Plaza de España. Das Gebäude links ist das Rathaus.

*Ayuntamiento

Der zwischen 1559 und 1563 errichtete neue Rathausbau an der Ostseite des Platzes ist eines der schönsten Renaissancegebäude des Archipels. Die Fassade gliedert sich in vier Bögen, die auf Säulen ruhen; darüber schließt sich eine Fensterreihe an. Zwischen den beiden Bogenfenstern prunkt das Bildnis des spanischen Königs Philipp II., unter dessen Herrschaft das Rathaus erbaut wurde. Zwischen den beiden rechteckigen Fenstern sieht man das Wappen der Insel La Palma. Das zentrale große Wappen ist das des Hauses Habsburg; Philipp II. gehörte zur spanischen Linie der Habsburger. Im Erdgeschoß befand sich früher der Gerichtssaal. Prächtig ausgestattet ist der Sitzungssaal im Obergeschoß. Tagsüber ist die Tür zum Rathaus meistens geöffnet, so daß man zumindest einen Blick ins Treppenhaus werfen kann. Die prachtvolle Kassettendecke wurde aus dem Holz der Kanarischen Kiefer geschnitzt. Die expressionistischen Wandgemälde zeigen Szenen aus dem Leben der Inselbewohner. Sie stammen von Mariano de Cossío (1890 – 1960), der seinen Lebensunterhalt als Kunstlehrer auf Teneriffa erwirtschaftete.

Santa Cruz de la Palma

Eine breite Freitreppe führt hinauf zum Eingang der Iglesia de El Salvador. Ein erheblich kleinerer Vorgängerbau der Erlöserkirche war ebenfalls dem Brand von 1553 zum Opfer gefallen. Noch im 16. Jh. wurden die meisten Bauteile der Kirche fertiggestellt, so auch der aus schwarzem Vulkangestein errichtete Turm, er konnte im Notfall zu Verteidigungszwecken dienen. Besonders eindrucksvoll ist das Renaissanceportal der Erlöserkirche: Die Kassettentür aus kanarischem Kiefernholz wird an jeder Seite von einem Säulenpaar gesäumt. Über den Kapitellen erhebt sich ein dreieckiger Aufsatz (Fronton), den wiederum drei Pilaster überragen. Sie werden von Gefäßen bzw. der Figur des die Weltkugel tragenden Heilands gekrönt.
Im Innern des dreischiffigen Sakralbaus überzeugt vor allem die hölzerne Kassettendecke im Mudéjarstil. Sie wurde erst 1894 – 1897 farbig bemalt. Eine Besonderheit auf den Kanaren ist das gotische Gewölbe der Sakristei im Unterbau des Turmes. Der Schlußstein zeigt das Medaillon des Erlösers. Beachtenswert sind ferner das Gemälde "Die Verklärung" des Hauptaltars von dem aus Sevilla stammenden Meister Antonio M. Esquivel (1837) sowie die Skulpturen der "Virgen del Carmen" und "El Señor del Perdón" von dem aus Teneriffa stammenden Bildhauer Fernando Estévez (1788 – 1854). Eine flämische Kreuzigungsgruppe im Seitenschiff wird als "El Cristo de los Mulatos" (Christus der Mulatten) bezeichnet, weil sich eine Bruderschaft dunkelhäutiger Sklaven zu Beginn des 18. Jh.s unter ihren Schutz stellte.

*Iglesia de El Salvador

Ein schönes Beispiel für ein herrschaftliches Haus des 18. Jh.s ist die Casa Pinto in der Calle O'Daly (Nr. 2). Die Fassade wurde im 19. Jh. umgestaltet. Im Erdgeschoß hat die Vertretung der Reederei Trasmediterránea ihren Sitz. Zu den Bürozeiten kann man einen Blick in den Innenhof mit seinen holzgeschnitzten Galerien werfen.

Casa Pinto

Die Calle O'Daly mündet auf die Avenida del Puente, der man einige Schritte in nordwestlicher Richtung folgt. Der Eckbau an der nächsten Querstraße ist das Teatro Chico. Das "Kleine Theater" wurde 1869 eröffnet. Seit seiner umfassenden Restaurierung 1989 ist es wieder Veranstaltungsstätte von Konzerten und Gastspielen.
Vor der Seitenfront des Theaters findet freitags und samstags ein bunter Blumenmarkt statt.

Teatro Chico

Die eigentliche Markthalle verbirgt sich hinter der Fassade des nebenstehenden Gebäudes. Unter der Woche herrscht hier allmorgendlich reges Treiben. Nirgendwo sonst auf der Insel hat man eine so große Auswahl an Obst und Gemüse sowie frischem Fisch und Fleisch.

Mercado

Ein kurzer Abstecher führt von der Markthalle zur Casa de Jorós (Calle Dr. Santos Abreu 25), ein hübsch restauriertes Stadtpalais des 18. Jh.s. Im Obergeschoß befindet sich eine Kunsthandwerksausstellung. Die angrenzenden Räume geben einen Eindruck von der Lebensweise einer begüterten palmerischen Familie im 19. Jahrhundert.

Casa de Jorós

Um den Stadtrundgang fortzusetzen, folgt man der nördlichen Verlängerung der Calle O'Daly, der Calle Anselmo Pérez de Brito. Das zu Beginn des 19. Jh.s errichtete, klassizistische Gebäude mit der Hausnummer 7 ist das Casino. Der Privatclub ist Treffpunkt angesehener Bürger La Palmas.

Casino

Nur wenige Schritte weiter erweitert sich die Straße zur Placeta de Borrero. Ein Café/Restaurant hat auf dem stimmungsvollen kleinen Platz seine Stühle aufgestellt.

Placeta de Borrero

Auch im weiteren Verlauf der Calle Anselmo Pérez de Brito säumen typisch kanarische Häuser die Straße. Im Erdgeschoß sind vielfach kleine Geschäften und Bars eingerichtet. Beachtenswert sind die hübschen Balkone und die Straßenlaternen! Links in die Calle Baltasar Martín abbiegend, gelangt man zum Franziskanerkloster (Convento de San Francisco).

*Convento de San Francisco / Museo Insular

Santa Cruz de la Palma

Convento de
San Francisco/
Museo Insular
(Fortsetzung)

Die dreischiffige Klosterkirche entstand in der zweiten Hälfte des 16. Jh.s, erfuhr aber im 17. und 18. Jh. mehrfach bauliche Veränderungen. Errichtet ist sie, im Gegensatz zu den meisten anderen älteren kanarischen Kirchen, über dem Grundriß eines lateinischen Kreuzes. Außergewöhnlich schön sind zwei Mudéjar-Holzdecken in der Klosterkirche. Eine Kapelle besitzt eine kuppelartige, reich mit Renaissance-Motiven verzierte Täfelung. Die Decke über der Sakristei besteht dagegen aus schachbrettartig angelegten Kassetten.

Die Räumlichkeiten des Klosters beherbergen heute neben einem Archiv und Bibliothek auch das Inselmuseum (Museo Insular; geöffnet: Mo. – Fr. 9.30 – 13.50 und 16.00 – 18.20 Uhr). Eine Besichtigung lohnt sich allein schon wegen des hübschen kleinen Kreuzgangs, um den sich die Ausstellungsräume gruppieren. Die Apfelsinenbäumchen, die hier wachsen und gedeihen, wurden von den Staatsoberhäuptern gepflanzt, die sich 1985 anläßlich der Einweihung des astrophysikalischen Observatoriums auf La Palma aufhielten. Das bedeutendste Museum der Insel besitzt Sammlungen zur Naturgeschichte, Geschichte, Völkerkunde und Kunst. Ein gesonderter Raum ist der Geschichte der Urbevölkerung gewidmet. Im Oberge-

Santa Cruz hat viele malerische Winkel – Straßenszene nahe der Plaza de la Alameda.

schoß ist eine kleine Gemäldesammlung untergebracht. Besonders interessant sind die Exponate, die sich mit den kunsthandwerklichen Traditionen der Insel beschäftigen (Zigarrenherstellung, Seidenspinnerei etc.).
Ein Nebengebäude des Klosters aus dem 16. Jh. wird nach seiner Restaurierung eine Kunsthandwerksausstellung beherbergen.

Plaza de la
Alameda

Nördlich des ehemaligen Klosters erstreckt sich die Plaza de la Alameda. An der Südseite des Platzes erinnert ein schlichtes Holzkreuz an den 3. Mai 1493. Damals ließ der spanische Eroberer Alonso Fernández de Lugo angeblich ganz in der Nähe dieses Platzes ein "heiliges Kreuz" (Santa Cruz) errichten und davor eine Messe lesen. Das heutige Kreuz wurde an-

Santa Cruz de la Palma

läßlich des 400. Jahrestages der Stadtgründung 1893 aufgestellt. Die Inschrift besagt: "Ruhm den spanischen Helden und den Helden der Guanchen. Beide vergossen ihr Blut für ihr Vaterland."
Über eine Treppe gelangt man hinauf zur von hohen Indischen Lorbeerbäumen beschatteten Plaza de la Alameda. Mit ihren Steinbänken, dem plätschernden Brunnen und dem maurisch anmutenden Kiosk ist sie ein beliebter Treffpunkt (Abb. S. 157).

Plaza de la Alameda (Fortsetzung)

Nach Norden hin begrenzt der Barco de la Virgen (Schiff der Jungfrau) den hübschen Platz. Es ist eine Nachbildung der "Santa María", des Schiffes, mit dem Christoph Kolumbus 1492 erstmals Amerika erreichte. (Ein direkter Zusammenhang zwischen Kolumbus und La Palma besteht nicht. Der "Entdecker" Amerikas war nie auf dieser Kanareninsel.)
In der 1940 auf La Palma gebauten Nachbildung (aus Beton!) ist das Museo Naval untergebracht (geöffnet: Mo. – Fr. 9.30 – 14.00 Uhr, im Sommer auch 16.00 – 19.00 Uhr). Zu den Exponaten des Schifffahrtsmuseums gehören alte Seekarten, Navigationsgeräte und Flaggen sowie Modelle weiterer Kolumbus-Schiffe.

Museo Naval

Blick vom Castillo de la Virgen auf das nachgebaute Kolumbusschiff "Santa María", in dem das Schiffahrtsmuseum seinen Sitz hat

Eine Brücke überquert den Barranco de las Nieves. Oberhalb der anderen Barrancoseite erheben sich die Überreste des Castillo de la Virgen. Die kleine Festung wurde in der zweiten Hälfte des 16. Jh.s zur Abwehr von Piratenangriffen angelegt.

Castillo de la Virgen

Folgt man der unterhalb des Kastells verlaufenden aufwärts führenden Straße, so gelangt man zur Iglesia de la Encarnación. An dieser Stelle stand vermutlich die erste, gleich nach der Einnahme von La Palma provisorisch errichtete Kapelle. Der heutige Bau geht auf das 16. Jh. zurück, erfuhr aber im 18. Jh. erhebliche Veränderungen. Die Kirche bewahrt eines der wenigen Kunstwerke, die den Angriff des Piraten Le Clerc überstanden

Iglesia de la Encarnación

Baedeker Special

Die "Bajada" – alle fünf Jahre wieder

Alle fünf Jahre (im Jahr 2000, 2005 usw.) verwandelt sich ab Ende Juni bis August Santa Cruz de la Palma in einen brodelnden Hexenkessel. Dann quillt die Stadt über von Zehntausenden von Palmeros und Fremden. Von überall her kommen sie: aus den nächstgelegenen Ortschaften, von den Nachbarinseln, aus dem Ausland, vor allem aus Übersee, aus Venezuela, dem traditionellen Auswandererland der Inselbewohner. Flug- und Schiffspassagen sind schon Monate zuvor restlos ausgebucht, Unterkünfte, wenn nicht rechtzeitig reserviert, so gut wie gar nicht mehr zu bekommen. Die Palmeros finden sich auf dem Eiland ein, um ihr Inselfest zu feiern, die "Bajada de la Virgen de las Nieves". Die seit mehr als 300 Jahren in einer Prozession feierlich begangene "Herabkunft der Jungfrau vom Schnee", der Schutzpatronin La Palmas in Gestalt einer 80 cm hohen bemalten Terrakottafigur aus gotischer Epoche. Es ist die bei weitem bedeutendste Festlichkeit der Insel und für die in der Fremde lebenden Palmeros auch ein willkommener Anlaß, sich wieder einmal mit den in der Heimat zurückgebliebenen Familien zu treffen.

Das Fest der "Schneejungfrau" existiert seit über drei Jahrhunderten, der Kult um diese Marienfigur ist jedoch wesentlich älter. Von vielen Lokalhistorikern wird die kleine Statue als die älteste Marienfigur der Kanaren angesehen. Bereits in Landzuteilungsurkunden von Alonso Fernández de Lugo, dem Eroberer und Gouverneur von La Palma, taucht sie ab 1507 namentlich auf. Ihr Urbild hat sie in der Santa Maria della Neve in der Kirche Santa Maria Maggiore in Rom. Die Legende berichtet, in der Nacht zum 5. August 352 sei Papst Liberius die Gottesmutter Maria erschienen und habe ihm aufgetragen, an dem Ort eine Kirche zu bauen, wo am nächsten Morgen (im August!) Schnee fallen werde; tatsächlich habe es am nächsten Tag auf dem Esquilin, einem der sieben Hügel Roms, geschneit, wo dann von Liberius die o.g. Kirche erbaut worden sei. Von hier aus verbreitete sich die Verehrung der "Jungfrau vom Schnee" in alle christlichen Reiche. Auf La Palma baute man kurz nach der Eroberung der Jungfrau zu Ehren das Santuario de la Nuestra Señora de las Nieves oberhalb von Santa Cruz; 1534 wurde die Virgen zur Schutzheiligen der Insel erkoren. Die Marienstatue, die nun immer vier Jahre und elf Monate auf ihrem Barockaltar in diesem "santuario" thront, soll ursprünglich von Mönchen aus Mallorca über Agaete auf Gran Canaria nach La Palma gebracht worden sein. Auf der gesamten Insel genoß die "Jungfrau vom Schnee" eine große Verehrung. Und auch hier wurde sie ihrem Namen gerecht, schließlich habe sie, so Volkes Glaube, im Herbst 1646 den rumorenden Vulkan Tigalate beruhigt, indem sie Schnee in dessen Krater rieseln ließ.

Im Jahr 1676, als die Insel von einer Dürrekatastrophe heimgesucht wurde, kam der Bischof der Kanarischen Inseln, Bartolomé Gracía Jiménez, von Gran Canaria höchstpersönlich nach La Palma, um eine durch die anhaltende Trockenheit drohende Mißernte abzuwenden. Er ordnete an, das Heiligenbild der "Schneejungfrau" in einer feierlichen Bittprozession gegen die Dürre in die Hauptstadt hinabzubringen. Und siehe da, es regnete. Überwältigt von diesem Erfolg, aber auch angesichts der tiefen Frömmigkeit der Palmeros bestimmte der Bischof nun, daß die "Virgen" ab 1680 alle fünf Jahre von der Kapelle hoch in den Bergen in die Pfarrkirche El Salvador von Santa Cruz hinabgetragen werden sollte, um dort ein großes Fest zu feiern, und dabei ist es bis zum heutigen Tag geblieben. Im Laufe der Jahrhunderte entwickelte sich die "Bajada de la Virgen" zum größten Volksfest auf La Palma, wobei die anfänglich schlichte Bittprozession um weitere Veranstaltungen – Auftritte, Volkstänze, Umzüge, Theaterspiele – erweitert wurde, die den Geist bestimmter Epochen widerspiegelten, in denen sich Religiosität und Folklore, Heiliges und Profanes zu recht eigenwilligen, für den Betrachter oft nicht leicht durchschaubaren Darbietungsformen mischten. Den Mittelpunkt der ca. sechswöchigen Fiesta bildet aber unangefochten die Prozession mit der "Jungfrau vom Schnee".

Eröffnet wird der Festzyklus am 28. Juni mit der "semana chica", die bis zum 5. Juli dauert. Auf sie folgt die "semana grande", die "große Festwoche", die einen Monat anhält (vom 6. Juli bis 5. August). In diesen Wochen finden allerhand Veranstaltungen statt: u.a. historische Aufzüge, folkloristische Schauspiele und Tänze, Kinderfeste, die Wahl der Festkönigin, Preisverleihungen und Sportwettkämpfe (auch die "lucha canaria", der kanarische Ringkampf). Einen Höhepunkt der "semana grande" bildet die "Danza de los Enanos" (Zwergentanz). Zuerst tanzen einige ausgesuchte Männer, verkleidet als Mönche, Seeleute, Astronomen etc., nach einiger Zeit wechseln sie, hinter einem Vorhang, in Sekundenschnelle das Äußere und erscheinen als Zwerge – mit Riesenhüten und Pappgesichtern: Kopf und Arme stecken in einem überdimensionalen napoleonischen Dreispitz, vor dem Bauch tragen sie eine schwere Holzmaske, die Beine sind oberhalb der Knie zusammengebunden. Zu beneiden sind die Darsteller der "Zwerge" nicht unbedingt. In ihrer nicht ganz leichten Ausstaffierung müssen sie auf den Straßen und Plätzen bis in die frühen Morgenstunden tanzen – stundenlang, immer leicht hüpfend und trippelnd, von einem Bein aufs andere. Die zusammengeschnürten Oberschenkel lassen einem auch keine andere Wahl!

Am 15. Juli, wenn die Sonne hinter dem Kraterrand der Caldera de Taburiente versinkt, erreicht das Fest seinen Höhepunkt. Dann wird das große Kirchenportal des Santuario de la Virgen de las Nieves geöffnet, und zwölf Männer (nur ehrenwerte Bürger!) tragen die in Prachtgewändern eingehüllte Statue der "Jungfrau vom Schnee" in einer prunkvollen Glasvitrine (der Sänfte der Madonna) mit großem Gefolge, Trachten- und Musikgruppen auch von den Nachbarinseln und unter dem Beifall der Zuschauer aus dem Gotteshaus. Auf dem 6,5 km langen Weg in die Stadt hinab kommt die Prozession alle hundert Schritte zum Stehen, werden die Träger gewechselt. Eine Stunde später erreicht die Prozession die Vorbezirke der mit Fahnen, Lampen und Girlanden geschmückten Hauptstadt der Insel – die Ankunft wird mit Feuerwerk gefeiert. Der Zug geht vorbei an dem Castillo de la Virgen, wo nun der "Diálogo entre el Castillo y la Nave" mit Kanonenschüssen eröffnet wird. Erwidert werden sie von den Böllerschüssen der Santa María, der steinernen Nachbildung der Kolumbus-Karavelle. Die "Festung" steht für die Stadt bzw. Insel. Diese trifft Vorbereitungen, um die bedrohlich näherkommenden Fremden, das "Schiff" (gemeint ist die Prozession), zurückzuschlagen, erkennt dann aber, daß sich auf dem Schiff die Jungfrau Maria befindet, gibt den Widerstand auf und empfängt die Ankömmlinge unter Freudenjubel und Kanonenschüssen.

Am 5. August wird die Madonna in einem pompösen Umzug u.a. im Beisein von Vertretern des Papstes, des Bischofs und des spanischen Königshauses in ihr Bergheiligtum wieder zurückgebracht. Ein prachtvoller Blumenkorso, bei dem junge Frauen fein herausgeputzt auf den hohen Podesten der Wagen stehen, beendet die festlichsten Wochen eines halben Jahrzehnts.

Santa Cruz de la Palma

Iglesia de la Encarnación (Fortsetzung)

haben, die "Verkündigung" ist eine flämische Arbeit von 1525. Eine kleine Oase im städtischen Treiben ist die Plaza vor der Kirche mit ihrem üppigen Blumenschmuck.

Castillo de Santa Ana

Für den Rückweg zum Ausgangspunkt des Stadtrundgangs wählt man die Avenida Marítima. Hier steht das Castillo de Santa Catalina. Der Festungsbau, der einen sternförmigen Grundriß und an den Ecken jeweils eine Bastion aufweist, stammt ursprünglich aus dem 16. Jh., entstand in seiner heutigen Form aber erst 1674. Während des 16. – 18. Jh.s diente die Anlage zum Schutz gegen Piraten. Eine Innenbesichtigung ist nicht möglich.

*Balcones Tipicos

Weiter südlich zeigt sich die Avenida Marítima von ihrer schönsten Seite. Hier sind einige Häuser mit typisch kanarischen Balkonen erhalten (Abb. S. 54/55). Die prächtigsten Holzbalkone haben die Häuser Nr. 38 – 46. Diese Bürgerhäuser aus dem 16./17. Jh. weisen ihre Hauptfassade der Calle Anselmo Pérez de Brito zu. Erst später wurden die Holzbalkone zur Meerseite hin angebaut.

Parador Nacional

In ihrem weiteren Verlauf passiert die Avenida Marítima den alten Parador, ein im kanarischen Stil errichtetes Gebäude (geschlossen). Nach Süden hin wird die Uferstraße deutlich belebter, hier gibt es auch einige Straßencafés und Souvenirläden.

Umgebung von Santa Cruz de la Palma

*Santuario de Nuestra Señora de las Nieves

Etwa 4 km nordwestlich von Santa Cruz befindet sich in dem malerisch gelegenen Ortsteil Las Nieves das Santuario de Nuestra Señora de las Nieves. Eine Wallfahrtskapelle an dieser Stelle, dem Ort einer Marienerscheinung, wurde bereits 1517 erstmals erwähnt, der heutige Bau entstand im wesentlichen Ende des 17. Jh.s. Die Arbeiten an der Hauptfassade und am Glockengiebel wurden 1672 abgeschlossen. Erheblich aufwendiger ist das der Plaza zugewandte Seitenportal gestaltet (18. Jh.).
Die Wallfahrtskapelle beherbergt die ca. 80 cm große Terrakottafigur der Jungfrau vom Schnee, der Inselschutzheiligen. Die Figur, die im 14. Jh. in Flandern gefertigt wurde, zeigt Stilmerkmale der Romanik und Gotik. Sie gilt als älteste Heiligenstatue des Kanarischen Archipels. Vermutlich gelangte sie im 16. Jh. von Gran Canaria aus auf die Insel. Ihr Gewand ist mit edlen Steinen besetzt, Dankesgaben von Gläubigen, denen die Jungfrau vom Schnee geholfen hat. Die Jungfrau erhebt sich über einem Altar aus getriebenem Silber (17./18. Jh.). Zu den bedeutenden Kunstschätzen im Innern gehören ferner kleine barocke Altaraufsätze sowie schöne Goldschmiedearbeiten. Die kunstvolle Mudéjar-Holzdecke wurde Mitte des 17. Jh.s gefertigt. Die künstlerisch weniger wertvollen Gemälde an den Wänden der Kapelle zeigen Wundertaten der Inselschutzheiligen.
Bereits seit Ende des 17. Jh.s begeht man alle fünf Jahre (das nächste Mal 2000) die "Bajada de la Virgen de las Nieves" (= Herabkunft der Jungfrau vom Schnee) mit einer feierlichen Prozession und diversen Feierlichkeiten (→ *Baedeker Special*, S. 124/125).
Angeschlossen ist der Kirche das Museo de Arte Sacro, in dem neben kostbaren Kultgegenständen auch mehrere Gemälde flämischer Meister aus dem 16. Jh. besichtigt werden können (derzeit geschlossen).
Zum hübschen Bauensemble bei der Kapelle gehören neben dem Rektoratsgebäude und der Casa Romeros, die früher als Pilgerherberge fungierte, auch ein Ausflugslokal und der obligatorische Souvenirshop.

Mirador de la Concepción

Den schönsten Blick auf Santa Cruz und Umland hat man vom Mirador de la Concepción. Von der Inselhauptstadt aus erreicht man ihn über die nach Los Llanos führende Straße. Nach 4 km zweigt rechts eine Straße nach Las Nieves ab, nach ca. 300 m weist ein Verkehrsschild nach rechts zum Mirador. Die hier stehende Ermita de Nuestra Señora de la Concepción wurde im 17. Jh. errichtet.

Auch die Anfahrt zum Maroparque erfolgt über die Straße Santa Cruz de la Palma – Los Llanos de Aridane. Von ihr biegt man in Richtung Las Nieves ab und folgt dann der Beschilderung zum nur noch 1 km entfernten Maroparque. In dem kleinen, aus einer privaten Initiative entstandenen Tierpark leben inmitten einer hübschen Parklandschaft Affen, Strauße, Emus, Kängurufs, zahlreiche Vogelarten und weitere exotische Tiere (geöffnet: tgl. 10.00 – 18.00 Uhr).

Santa Cruz de la Palma, Umgebung (Fortsetzung)
Maroparque

Tazacorte   B 3

Höhe: 100 m ü.d.M.
Einwohnerzahl: 6600

Jeder, der sich der im Westen der Insel, im fruchtbaren Aridane-Tal gelegenen Ortschaft nähert, weiß sofort, womit hier Geld verdient wird: Die Bananenplantagen reichen bis in das Ortszentrum hinein. Tazacorte ist der Verwaltungssitz der jüngsten und mit nur 12 km² Fläche kleinsten Gemeinde der Insel. Bis 1925 gehörte das Gemeindegebiet zu Los Llanos de Aridane. Bedeutung erlangte Tazacorte nicht zuletzt dank seines Hafens (→ Puerto de Tazacorte), über den zeitweilig die gesamte Bananenproduktion verschifft wurde.

Lage und Allgemeines

Promenadenstraße von Tazacorte: Die Bananenplantagen reichen bis ins Ortszentrum hinein.

Der Ortsname verweist auf die Urbevölkerung: Tazacorte bedeutet "Hof des Tazo". Beim heutigen → Puerto de Tazacorte betraten die spanischen Eroberer unter Führung von Alonso Fernández de Lugo erstmals palmerischen Boden (→ *Baedeker Special,* S. 34/35). Ihnen folgten bald spanische Siedler, die auf dem fruchtbaren Land Zuckerrohr anbauten. Bis ins 19. Jh. hinein gab es rund um Tazacorte größere Zuckerrohrpflanzungen,

Geschichte

Tazacorte

Idealer Ort für Mußestunden: Laubengang bei der Iglesia de San Miguel

Geschichte (Fortsetzung)

dann begann der Bananenboom, der Tazacorte in den Augen der anderen Inselbewohner zum "Klein-Paris" werden ließ, das den übrigen Inselorten immer ein wenig voraus war.

*Ortsbild

Das Zentrum von Tazacorte bildet die nur einseitig bebaute Avenida de la Constitución. Sie wird von einer weitläufigen Promenade gesäumt, die den Blick über Bananenplantagen hinab zum Meer freigibt. Zu Fuß erreicht man von hier einige hübsche Winkel. Am südlichen Ende der Avenida beginnt die für den Autoverkehr gesperrte Calle Nueva mit einigen Geschäften. Besonders stimmungsvoll zeigt sich Tazacorte am Nordende der Avenida, rund um die Iglesia de San Miguel.

Sehenswertes in Tazacorte

Iglesia de San Miguel

Gleich nach der spanischen Eroberung wurde noch im 15. Jh. eine erste dem Erzengel Michael geweihte Kapelle errichtet. Im Laufe der Jahrhunderte wurde das Gotteshaus völlig umgestaltet. Das Innere bietet heute ein eher befremdliches Gemisch aus Alt und Neu. Hübsch ist dagegen der Laubengang neben der Kirche, den üppig wuchernde Bougainvillea überrankt.

Verehrt werden in der Kirche die Reliquien der "Märtyrer von Tazacorte". Es handelt sich dabei um Jesuitenmönche, die unter Führung von Pater Ignácio de Azevedo in Brasilien Missionsarbeit leisten sollten. Sie stachen mit dem Schiff "Santiago" von Lissabon aus im Frühjahr 1570 in See. Nach einem Zwischenstopp im Hafen von Funchal (Madeira) gingen sie in Puerto de Tazacorte vor Anker. Obwohl sie Kenntnis davon hatten, daß französische Korsaren es auf die kostbare Fracht des Schiffes abgesehen hatten, ließen sich die Jesuiten nicht von ihrem Auftrag abbringen. Am 14. Juli lichteten sie den Anker, weit kamen die mutigen Mönche nicht. Die Korsaren kaperten das Schiff und metzelten alle Jesuitenmönche nieder.

Nicht versäumen sollte man den Abstecher zu einigen Herrenhäusern unterhalb der Avenida de la Constitución (etwa auf der Höhe der Kirche). Man erreicht sie durch die Calle Pérez Galdos. Einige durch den Zuckerrohranbau reich gewordene Grundherren errichteten sich hier im 16./17. Jh. repräsentative Landsitze. Aufwendig restauriert wurde in den letzten Jahren die Casa Massieu van Dalle. In ihr sind heute ein Kunsthandwerkszentrum und ein Informationsbüro untergebracht.

Tazacorte (Fortsetzung)
*Casa Massieu van Dalle

Tijarafe B 2

Höhe: 663 m ü.d.M.
Einwohnerzahl: 2700

Tijarafe ist eine kleine Ortschaft im Nordwesten der Insel, die man auf der Fahrt von Los Llanos de Aridane nach Garafía durchfährt. Höhepunkt im Jahreslauf ist die Fiesta del Diablo, das Teufelsfest mit nächtlicher Teufelsverbrennung auf der Plaza (Anfang September).

Lage und Allgemeines

Der Ortskern von Tijarafe liegt oberhalb der Durchgangsstraße. Hier steht die um 1700 errichtete Iglesia de la Candelaria. Der barocke Hauptaltar birgt die Statue der Schutzpatronin (16. Jh.).

Ortsbild

Umgebung von Tijarafe

Ein beliebtes Wanderziel ist die steil zum Meer hin abfallende Felsküste unterhalb von Tijarafe. Das Meer hat hier bizarre Formen und Aushöhlungen in das Gestein hinein gewaschen. Eine tief in das Land hineinreichende Bucht wird als "Schmugglerhafen" bezeichnet. Unter Felsvorsprüngen haben sich Einheimische ihre provisorischen Ferienhäuschen errichtet. Zwar führt eine asphaltierte Piste bis nahe an die Bucht heran, doch ist sie schmal und vor allem sehr steil, am besten läßt man das Fahrzeug noch im Ortsbereich von Tijarafe zurück und bewältigt die Strecke hinab zum Meer zu Fuß (Höhenunterschied: 660 m; hin und zurück ca. 9 km). Am nördlichen Ortsende von Tijarafe folgt man der Beschilderung zum Centro de Salud, von dort geht es weiter bergab, immer auf dem Asphaltsträßchen bleibend, nur die letzten Meter legt man auf einem gepflasterten Weg zurück.

Schmugglerhafen

Vila de Mazo

→ Mazo

Praktische Informationen von A bis Z

Praktische Informationen von A bis Z

Anreise

Mit dem Flugzeug
Von allen großen europäischen Flughäfen aus ist La Palma im Direktflug (Flugzeit ca. 4 Std.) mit verschiedenen Chartergesellschaften (u.a. Condor, LTU, Air Berlin) zu erreichen. Linienflug-Direktverbindungen auf den internationalen Flughafen von La Palma gibt es (außer von Madrid aus) nicht. Linienmaschinen fliegen von Frankfurt am Main, Zürich und Wien aus mehrmals wöchentlich nur nach Teneriffa und Gran Canaria, von wo aus mehrmals täglich Anschlußflüge nach La Palma bestehen (→ Flugverkehr). Über Teneriffa gelangt man am schnellsten auf die Insel El Hierro, die weder von ausländischen Linienflugzeugen noch von Chartermaschinen angeflogen wird.
Bei der Anreise über Teneriffa ist eine kleine Inselfahrt erforderlich, denn die internationalen Flüge landen auf dem Südflughafen Reina Sofia, die Anschlußflüge nach La Palma und El Hierro starten aber nur im 60 km entfernten nationalen Nordflughafen Los Rodeos. Zwischen den beiden Flughäfen besteht ein Bustransfer (Fahrtdauer: ca. 90 Minuten). Wer es eilig hat, kann auch ein Taxi oder einen Mietwagen nehmen.

Mit dem Schiff
Zwischen Cádiz (Festlandspanien) und Santa Cruz de la Palma verkehren einmal wöchentlich (Abfahrt samstagabends) Fährschiffe der spanischen Schiffahrtsgesellschaft Trasmediterránea (mit Zwischenstopp auf Lanzarote, Gran Canaria und Teneriffa). Diese nicht gerade billige Überfahrt kann über deutsche Reisebüros gebucht werden.

Apotheken

Die Apotheken sind Mo. – Fr. 9.00 – 13.00 und 16.00 – 20.00 Uhr sowie Sa. 9.00 – 13.00 Uhr geöffnet. Zu allen anderen Zeiten versieht in jedem größeren Ort eine Apotheke Notdienst. Die Anschrift der jeweils diensthabenden Apotheke ist dem Anschlag "Farmacia de Guardia", der in jeder Apotheke aushängt, zu entnehmen. Nach 22.00 Uhr werden Arzneimittel jedoch nur noch auf Rezept ausgehändigt.

Ärztliche Hilfe

Medizinische Versorgung
Sowohl auf La Palma als auch auf Hierro ist eine ausreichende medizinische Versorgung gewährleistet. Vor allem auf La Palma haben sich einige deutsche Ärzte niedergelassen. Von den spanischen Ärzten sprechen viele zumindest eine Fremdsprache. Im Notfall wendet man sich an eines der nachfolgend aufgeführten Krankenhäuser oder Gesundheitszentren.

◄ *Auf La Palma gibt es sie noch, die "Tante-Emma-Läden", in denen das persönliche Gespräch ebenso wichtig ist wie der Einkauf.*

Auskunft

Nach einem Urteil des Europäischen Gerichtshofes müssen die gesetzlichen Krankenkassen auch dann die Kosten für ärztliche Leistungen erstatten, wenn sie im EU-Ausland erbracht wurden. Die gesetzlichen Krankenkassen übernehmen jedoch nur den im Heimatland üblichen Kassensatz. Wer vermeiden möchte, daß er die Arztkosten vor Ort erst einmal selbst auslegen muß, kann sich vor der Reise von der jeweiligen Kasse einen "Anspruchsausweis" (Vordruck E 111) ausstellen lassen. Er berechtigt zur kostenlosen Inanspruchnahme eines Vertragsarztes des Staatlichen Gesundheitsamtes (INSALUD).
Generell ratsam ist der Abschluß einer privaten Auslandskrankenversicherung, zumal diese im Notfall auch die Kosten für einen Rücktransport übernimmt.

Krankenversicherungsschutz

Ambulanz Tel. 112

Notruf

Hospital
Buenavista
Das Hospital liegt südwestlich von Santa Cruz de la Palma, an der Schnellstraße, die von der Inselhauptstadt nach Los Llanos de Aridane führt (oberhalb des alten Flughafens)
Tel. 9 22 18 50 00

Krankenhäuser

Hospital Insular de Nuestra Señora de los Reyes
Avenida Valverde
Valverde
Hierro
Tel. 9 22 55 00 79

In jedem größeren Ort gibt es Gesundheitszentren oder Stationen des Roten Kreuzes, an die man sich in leichteren Fällen oder bei Erster Hilfe ebenfalls wenden kann:

Gesundheitszentren

Centros Saludes (Gesundheitszentren)
Los Llanos: Tel. 9 22 46 00 51
El Paso: Tel. 9 22 48 59 25
Breña Alta: Tel. 9 22 43 71 53

Cruz Roja (Rotes Kreuz)
Los Llanos de Aridane: Tel. 9 22 46 00 51
El Paso: Tel. 9 22 48 59 25
Fuencaliente: Tel. 9 22 44 41 28

Auskunft

www.tourspain.es
Website der spanischen Fremdenverkehrsbehörde, auch Informationen zu La Palma und Hierro, in Englisch und Spanisch.

Internet

www.la-palma-tur.org
Infos des Patronato de Turismo von La Palma auch in Deutsch und Englisch.

www.lapalma-magazin.info
Die auf La Palma kostenlos erhältliche Broschüre "Infomagazin" ist mit aktuellen Informationen, Veranstaltungshinweisen und praktischen Tips im Internet vertreten.

www.abcanarias.com
Adressen und aktuelle Infos von allen Kanarischen Inseln. Reservierungsmöglichkeiten von Unterkunft, Mietwagen etc.

Autobusverkehr

Auskunft (Fortsetzung)	www.el-hierro.org Infos der Inselverwaltung von Hierro in Spanisch und Englisch.
In Deutschland	Spanische Fremdenverkehrsämter Prospektbestellung: Tel. 0 61 23/9 91 34, Fax 0 61 23/9 91 51 34
	Kurfürstendamm 63, D-10707 Berlin Tel. 0 30/8 82 65 43, Fax 0 30/8 82 66 61 E-Mail: berlin@tourspain.es
	Grafenberger Allee 100, D-40237 Düsseldorf Tel. 02 11/6 80 39 80, Fax 02 11/6 80 39 85
	Myliusstr. 14, D-60323 Frankfurt/M. Tel. 0 69/72 50 38, Fax 0 69/72 53 13
	Postfach 15 19 40, D-80051 München Tel. 0 89/5 38 90 75, Fax 0 89/5 32 86 80
In Österreich	Walfischgasse 7, A-1010 Wien Tel. 01/5 12 95 80, Fax 01/5 12 95 81
In der Schweiz	Seefeldstr. 19, CH-8008 Zürich Tel. 01/2 52 79 30, Fax 01/2 52 62 04
	Rue Ami-Levrier 15, CH-1201 Genf Tel. 0 22/7 31 11 33, Fax 0 22/7 31 13 66
Auf La Palma	Oficina Insular de Turismo Calle O'Daly 22, Santa Cruz de la Palma Tel. 9 22 41 21 06, Fax 9 22 42 00 30 Geöffnet: Mo. – Fr. 9.00 – 13.00 und 17.00 – 19.00, Sa. 10.00 – 12.30 Uhr
	Contacto Calle General Yagüe 5, Los Llanos de Aridane Tel. 9 22 46 32 04, Fax 9 22 46 12 66 Private Agentur an der Hauptstraße nach Puerto Naos. Vermietung und Verkauf von Apartments, Mietwagenverleih etc., aber auch alle erdenklichen Auskünfte und Informationen.
Auf Hierro	Patronato de Turismo del Cabildo de El Hierro Calle Licenciado Bueno 1, Valverde Tel. 9 22 55 03 02, Fax 9 22 55 10 52

Autobusverkehr

Allgemeines	Eine Fahrt mit einem Linienbus auf La Palma ist ausgesprochen preisgünstig. Die in der Regel sehr gut ausgestatteten Busse (guaguas) sind pünktlich. Die Gepäckbeförderung ist frei, Fahrräder werden nicht befördert. Bei den Haltestellen befindet sich häufig ein "Wartehäuschen". Der Einstieg ist immer vorne beim Fahrer.
Autobusnetz	Auf La Palma sind alle wichtigen Orte an das Autobusnetz angeschlossen. Von den zentralen Busbahnhöfen in Santa Cruz und Los Llanos de Aridane werden die größten Städte von frühmorgens bis teilweise spätabends regelmäßig angefahren (im 3-, 2- oder 1-Stundentakt). Am besten ausgebaut ist die Ost-West-Verbindung zwischen der Hauptstadt Santa Cruz und Los Llanos de Aridane (durch den Cumbre-Tunnel): Zwischen 6.15 und 20.30 Uhr fahren die Busse jeweils stündlich ab (Fahrzeit: ca. 70 Minuten). An den Wochenenden und feiertags besteht auf allen Strecken nur ein stark

Camping

eingeschränkter Busverkehr. Zwischen Santa Cruz und dem Flughafen gibt es auch eine Buslinie; dieser Flughafenzubringerdienst orientiert sich an den An- und Abflugzeiten.

Autobusverkehr (Fortsetzung)

Einen Busfahrplan (horario) erhält man an den Busbahnhöfen (in Santa Cruz an der Plaza de la Constitución, in Los Llanos am neuen Busbahnhof nördlich vom Markt), in Reisebüros sowie im Fremdenverkehrsamt von Santa Cruz (→ Auskunft).

Busfahrplan

Zwar sind auf Hierro die meisten Ortschaften an das Autobusnetz angeschlossen, doch verkehren die Busse nur relativ selten. Bisher gilt: Von jedem Ort der Insel fährt frühmorgens ein Bus in die Hauptstadt Valverde, mittags fährt er die gleiche Strecke wieder zurück.

Busverkehr auf Hierro

Autohilfe

Bei einer Panne mit dem Mietwagen, wendet man sich am besten an das jeweilige Vermietungsbüro. Hat man mit dem eigenen Wagen eine Panne, so erhält man innerorts durch die Policía Local und außerorts durch die Guardia Civil de Tráfico Hilfe (zentraler Notruf 112).

Autovermietung

→ Mietwagen

Camping

Wildes Zelten ist auf La Palma nicht erlaubt. Die Insel verfügt über ein halbes Dutzend Zeltplätze, die jedoch sehr einfach ausgestattet sind. Zum Teil gibt es keine sanitären Einrichtungen. Übernachtungen auf diesen Plätzen sind im voraus zu reservieren. Dazu ist folgendes vorzulegen: Ausweiskopie des Antragstellers sowie Namen und Ausweisnummern aller Begleitpersonen. Die Reservierung kann man per Telefon oder Fax vornehmen. Die Übernachtungsgenehmigungen sind dann eine Woche bis spätestens zwei Tage vor der ersten Übernachtung abzuholen. Hält man diese Frist nicht ein, verfällt die Genehmigung. Ohne Vorausreservierung darf nur übernachtet werden, wenn die maximal für den Campingplatz vorgesehene Personenzahl noch nicht überschritten ist.

Allgemeines

Waldzeltplatz im Parque Nacional de la Caldera de Taburiente (100 Plätze)
Tel. 9 22 49 72 77, Fax 9 22 49 70 81

Reservierungen

Albergue "San Antonio del Monte", Garafía (48 Plätze)
Tel. und Fax 9 22 40 04 44

Área de Acampada "El Pilar", El Paso (350 Plätze)
Tel. 9 22 41 15 83, Fax 9 22 42 01 87

Campamento "El Riachuelo", El Paso (50 Plätze)
Tel. 9 22 49 72 77, Fax 9 22 49 70 81

Centro de Naturaleza "La Rosa", Puntagorda (Platz für 50 Personen)
Tel. und Fax 9 22 49 33 06

Zona de Acampada "Laguna de Barlovento", Barlovento
Tel. 9 22 69 60 23, Fax 9 22 42 01 87

Einkäufe, Souvenirs

Geschäfte, Preise

Auf La Palma findet man alles, was man im Alltag und für den Urlaub braucht. Die meisten Geschäfte aber sind nach mitteleuropäischen Begriffen Kleinläden, auch die "Supermercados" in den Dörfern. Ausnahmen bilden nur die Supermärkte in Santa Cruz, Los Llanos und Puerto Naos. In diesen Hauptzentren der Insel gibt es die meisten Spezialgeschäfte: Textilien, Haushalt, Elektroartikel, Souvenirs, Kunsthandwerk usw. In vielen Läden sind deutsche Importwaren erhältlich, natürlich zu etwas höheren Preisen als im Heimatland. Im Landesinnern, wo man auch an Wochenenden oder spätabends Lebensmittel, Tabakwaren oder Alkohol bekommen kann, weil hier Läden häufig nach Bedarf geöffnet werden, sind die Grundnahrungsmittel generell billiger als in den großen Städten. Erheblich günstiger als in Mitteleuropa kauft man auf La Palma allerorten Tabakwaren (auch internationale Marken), Spirituosen und Parfümerieartikel.

Gute Adresse für Keramik: "El Molino" bei Mazo. Die Gefäße werden nach altkanarischem Vorbild mit traditionellen Formen und Mustern gefertigt.

Souvenirs

Ein Einkaufsparadies ist La Palma zwar nicht unbedingt, doch auf der Suche nach Mitbringseln kann man bei kunsthandwerklichen Artikeln sowie Nahrungs- und Genußmitteln schnell fündig werden.

Kunsthandwerk

Früher wurde viel Keramik auf der Insel hergestellt. Heute gibt es nur noch eine Keramikwerkstätte, "El Molino" (Die Mühle) bei Mazo, die vorzügliche Reproduktionen der schwarzen altkanarischen Keramik produziert (vgl. S. 99). Korbarbeiten, besonders beliebt sind Einkaufs- und Papierkörbe, werden nicht aus Weiden (solche Arbeiten stammen in der Regel aus China), sondern aus Brombeerranken gebildet. Unter den Palmstroharbeiten finden Taschen und Matten, oftmals mit farbigen Mustern, den größten Absatz. El Paso ist der einzige Ort auf den Kanarischen Inseln, wo noch die ehemals wirtschaftlich wichtige Seidenspinnerei betrieben wird: Neben

Essen und Trinken

Tüchern, Häubchen, Schärpen sind Taschentücher, Krawatten, Halstücher und Blusen aus handgesponnener Naturseide in ausgewählten Souvenirläden erhältlich. In Kunsthandwerksläden kann man auch Stickereien erstehen: Tischwäsche, Bettbezüge und Teile der regionalen Trachtenkleider; stets wiederkehrende Muster sind Blumen-, Blatt- und Vogelmotive. Im kunsthandwerklichen Bereich wären schließlich noch die Handwebearbeiten zu nennen: Decken, Taschen, Tisch- und Bodenläufer.

Einkäufe, Souvenirs (Fortsetzung)

Das beliebteste Souvenir ist wohl der Wein, und zwar von den Anbauflächen in Fuencaliente, Hoyo de Mazo und Las Manchas (die Weingebiete von Tijarafe, Puntagorda und Garafía sind weniger ergiebig). Die Trauben von Hoyo de Mazo bringen einen herben Rotwein hervor, um Fuencaliente im Süden der Insel gedeihen rote und weiße Trauben; am bekanntesten ist der hier gekelterte Malvasier. Auch der Honig eignet sich hervorragend als Geschenk oder Souvenir. Ein besonderes Mitbringsel für Zigarrenfreunde sind natürlich die handgedrehten "puros" (→ *Baedeker Special*, S. 66/67).

Nahrungs- und Genußmittel

→ dort

Märkte

Elektrizität

Das Stromnetz führt in der Regel 220 Volt. In den großen Hotels sind meist Europanorm-Gerätestecker verwendbar. Ansonsten werden vielfach Zwischenstecker benötigt, die man im Fachhandel auf den Inseln erhält (span. "adaptor" oder "ladrón").

Essen und Trinken

Wie alle anderen Kanarischen Inseln auch hat La Palma gastronomisch betrachtet mittlerweile zweierlei zu bieten. In den Touristenhochburgen gibt es zahlreiche Restaurants mit internationaler Küche, jedoch nur mit eher mittelmäßigem Niveau. Daneben wird noch in vielen Lokalen, vor allem abseits der Ferienzentren, eine von Festlandspanien geprägte, deftige kanarische Kochkunst gepflegt.

Allgemeines

In Spanien und auch auf La Palma begnügt man sich mit einem einfachen Frühstück: Kaffee mit etwas Süßem, z.B. "magdalena", einem runden, locker-weichen, trockenen Gebäck, oder mit einer "tostada", einem gerösteten Brot plus Aufstrich (Butter, Marmelade, Streichwurst oder einfach Olivenöl). Dafür fallen das Mittagessen (almuerzo) und das Abendessen (cena) um einiges reichhaltiger aus. In der Regel bestehen die beiden Hauptmahlzeiten aus je drei Gängen. Mittag- und Abendessen werden zu einer späteren Zeit eingenommen als in mitteleuropäischen Ländern: Mittags geht man zwischen 13.00 und 15.30 Uhr zu Tisch, abends auf keinen Fall vor 20.00 Uhr (bis etwa 22.30 Uhr). In großen Hotels jedoch hat man sich auf die Gepflogenheiten der Gäste eingestellt und serviert schon ab 12.00 bzw. 18.00 Uhr. Auch das Frühstück fällt hier viel üppiger aus.

Eßgewohnheiten

Die palmerische Küche ist bodenständig und deftig. Gerichte der Haute Cuisine darf man hier nicht erwarten, auch keine insularen Besonderheiten, denn die Kochweise auf der Insel ist sehr stark von der spanischen und portugiesischen Küche beeinflußt: Kaum ein Gericht, das nicht mit Olivenöl (aceite) und Knoblauch (ajo) zubereitet wird. Nur bei Süßspeisen verwendet man auch schon mal Butter und Sahne. Die Grundstoffe der Küche auf La Palma sind Kartoffeln, Reis, Fleisch, Fisch, Meeresfrüchte und allerlei Gemüse- und Obstsorten. Saucen-Fans werden hier nicht auf ihre Kosten kommen; sämige Saucen, wie man sie in Deutschland, Österreich und in der Schweiz liebt, kennt die palmerische Küche nicht.

Küche

Essen und Trinken

Tapas

Eine Besonderheit der spanischen Gastronomie sind "tapas", Appetithäppchen, die man gern als Vorspeise oder als Zwischenmahlzeit zu sich nimmt. Viele Bars bieten eine große Auswahl dieser pikanten Kleinigkeiten an: luftgetrockneten Schinken (jamón serrano), Ziegenkäse (queso blanco), Oliven (aceitunas), Kartoffelsalat (ensaladilla), aber auch Delikatessen, die man als große Portion (ración) bestellen kann wie Fleischbällchen (almóndigas), Fleischspießchen (pinchito), Nierengulasch in Sherrysauce (riñones al jerez), gebratene Leber (hígado) und allerlei Fischspezialitäten. In einigen Bars werden zu jedem Getränk ein Schälchen mit Oliven oder Nüssen gratis serviert.
"Tapa" heißt auf deutsch "Deckel": Früher deckte der Kellner bzw. der Wirt das Trinkglas zum Schutz gegen lästige Fliegen mit einem Tellerchen ab und legte oft noch einen Appetithappen drauf.

Kanarische Spezialitäten

Gofio

Gofio ist ein Überbleibsel aus urkanarischen Zeiten, ein traditionelles Nahrungsmittel der Altkanarier. Ursprünglich wurde Gofio aus geröstetem Gerstenmehl hergestellt; da das Brotbacken unbekannt war, stellte dieses Gericht, mit Wasser verknetet und zu kleinen mundgerechten Kugeln gerollt, die wichtigste Ernährungsgrundlage dar. Heute wird das kanarische Nationalgericht, das einem rohen Brotteig ähnelt, hauptsächlich aus Weizen, Mais oder gar Kichererbsen gewonnen. Gofio dient anstelle von Brot als Beilage zu verschiedenen Gerichten, kann aber auch unter Suppen und Saucen gemischt oder für Süßspeisen verwendet werden. Auf keinen Fall darf er gekocht oder gebacken werden, denn sonst benötigt man als Besteck Hammer und Meißel – für die nun zementartige Masse.
Auf Speisekarten wird Gofio nie aufgeführt. Fremde finden meist keinen großen Gefallen an dem recht fade schmeckenden Brei. Doch die Canarios schwören auf ihn: Schließlich enthält er viele Nährwerte und fördere, so die Meinung vieler, die Manneskraft.

Papas arrugadas

Eine weitere kanarische Spezialität sind papas arrugadas (runzlige Kartoffeln). Die in Salzwasser gekochten Pellkartoffeln werden fast zu allen Gerichten serviert. Die Haut, an der sich das Salz als weiße Kruste absetzt, wird nicht abgezogen, sondern mitgegessen.

Mojo

Wie bereits erwähnt, werden palmerische Gerichte ohne Sauce zubereitet. Doch zu fast jedem Mahl wird eine Tunke gereicht: mojo, eine kalte, pikantscharfe Sauce, die das Markenzeichen der typischen kanarischen Hausmannskost ist. Die Grundbestandteile dieser Tunke sind Olivenöl, Essig, Knoblauch und einheimische Kräutergewürze. Es gibt zwei Arten von Mojo-Saucen. Mojo rojo (auch mojo picón genannt) führt fast jede Bar, weshalb sie in der Regel nur mojo heißt. Diese rote Sauce enthält Safran, rote Chili- und Paprikaschoten und kann mitunter ziemlich scharf sein; sie wird meist unaufgefordert zu Fleisch- und Fischgerichten auf den Tisch gestellt. Mojo verde, die grüne Variante, wird mit mehr Gewürzen zubereitet, darunter Petersilie und Korianderkraut, ist weit weniger scharf und wird zu Fisch und Gofio serviert. Mojo wird häufig in einem kleinen Gläschen serviert, in dem das, was man würzen möchte, eingetunkt wird.

Suppen

Suppen (sopas) genießen bei den Palmeros einen hohen Stellenwert. Unterschieden wird zwischen Suppen, die als Appetitanreger für weitere Gerichte dienen, und solchen, die so nahrhaft sind, daß man nach deren Verzehr nichts weiteres mehr zu sich nehmen kann. Fast jedes Lokal bietet sopa de picadillo, eine Rind- bzw. Hühnerbrühe mit Hackfleisch- und Eieinlage, auf der geröstete Weißbrotbröckchen und ein Minzeblatt schwimmen, sowie sopa de garbanzos, eine Kichererbsensuppe, an. Richtige Sattmacher sind sopa de puchero, ein Eintopf aus Fleisch und allerlei Gemüse (der kanarische Eintopf!), sowie sopa de verdura, eine dickliche Gemüsesuppe, auch potaje de verdura, Gemüseeintopf, genannt. Eine

Essen und Trinken

weitere Spezialität ist die sopa de pescado, eine Fischsuppe mit dem unterschiedlichsten Meeresgetier und cazuela de pescado (palmerisch: escaldón), ein Fischschmortopf.	Suppen (Fortsetzung)

Fleisch (carne) wird meist "a la parilla" oder "a la plancha" zubereitet. "Parilla" bedeutet Grill und Grillrestaurant: Das häufig in Knoblauchsauce marinierte Fleisch wird auf dem Holzkohlengrill gegart. Das geläufigste Grillgericht ist Schwein (parilla de cerdo). Bei "a la plancha" brät man das Fleisch mit Öl auf einer großen, blanken Metallplatte. Auf den Speisekarten findet man neben Schwein vorzugsweise Lamm (cordero), Zicklein (cabrito), Kaninchen (conejo), teilweise auch Hähnchen (pollo). — Fleischgerichte

Natürlich wird die Speisekarte auch von Fisch beherrscht. Fisch (pescado) kommt in der Regel wie Fleisch gegrillt oder gebraten auf den Tisch. Die am häufigsten zubereiteten Fischarten sind vieja, ein karpfenähnlicher Papageienfisch, der frisch, aber auch luftgetrocknet serviert wird, sowie merluza (Seehecht) und lenguado (Seezunge). Weiterhin haben die Fischlokale am Meer noch jede Menge calamares (Tintenfisch), gambas (Garnelen), Muscheln sowie allerlei Fischsorten wie Thunfisch und Muräne auf dem Speiseplan. — Fischgerichte

Der für die Kanaren typische Käse ist queso blanco, ein weißer milder Ziegenkäse. Es gibt ihn in der geräucherten, zuweilen auch in der nichtgeräucherten Version. — Käse

Abgeschlossen wird auf La Palma das Essen mit etwas Süßem, am liebsten mit einer richtigen Kalorienbombe: mit einer schweren Torte, einem Mais- oder Obstkuchen, Karamelpudding (flan), Eis (helado). Eine der bevorzugten Nachspeisen auf der Insel ist bienmesabe (deutsch: "Schmeckt der aber gut"), eine geschlagene Mandelcreme mit Ei, Honig und Rum (Vorsicht: sehr süß!). Eine Alternative für solche Dickmacher sind frische Früchte. — Desserts

Getränke

La Palma hat ein eigenes Mineralwasser (agua mineral) von ausgezeichneter Qualität. Es stammt aus der Caldera und wird mit (con gas) und ohne (sin gas) Kohlensäure angeboten. — Mineralwasser

Auf der Urlauberinsel sind zahlreiche importierte Biersorten erhältlich, darunter auch deutsche Biermarken wie Löwenbräu und Krombacher. Die geläufigste spanische Biersorte ist "Dorada", die natürlich frischgezapft (del barril) am besten mundet. — Bier

In den Lokalen wird gern Wein vom spanischen Festland ausgeschenkt, vor allem der leicht erdig schmeckende Rioja. Mittlerweile bieten einige Restaurants auch inseleigenen Wein an: süßen Malvasier aus Fuencaliente und erdigen roten Mazowein sowie dunklen, in Teaholzfässern gelagerten harzigen, schweren Wein aus dem Nordwesten der Insel. Palmerische Weine sind im allgemeinen stärker als die in Deutschland, Österreich und der Schweiz gängigen Tropfen; durchschnittlich haben die Weine von La Palma 11 – 13% Alkohol. — Wein

Auch Kaffee genießt einen hohen Stellenwert, nicht nur als Abschluß einer Mahlzeit. Man trinkt ihn als café solo, (schwarzen Kaffee), als café cortado (mit wenig Milch) oder als café con leche (Milchkaffee). Dieser helle Kaffee wird mangels Filterkaffee gern von Ausländern getrunken. Beliebt ist auch carajillo, ein schwarzer Kaffee mit einem Schuß Brandy oder Rum. — Kaffee

Eine palmerische Spezialität unter den Spirituosen ist der in San Andrés aus Zuckerrohr gebrannte vierzigprozentige Rum (ron). — Rum

Fähren

Fährverkehr von und nach La Palma	Zwischen La Palma und Santa Cruz de Tenerife (Nord-Teneriffa) verkehrt dreimal die Woche ein Fährschiff der staatlichen spanischen Schiffahrtsgesellschaft Compañía Trasmediterránea. Täglich bedient ein Schiff der Schiffahrtslinie Líneas Fred. Olsen die Strecke La Palma – Los Cristianos (Süd-Teneriffa) via La Gomera. Auch ein Schiff der Trasmediterránea fährt diese Route dreimal wöchentlich.
Fährverkehr von und nach Hierro	Täglich verkehrt ein Schiff zwischen Puerto de la Estaca (an der Ostküste von Hierro) und Los Cristianos (Teneriffa) via Gomera. Zwischen La Palma und Hierro gibt es keine Direktverbindung. In San Sebastián de la Gomera muß umgestiegen werden.
Weitere Fährverbindungen	Will man von La Palma oder Hierro aus per Fähre die weiter östlich gelegenen Inseln erreichen, so muß man auf Teneriffa umsteigen; eine Übersicht gibt die Karte.

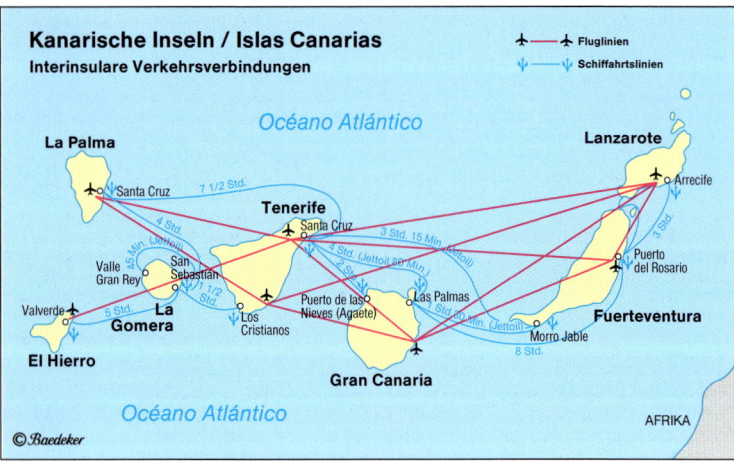

Auskunft und Buchung	In Deutschland: Generalagentur der Trasmediterránea: DER Traffic Emil-v.-Behring-Str. 6 D-60439 Frankfurt am Main Tel. 0 69/95 88 17 71, Fax 0 69/95 88 17 69 Auf La Palma: Compañía Trasmediterránea Calle O'Daly 2, Santa Cruz de la Palma Tel. 9 22 41 24 15 Líneas Fred. Olsen Muelle (am Hafen), Santa Cruz de la Palma Tel. 9 22 41 54 33 Auf Hierro: Compañía Trasmediterránea in Valverde: Tel. 9 22 55 01 29 im Hafen Puerto de la Estaca, Tel. 9 22 55 09 05

Feiertage

1. Januar:	Año Nuevo (Neujahr)	Feiertage mit
6. Januar:	Los Reyes (Dreikönigstag)	feststehendem
19. März:	San José (Josephstag)	Datum
1. Mai:	Día del Trabajo (Tag der Arbeit)	
30. Mai:	Día de las Islas Canarias (Tag der Kanaren)	
25. Juli:	Santiago Apóstol (Apostel Jakobus)	
15. August:	Asunción (Mariä Himmelfahrt)	
12. Oktober:	Día de la Hispanidad (Entdeckung Amerikas)	
1. November:	Todos los Santos (Allerheiligen)	
6. Dezember:	Día de la Constitución (Tag der Verfassung)	
8. Dezember:	Inmaculada Concepción (Mariä Empfängnis)	
25. Dezember:	Navidad (Weihnachten)	

Viernes Santo (Karfreitag) Bewegliche
Día del Corpus (Fronleichnam) Feiertage

Der Feiertagskalender wird Jahr für Jahr von den einzelnen autonomen Hinweis
Regionen Spaniens neu festgelegt, er kann daher geringfügige Abweichungen aufweisen (fällt ein Feiertag beispielsweise auf einen Sonntag, so wird in manchen Fällen der vorangehende Freitag bzw. der darauffolgende Montag zum Feiertag erklärt). Zu den angegebenen gesetzlichen Feiertagen können die Gemeinden zwei weitere örtliche Feiertage bestimmen.

Flugverkehr

Der internationale Flughafen von La Palma (Aeropuerto Internacional de La Flughäfen
Palma) befindet sich an der Ostküste direkt am Meer, 8 km südlich von Santa Cruz. Der nationale Flughafen von Hierro (Aeropuerto Nacional de Hierro) liegt ebenfalls an der Ostküste, 7 km östlich von Valverde.

Die spanische Fluggesellschaft Iberia, Binter Canarias und weitere kleine Interinsulare Flüge
Fluggesellschaften unterhalten einen regelmäßigen Flugverkehr zwischen den einzelnen Kanarischen Inseln. Vom Flughafen auf La Palma gibt es mehrmals täglich – nachmittags in fast stündlichem Turnus – Verbindungen nach Teneriffa (Nordflughafen), nach Gran Canaria bestehen ebenfalls mehrmals täglich Flugverbindungen. Von Hierro bestehen zwei- bis dreimal täglich Flugverbindungen nach Teneriffa, Direktverbindungen nach La Palma gibt es nicht.
Die Flugzeit zwischen den einzelnen Inseln beträgt zwischen 30 und 50 Minuten. Da die Flugpreise relativ niedrig sind, ist das Flugzeug auch bei der einheimischen Bevölkerung ein beliebtes Transportmittel. Vor allem vor Feiertagen empfiehlt sich eine rechtzeitige Flugreservierung.

Calle Apurón 1, Santa Cruz de la Palma Iberia-Büros
Information und Reservierungen: Tel. 902 400 500
Flughafen: Tel. 9 22 44 01 15

Calle Doctor Quintero 4, Valverde (Hierro)
Tel. 9 22 55 02 78

Freizeitparks

Parque Cultural La Zarza y La Zarcita Freilichtmuseen
Fundstellen von Petroglyphen
→ Reiseziele von A bis Z, Garafía

Geld

Freizeitparks (Fortsetzung)	Parque Arqueologico de Belmaco Areal rund um die Cueva de Belmaco mit zahlreichen Felsinschriften → Reiseziele von A bis Z, Mazo
Tierparks	Parque Paraíso de las Aves Vogelpark mit Freiflughalle und Orchideenhaus → Reiseziele von A bis Z, El Paso
	Maroparque Kleiner Park mit exotischen Tieren → Reiseziele von A bis Z, Santa Cruz de la Palma
Parks und Gärten	Palmex Cactus Kakteenpark → Reiseziele von A bis Z, Los Llanos de Aridane
	Pueblo Parque Gartenanlage mit Vorführungen von traditionellem Handwerk, Spielplatz → Reiseziele von A bis Z, Los Llanos de Aridane

Geld

Euro	Der Euro ist in Spanien ebenso wie in Deutschland, Österreich und neun weiteren Ländern der Europäischen Union das offizielle Zahlungsmittel (1 sfr = 0,66 Euro).
Bankomaten	In allen größeren Orten gibt es Bankomaten (telebancos), die mit mehrsprachigen Bedienungshinweisen ausgestattet sind. An ihnen kann man mit der jeweiligen Bankkarte und mit verschiedenen Kreditkarten jeweils in Verbindung mit der Geheimnummer Geld abheben. Bei dem Verlust der Bankkarte wende man sich umgehend an den Zentralen Annahmedienst für Verlustmeldungen in Frankfurt am Main (Tel. von Spanien: 00 49/69/74 09 87; Tag und Nacht besetzt); die Karte wird dann sofort gesperrt.
Kreditkarten	Banken, größere Hotels, Restaurants der gehobenen Kategorien, Autovermieter sowie viele Einzelhandelsgeschäfte akzeptieren die meisten internationalen Kreditkarten.

Geschäftszeiten

→ Öffnungszeiten

Hotels und Apartments

Unterkunftsmöglichkeiten	Auf La Palma stehen den Gästen verschiedene Unterkunftsmöglichkeiten zur Verfügung: Hotels der gehobenen bis einfachen Kategorie (Luxushotels gibt es auf der Insel bislang nicht), darunter auch ein Parador Nacional, ein komfortabel ausgestattetes, staatlich geführtes Hotel, ferner Pensionen und zahlreiche Apartmentanlagen. Auf Hierro gibt es bisher nur wenige Hotels, beste Adresse ist der Parador.
Turismo Rural	Seit einigen Jahren versucht man unter dem Stichwort "Turismo Rural" den Tourismus auf dem Land zu fördern. Alte und verfallene Fincas, Bauern- und Herrenhäuser werden mit staatlichen Zuschüssen restauriert und in angenehme Ferienunterkünfte umgewandelt. Auf La Palma und auch

Hotels und Apartments

Hierro gibt es mittlerweile eine Vielzahl solcher hübsch gelegener Unterkünfte. Man kann sie über verschiedene Reiseveranstalter buchen oder wendet sich zwecks Übersendung eines Katalogs und Buchung an Karin Pflieger (Lohkoppelweg 26, 22529 Hamburg, Tel. 040/5 60 44 88, Fax 040/5 60 44 88, www.la-palma-turismo-rural.de), die die Vermittlung von Ferienhäusern im Auftrag einheimischer Eigentümer übernimmt.

Turismo Rural (Fortsetzung)

In Spanien sind Hotels und Apartmentanlagen in verschiedene Kategorien eingeteilt: An die Hotels werden Sterne vergeben, an die Apartmentanlagen Schlüssel. Die Bewertungsskala reicht vom Luxushotel (5 Sterne) bis zum Hotel bzw. Hostal oder Pensión für bescheidene Ansprüche (1 Stern), vom komfortablen Drei-Schlüssel-Apartment bis zur einfacher ausgestatteten Ein-Schlüssel-Wohnung. Allerdings orientiert sich diese Einteilung an den Einrichtungen einer Unterkunft, nicht an der Qualität von Service und Verpflegung. So muß ein Drei-Sterne-Hotel nicht unbedingt schlechter sein als ein Vier-Sterne-Haus.

Kategorien

Die Hotelpreise variieren je nach Jahreszeit erheblich. Für ein Doppelzimmer mit Frühstück bezahlt man in den komfortabelsten Hotels auf La Palma und Hierro in der Hauptsaison bis über 200 Euro, ein Ein-Sterne-Haus vermietet Doppelzimmer ab 30 Euro. Preiswerter ist es meist, die Hotelunterkunft pauschal zu buchen, und zwar als Halb- oder Vollpension.

Preise

Die beiden bedeutendsten touristischen Zentren auf La Palma sind Los Cancajos (südlich von Santa Cruz) sowie Puerto Naos an der Westküste. Daneben gibt es eine Vielzahl von reizvoll gelegenen Unterkünften auf dem Land (siehe Turismo Rural) sowie Hotels in den größeren Orten, in Santa Cruz de la Palma und Los Llanos de Aridane.
Zu Weihnachten und Ostern sollte man rechtzeitig buchen; außerhalb der Hochsaison sind Unterkünfte leicht zu bekommen.

Ferienzentren

Hotels und Apartments auf La Palma

**** La Palma Romántica
E-38726 Barlovento, Tel. 9 22 18 62 21, Fax 9 22 18 64 00
Etwa 1 km außerhalb von Barlovento steht inmitten einer schönen grünen Hügellandschaft in 600 m Höhe dieses komfortable Hotel. Die 41 Zimmer sind ansprechend und freundlich ausgestattet, für Abwechslung ist durch Restaurant, Cafeteria, Bar, Fitneßraum, Tischtennis, Sauna, Solarium, Massage, Kegelbahn, Außen- und Innenpool mit Whirlpool gesorgt. Das Haus ist ein geeigneter Aufenthaltsort für Wanderer und Individualisten. Man sollte jedoch wissen, daß der Nordosten von La Palma besonders den Einflüssen des Passats ausgesetzt ist. Tage mit Nebel sind hier auch im Sommer möglich. Es kann empfindlich kühl werden!

Barlovento

Apartamentos Miranda (1 Schlüssel)
Cuatro Camino, E-38701 Breña Alta, Tel. und Fax 9 22 43 42 95
Die acht stilvoll eingerichteten Zwei-Personen-Apartments (alle mit Balkon oder Terrasse) sind ruhig gelegen, umgeben von einem schönen Garten. Von dieser Anlage, in der sich auch ein Schwimmbad und ein Grillplatz befinden, hat man einen herrlichen Blick auf Breña Baja und das Meer.

Breña Alta

Parador de La Palma
El Zumacal, E-38712 Breña Baja, Tel. 9 22 43 58 28, Fax 9 22 43 59 99
Der 1999 oberhalb von Santa Cruz inmitten einer herrlichen Parkanlage eröffnete Parador strahlt Gediegenheit aus. Herrlich verweilen lässt es sich im Patio des Haupthauses in gemütlichen Korbsesseln. Dominierender Farbton der 78 elegant ausgestatteten Zimmer ist Grün. Von der zugehörigen Terrasse hat man Meerblick, bei guter Sicht sieht man in der Ferne den Teide. Abgerundet wird das Urlaubserlebnis durch eine gute Küche, auch traditionelle palmerische Gerichte stehen auf der Karte.

Breña Baja

Hotels und Apartments

El Paso Apartamentos Hermosilla (1 Schlüssel)
Paso del Abajos 5, E-38750 El Paso, Tel. und Fax 9 22 48 57 41
Die kleine Terrassenanlage mit fünf Zwei-Personen-Bungalows findet man etwa auf halber Strecke zwischen El Paso und Los Llanos (an der alten Verbindungsstraße). Der Komplex ist sehr ruhig gelegen und verfügt über einen kleinen Swimmingpool, eine Sonnenterrasse und einen Grillplatz.

Fuencaliente ** Apartamentos y Pensión Los Volcanes
Carretera General 72, E-38730 Fuencaliente, Tel. 9 22 44 41 64
Die kleine preiswerte Pension an der Durchgangsstraße vermietet fünf Zimmer und drei Apartments. Alle Wohneinheiten sind klein, jedoch sauber, freundlich und hell.

Los Cancajos **** Hotel Taburiente Playa
E-38712 Breña Baja, Tel. 9 22 43 43 48, Fax 9 22 43 45 10
Allzu attraktiv wirkt das 1996 eröffnete Hotel auf den ersten Blick nicht. Die 293 Zimmer sind jedoch geschmackvoll eingerichtet und komfortabel ausgestattet; die meisten von ihnen gewähren einen herrlichen Blick aufs Meer. Die fünfstöckige Unterkunft der Partner-Hotelkette bietet den Gästen u.a. ein Restaurant, Sauna und Massage, einen Fitneßraum, zwei Swimmingpools (einer ist im Winter beheizt), weitläufige Gartenanlagen, mehrmals wöchentlich Live-Musik und weitere Veranstaltungen am Abend.

Hacienda San Jorge (3 Schlüssel)
E-38712 Breña Baja, Tel. 9 22 43 40 75, Fax 9 22 43 45 28
Beim Bau der vom kanarischen Künstler Facundo Fierro entworfenen Apartmentanlage (mit 155 Wohneinheiten) wirkten Naturschützer mit. Der großzügige Park- und Gartenkomplex ist ca. 200 m vom Strand entfernt. Die Anlage besteht aus mehreren zweistöckigen Reihenhäusern mit Wohnungen für ein bis drei Personen; der Haupttrakt ist fünfstöckig und bietet

Eine der schönsten Ferienunterkünfte auf La Palma:
Hacienda San Jorge in Los Cancajos

Hotels und Apartments

eine wunderschöne Aussicht auf Santa Cruz, das Meer und die Berge. Im Garten steht den Gästen ein Swimmingpool zur Verfügung.

Los Cancajos (Fortsetzung)

Costa Salinas (3 Schlüssel)
E-38712 Breña Baja, Tel. 9 22 43 43 48, Fax 9 22 43 45 10
Die Wohnanlage (140 App.) liegt direkt am Meer, 300 m vom Sandstrand entfernt. Fast alle Apartments gewähren Meerblick. Bis zur Hauptstadt der Insel sind es fünf Autominuten.

*** Valle Aridane
Glorieta Castillo Olivares, E-38760 Los Llanos de Aridane
Tel. 9 22 46 26 00, Fax 9 22 40 10 19
Stadthotel mit 42 zweckmäßig ausgestatteten Zimmern. Von der Dachterrasse, wo das Hotel auch eine Bar unterhält, hat man einen schönen Blick auf den Eingang der Caldera de Taburiente.

Los Llanos de Aridane

La Palma Jardín (3 Schlüssel)
Urbanización Celta, E-38760 Los Llanos de Aridane
Tel. 9 22 46 35 67, Fax 9 22 46 13 16
Die oberhalb von Los Llanos nahe der Hauptstraße nach El Paso ruhig gelegene Anlage beherbergt in einem parkähnlichen Garten 24 Apartment-Häuschen, die eine Hälfte davon für ein oder zwei Personen, die andere für bis zu vier Personen.

* Hotel Eden
Plaza de España, E-38760 Los Llanos de Aridane
Tel. 9 22 46 01 04, Fax 9 22 46 01 83
Das Hotel (18 Zimmer), ein vierstöckiger Bau (ohne Aufzug!), liegt mitten im Herzen der Altstadt. Guter Ausgangspunkt für Wanderungen in die Caldera. Die Caféterrasse vor dem Haus ist beliebter Treffpunkt von deutschen Dauergästen und Urlaubern.

* Casa de Huéspedes El Drago
Carretera General 8, E-38750 Los Sauces, Tel. 9 22 45 03 50
Die vierstöckige Pension mit zwölf Zimmern, am Ortsausgang in Richtung Santa Cruz, ist die einzige Herberge im Ort. Zweckmäßig eingerichtete, saubere und preiswerte Zimmer, die aber keine Ruhe versprechen: Die Räume liegen über einer Bar, und das Haus befindet sich direkt an einer viel befahrenen Straße.

Los Sauces

Casa Salazar
Reservierung: über Asociación Turismo Rural (s. S. 142)
Das Landhaus, ein früheres Herrenhaus aus dem 16. Jh., präsentiert sich im schlichten Stil der ländlichen Kanaren. Besonderheiten der Herberge: dicke Mauern und das wohlriechende, jahrhundertealte Teaholz. Die Hausbesitzerin vermietet vier Zimmer und weist ihre Gäste gern in die Techniken der kanarischen Töpferkunst ein.

Mazo

**** Sol Elite La Palma
E-38760 Los Llanos, Tel. 9 22 40 80 00, Fax 9 22 40 80 14
Das Vier-Sterne-Hotel liegt direkt am Meer, am südlichen Ortsrand von Puerto Naos (über die hübsche Strandpromenade erreicht man das Zentrum in wenigen Minuten). Die Anlage besteht aus einem fünfstöckigen Hotel (307 Z.) und aus drei dreistöckigen Apartmentgebäuden (3 Schlüssel) mit 165 Apartments. Es gibt ein Restaurant, eine Einkaufspassage, einen kleinen Supermarkt, zwei Swimmingpools (davon einer beheizt), einen Kinderspielplatz sowie Sport- und Unterhaltungsprogramme. Mit über 1000 Betten ist die Anlage das größte Ferienzentrum der Insel.

Puerto Naos

*** Hotel Marítimo
Avda. Marítima 80, Apartado 361, E-38700 Santa Cruz de la Palma
Tel. 9 22 42 02 22, Fax 9 22 41 43 02

Santa Cruz de la Palma

Hotels und Apartments

Ein Ziel für Ruhesuchende: Der Parador Nacional El Hierro steht an einer einsamen Bucht, weitab des nächsten Ortes.

Santa Cruz de la Palma (Fortsetzung)

Die besten der insgesamt 69 Zimmer befinden sich in den beiden oberen Stockwerken (mit Meerblick). Wenn es hier mit einer Unterkunft nicht klappen sollte, kann man es nebenan versuchen: Das Drei-Sterne-Hotel Avenida in der Straße Castillete 14 und das Marítimo gehören zusammen (identische Telefon- und Faxnummer). Auch hier haben einige Zimmer Meerblick. Ein paar Räume sind schwerbehindertengerecht ausgestattet.

** Pensión Cubana
Calle O'Daly 24, E-38700 Santa Cruz de la Palma
Tel. und Fax 9 22 41 13 54
Untergebracht ist die preiswerte Pension (8 Zimmer) in einem Anfang des 19. Jh.s erbauten Haus in der Fußgängerzone. Die Zimmer sind einfach, mit schweren Holzmöbeln eingerichtet. Es gibt zwei zentrale Bäder. Ruhige Nächte versprechen die Räume zum Patio hin.

Hotels und Apartments auf El Hierro

Frontera

** Hotel Punta Grande
Las Puntas 2, E-38911 Frontera, Tel. und Fax 9 22 55 90 81
Dieses Hotel befindet sich noch näher am Meer als der Parador (nicht 3, sondern nur 2 m Entfernung, wie in Prospekten gern hervorgehoben wird!): Es liegt auf einer Landzunge, direkt an der Steilküste. Dank seiner Größe (4 Zimmer) fand das Haus Eingang in das Guinness-Buch der Rekorde: als kleinstes Hotel der Welt. Zur Herberge gehören fünf Apartments.

La Restinga

** Pensión Kai Marino
Puerto de La Restinga, E-38915 Frontera, Tel. und Fax 9 22 55 70 34
Diese kleine Pension am Hafen ist eine der beliebtesten Unterkunftsadressen im südlichsten Ort der Insel, sieben Zimmer werden vermietet.

*** Parador Nacional El Hierro
Carretera General Las Playas 26, E-38900 Valverde
Tel. 9 22 55 80 36, Fax 9 22 55 80 86
Das Luxushotel (47 Zimmer) ist im klassischen spanischen Stil errichtet und mit weißem Kalk und braunem Holz ausstaffiert. Die Zimmer sind rustikal-elegant eingerichtet und gewähren einen herrlichen Meerblick. Die Küche des hoteleigenen Restaurants kann empfohlen werden.

Hotels auf Hierro (Fortsetzung)
Las Playas

** Hotel Boomerang
Calle Doctor Gost 1, E-38900 Valverde
Tel. 9 22 55 02 00, Fax 9 22 55 02 53
Das wohl beste Hotel der Hauptstadt (17 Zimmer) ist ruhig gelegen, in der Nähe des Kirchplatzes. Die Zimmer sind hell und sauber. Von der oberen Etage hat man einen schönen Blick aufs Meer.

Valverde

Internet

→ Auskunft

Kleidung

Auf alle Fälle gehört ein Sonnenschutz für Kopf und Haut ins Gepäck. La Palma liegt nun mal näher am Äquator – die Sonnenstrahlen treffen den Kopf viel steiler. Daher: Sonnencreme mit hohem Lichtschutzfaktor, Kopfbedeckung (in Form eines Hutes oder eines Tuches) und Sonnenbrille mitnehmen.
Für einen Badeurlaub genügt in den Sommermonaten leichte Sommerkleidung. Da sich der schwarze Lavasand an den Stränden durch die Sonnenstrahlen zuweilen enorm aufheizt, sollte man auch Badeschuhe im Gepäck haben oder in einem Geschäft vor Ort erstehen.
Meist bleibt es auf La Palma nicht bei einem reinen Badeurlaub, man läßt sich von den Schluchten und Wäldern der Insel sicher zu einer oder mehreren Wanderungen verführen. Daher ist die Mitnahme von Schuhwerk mit Profilsohle empfehlenswert. Auch ein Regenschutz (z.B. ein Anorak) und warme Kleidung (Pullover, Sweatshirt) dürfen nicht vergessen werden; schon in Höhenlagen ab 300 m kann es auch im Sommer abends mitunter ziemlich kühl werden.
Zur Kleiderordnung: Allzu freizügig, z.B. in Badekleidung, sollte man nicht auf der Insel herumreisen. Der Besuch von Kirchen in kurzen Hosen und schulterfreien Kleidern wird nicht gern gesehen.

Konsulate

Avenida Marítima 66 (Eingang Calle Jorge Montero)
Santa Cruz de la Palma
Tel. 9 22 42 06 89
Sprechzeiten Mo. – Fr. 10.00 – 13.00 Uhr

Deutschland

Calle de los Balcones 8
Las Palmas de Gran Canaria
Tel. 9 28 33 40 65, Fax 9 28 76 22 60

Österreich

Edificio Juan XXIII
Calle Domingo Rivero
Las Palmas de Gran Canaria
Tel. 9 28 29 34 50, Fax 9 28 29 00 70

Schweiz

Kraftstoff

Benzin und Diesel	Auf La Palma und El Hierro sind bleifreies (sin plomo) Normal- und Superbenzin sowie Diesel erhältlich. Die Preise liegen unter den in Mitteleuropa üblichen.
Tankstellen	Tankstellen (gasolineras) gibt es auf La Palma in allen größeren Ortschaften. Die meisten Tankstellen schließen um 20.00 oder 22.00 Uhr und haben sonn- und feiertags geschlossen. Rund um die Uhr geöffnet sind Tankstellen bei Santa Cruz sowie an der Schnellstraße nach Los Llanos. Auf La Palma und Hierro ist Selfservice noch nicht üblich: Man bleibt im Wagen sitzen, reicht dem Tankwart die Schlüssel durch das Fenster. Volltanken heißt "lleno, por favor".

Kriminalität

Anders als die großen Ferieninseln Teneriffa und Gran Canaria haben La Palma und Hierro nur eine sehr geringe Kriminalitätsrate. Bei den Verbrechen auf La Palma handelt es sich in erster Linie um Beschaffungskriminalität von Drogensüchtigen (Autoeinbrüche und Einbrüche in abgelegene Ferienhäuser). Daher sollte man die auch anderswo üblichen Vorsichtsmaßnahmen beherzigen: Bei Verlassen der Unterkunft Türen und Fenster schließen, keine Wertsachen im Fahrzeug zurücklassen, größere Bargeldsummen, Schmuck und andere Wertgegenstände möglichst im Hotelsafe deponieren etc.

Literaturempfehlungen

Unterhaltungsliteratur	Harald Braem, Tanausu – der letzte König der Kanaren, München 1991 In seinem Roman erzählt Harald Braem (geb. 1944), Schriftsteller und Professor für Kommunikation und Design an der Fachhochschule Wiesbaden, von der Eroberung La Palmas durch die Spanier im Jahr 1492 und vom letzten Verzweiflungskampf der Ureinwohner und deren Niederlage. Im Buch "Der Kojote im Vulkan" stellte derselbe Autor eine Sammlung von Märchen und Mythen der Kanarischen Inseln zusammen (Edition Orient).

J. M. Castro, S. Eigen, W. Göbel, La Palma. Die Canarische Insel, Essays über Land und Leute, Konkursbuchverlag, Tübingen 1985
Zweisprachige Texte (deutsch/spanisch): Anekdoten und Geschichten aus der Vergangenheit und Gegenwart La Palmas.

Gerhard Nebel, Phäakische Inseln. Eine Reise zum Kanarischen Archipel, Stuttgart 1965
In humorvoller Weise schildert Nebel seine Eindrücke von einer in den fünfziger Jahren durchgeführten Reise auf den Kanarischen Archipel.

Harald Körke, Noch ein verdammter Tag im Paradies, Konkursbuchverlag, Tübingen 1988
Humorvoll verfaßte Kurzgeschichten über Aussteiger und andere Personen auf La Palma, wie auch in seinen beiden anderen Werken "Beutels Fiesta" und "Liebe auf Papaya" vorkommen. Mit seinem Sarkasmus muß er irgendwo angeeckt sein: Ihm wurden zwei Landhäuser abgefackelt. Körke verließ die Insel auf Nimmerwiedersehen.

Oskar Rabsch, Tazacorte, Konkursbuchverlag, Tübingen 1989
Zynischer Roman über das Los von Aussteigern an der Westküste La Palmas. Die Handlung spielt in der Vergangenheit, Gegenwart und Zukunft.

Märkte

Baron Jean-Baptiste Georges Marie Bory de Saint Vincent, Geschichte   Sachbücher
und Beschreibung der Kanarien-Inseln (Neuausgabe: Graz 1970)
Erlebnisse des französischen Barons Bory de Saint Vincent (1780 – 1846).
Seine Forschungsreisen zwischen 1798 und 1802 führten ihn auch auf die
Kanaren.

Harald und Marianne Braem, Kanarische Inseln. Auf den Spuren atlantischer Völker, Knaur 1988
Einführung in die Kultur der Altkanarier und die ihnen zugeschriebenen Petroglyphen.

Günther Kunkel, Die Kanarischen Inseln und ihre Pflanzenwelt
Stuttgart, Jena, New York 1993 (3. Aufl.)
Standardwerk zur Botanik der Kanaren: Vollständiges Inventar der kanarischen Pflanzen, allerdings in der botanischen Terminologie abgefaßt und daher nur etwas für botanisch Vorgebildete.

Leonardo Torriani, Die Kanarischen Inseln und ihre Urbewohner. Eine unbekannte Bilderhandschrift vom Jahre 1590 (neu herausgegeben von D. J. Wölfel, Leipzig 1940)
Beobachtungen des italienischen Ingenieurs und Festungsbaumeisters Leonardo Torriani (1560 – 1628), der sich zwischen 1582 und 1597 auf den Kanaren aufhielt.

Klaus u. Annette Wolfsperger, La Palma. Rother Wanderführer, München   Wanderführer
1997 (4. Aufl.)
40 Tourenvorschläge durch die schönsten Regionen der Insel. Kartenausschnitte erleichtern die Orientierung.

Märkte

Markthallen
In Santa Cruz de la Palma und in Los Llanos deckt man sich am besten in den Markthallen der Städte mit Frischwaren ein (→ Reiseziele von A bis Z, jeweiliges Stichwort). Sie sind jeden Vormittag – mit Ausnahme von Sonn- und Feiertagen – geöffnet.

Blumenmarkt
Freitags und samstags findet man vor der Markthalle von Santa Cruz ein üppiges Angebot an Topf- und Schnittpflanzen.

Bauernmärkte
Großes Besucherinteresse erfahren allwöchentlich am Wochenende die Bauernmärkte von Mazo und Puntagorda. Im Angebot sind neben Frischwaren auch selbstgemachte Marmeladen, Obstweine, Wein und vieles mehr (→ Reiseziele von A bis Z, Mazo und Puntagorda).

Vor der Markthalle in Santa Cruz findet zweimal wöchentlich ein bunter Blumenmarkt statt.

Jeden ersten Sonntag im Monat findet in Santa Cruz von 9.00 bis 15.00   Flohmarkt
Uhr ein Flohmarkt statt. Auch in Los Llanos wird regelmäßig ein Flohmarkt veranstaltet.

Mietwagen

Mietwagen

Allgemeines	Auf La Palma gibt es ein dichtes Mietwagennetz. Autovermietungen ("Alquiler de coches" auf spanisch, "Rent-a-car" auf englisch) gibt es in allen größeren Städten. Auch auf Hierro (am Flughafen, in Valverde und Frontera gibt es Autovermietungen). Sinnvoll ist es, ggf. schon vom Heimatland aus ein Auto zu mieten und an den Flughafen bringen zu lassen. Im Vergleich zu Deutschland, Österreich und der Schweiz sind Mietautos auf La Palma und Hierro relativ günstig. Die Mietverträge werden in der Regel mit unbegrenzter Kilometerzahl abgeschlossen. Vollkasko-Versicherungen sind unbedingt empfehlenswert. Wer einen Wagen mieten möchte, darf nicht jünger als 21 Jahre sein und muß mindestens ein Jahr im Besitz des Führerscheins sein.
Reservierung in Deutschland	Avis: Tel. 01 80/5 55 77 europcar: Tel. 01 80/5 22 11 22 Hertz: Tel. 01 80/5 33 35 35
Reservierung in Österreich	Avis: Tel. 06 60/87 57 europcar: Tel. 01/7 99 61 76 Hertz: Tel. 01/7 95 32
Reservierung in der Schweiz	Avis: Tel. 01/2 98 33 33 europcar: Tel. 01/8 13 65 66 Hertz: Tel. 01/7 30 10 77 und 7 30 38 30

Museen

Freilichtmuseum	Parque Cultural La Zarza y La Zarcita → Reiseziele von A bis Z, Garafía, Umgebung Eine der interessantesten Fundstellen von Petroglyphen wurde zum Kulturpark erklärt. Ein Rundgang führt durch das Gelände, dem ein kleines Besucherzentrum angeschlossen ist.
Naturkunde	Centro de Visitantes → Reiseziele von A bis Z, El Paso Im Besucherzentrum des Caldera-Nationalparks erhält man Informationen zu Flora und Fauna, Inselgeschichte, Entwicklung, Geologie und Klima.
Volkskunde	Casa Luján → Reiseziele von A bis Z, Puntallana Originalgetreu restauriertes und möbliertes Landhaus. Casa de Jorós → Reiseziele von A bis Z, Santa Cruz de la Palma Restauriertes Stadthaus. Ausstellung und Verkauf von Kunsthandwerksgegenständen.
Geschichte, Heimatmuseum	Museo Insular → Reiseziele von A bis Z, Santa Cruz de la Palma Inselmuseum im restaurierten Franziskanerkloster.
Schiffsmuseum	Museo Naval → Reiseziele von A bis Z, Santa Cruz de la Palma Exponate zur Schiffahrt in der "Santa-María-Nachbildung".
Kirchenmuseum	Santuario de Nuestra Señora de las Nieves → Reiseziele von A bis Z, Santa Cruz de la Palma, Umgebung Kleines Museum bei der Kapelle mit sakralen Exponaten.

Kunstausstellungen finden u.a. laufend in den Casas de la Cultura jeder Gemeinde, in den Ausstellungsräumen der Caja Canarias, in den Casinos von Los Llanos de Aridane und Santa Cruz de la Palma statt.

Casa Massieu
→ Reiseziele von A bis Z, Los Llanos de Aridane, Umgebung
Kleine Ausstellung von Kunsthandwerk in einem schön restaurierten Herrenhaus an der Plaza von Argual.

El Molino
→ Reiseziele von A bis Z, Mazo
Verkaufsausstellung moderner, nach altkanarischen Vorbildern gefertigter Keramik; kleine Sammlung original altkanarischer Keramik.

Öffnungszeiten

Museen (Fts.) Kunstausstellungen

Kunsthandwerksausstellung

Nachtleben

Sofern man auf La Palma überhaupt von Nachtleben sprechen kann, findet es nur in den beiden großen Städten Santa Cruz und Los Llanos statt sowie in den Touristenzentren Los Cancajos und Puerto Naos, wo es sich ausschließlich in Diskotheken bzw. Hotelbars abspielt.

Notrufe

Tel. 112

Zentralruf

Unter dieser Notrufnummer erreicht man Arzt, Feuerwehr und Polizei. Anrufe werden rund um die Uhr in vier Sprachen (spanisch, deutsch, englisch und französisch) entgegengenommen.

ACE-Notrufzentrale Stuttgart
Kranken- und Fahrzeugrückholdienst
Telefon aus Spanien: 00 49/18 02/34 35 36

Notrufdienste in Deutschland

ADAC-Notrufzentrale München
Telefon aus Spanien:
00 49/89/22 22 22 (Beratung nach Unfällen u.ä.)
00 49/89/76 76 76 (Ambulanzdienst und Telefonarzt)

DRK-Flugdienst Bonn
Telefon aus Spanien:
00 49/2 28/23 00 23

Deutsche Rettungsflugwacht Stuttgart
Telefon aus Spanien:
00 49/7 11/70 10 70

Öffnungszeiten

Mo.–Fr. 9.00–13.00 und 16.00–20.00, Sa. 9.00–13.00 Uhr.

Apotheken

Mo.–Sa. 9.00–13.00 oder 14.00 Uhr (in den Monaten Juni bis September sind die meisten Banken samstags geschlossen).

Banken

Die meisten Geschäfte sind Mo.–Fr. 9.00–13.00 und 16.00–20.00, Sa. 9.00–13.00 Uhr geöffnet. An Sonn- und Feiertagen haben in Los Cancajos sowie in Puerto Naos mitunter Souvenirläden geöffnet.

Geschäfte

Polizei

Öffnungszeiten (Fts.); Kirchen	Die Kirchen sind in der Regel zu den Messen, meist aber auch am Vor- und späten Nachmittag geöffnet.
Museen	Einheitliche Öffnungszeiten gibt es nicht; → Reiseziele von A bis Z, unter dem jeweiligen Ortsnamen.
Postämter	Mo.–Fr. 9.00–14.00, Sa. 9.00–13.00 Uhr.
Tankstellen	→ Kraftstoff

Polizei

Die Polizei ist (in ganz Spanien) in drei Bereiche gegliedert:

Guardia Civil	Die Guardia Civil (dunkelgrüne Uniform) stellt die Kriminal- und Verkehrspolizei. Sie ist u.a. für Verkehrsunfälle und die Aufklärung von Verbrechen verantwortlich. Traditionsgemäß gehören ihr Spanier aus jeweils anderen Landesteilen an (Santa Cruz: Tel. 9 22 41 11 84, in Los Llanos de Aridane: Tel. 9 22 46 09 90).
Policía Local	Die Verkehrspolizei (Policía Local, früher Policía Municipal; blaue Uniform), die auch für allgemeine Ordnungsaufgaben zuständig ist, versieht in größeren Ortschaften Dienst. Im Gegensatz zur Guardia Civil rekrutiert sie sich aus Einheimischen (Santa Cruz: Tel. 9 22 41 11 50, Los Llanos de Aridane: Tel. 9 22 46 03 97).
Policía Nacional	Diese Polizeieinheit (blaue Uniform) ist in erster Linie für die Paßkontrollen, Aufenthalts- und Arbeitsgenehmigungen zuständig sowie für Raub und Einbruch (Tel. 9 22 41 12 37).

Post

Postsendungen	Alle auf den Kanaren aufgegebenen Briefe und Karten werden per Luftpost befördert; bis Mitteleuropa sind sie mindestens fünf Tage unterwegs. Das Porto beträgt für Karten (postales) und Briefe (cartas) bis 20 Gramm innerhalb Europas 0,50 Euro. Briefmarken (sellos) erhält man beim Kartenkauf in Andenkenläden oder bei der Post.
Briefkästen	Die Briefkästen in Spanien sind gelb.
Post- und Telegrafenämter	Die Post- und Telegrafenämter (Correos y Telégrafos) sind Mo. – Fr. 9.00 bis 14.00 und Sa. 9.00 – 13.00 Uhr geöffnet. Man kann hier Telegramme und Telefaxe aufgeben, kann jedoch von den Postämtern aus nicht telefonieren (→ Telefon).

Reisedokumente

Personalpapiere	Einreisende aus EU-Staaten und der Schweiz benötigen einen gültigen Personalausweis oder Reisepaß. Diesen Ausweis sollte man während des ganzen Aufenthaltes auf der Insel immer mit sich führen, denn in Spanien herrscht Ausweispflicht. Kinder unter 16 Jahren müssen einen Kinderausweis besitzen oder im Paß der Eltern eingetragen sein.
Fahrzeugpapiere	Nationaler Führerschein und Kraftfahrzeugschein werden anerkannt und sind mitzuführen; bei Schadensfällen wird die Internationale Grüne Versicherungskarte verlangt.

Restaurants

Wer Haustiere (Hund, Katze) auf die Kanarischen Inseln mitnehmen will, benötigt für diese ein amtstierärztliches Gesundheitszeugnis, das höchstens zwei Wochen alt sein darf, sowie eine Bestätigung der Tollwutimpfung in deutscher und spanischer Sprache. Die Impfung muß mindestens 21 Tage zurückliegen, darf aber nicht länger als zwölf Monate vor der Einreise vorgenommen worden sein.

Reisedokumente (Fortsetzung)
Haustiere

Reisezeit

Auf La Palma und Hierro, wie auch auf den anderen Kanarischen Inseln, herrscht das ganze Jahr über ein weitgehend ausgeglichenes Klima mit angenehm milden Temperaturen, die je nach Jahreszeit nur um rund 6 bis 8 °C schwanken (→ Zahlen und Fakten, Klima). Baden kann man das ganze Jahr hindurch. Insofern sind La Palma und Hierro vor allem in den Monaten November bis April ein attraktives Urlaubsziel für sonnenhungrige Mittel- und Nordeuropäer; berücksichtigen sollte man allerdings, daß es in dieser Jahreszeit an den Ostküsten zu starken Wolkenbildungen und Regenfällen kommen kann, während die Süd- bzw. Westseiten der Inseln sonnensicherer sind. Festlandspanier dagegen reisen gern in den Sommermonaten auf die Inseln.

Für einen Wanderurlaub eignen sich am besten die Frühjahrsmonate, wenn sich die Pflanzenwelt in ihrer ganzen Blütenpracht zeigt, und die Herbstmonate Oktober/November, wenn die Luft- und Wassertemperaturen noch sommerlich mild sind.

Restaurants

Auf La Palma und Hierro gibt es eine Vielzahl von "Restaurantes" und "Bares". Doch das kulinarische Angebot der Restaurants wird, von ganz wenigen Ausnahmen abgesehen, Feinschmecker nicht gerade in Verzückung geraten lassen. Denn was in den Lokalen auf den Tisch kommt, ist meist bodenständige, deftige, einfache Kost (→ Essen und Trinken). Daneben existieren noch von Ausländern geführte Restaurants, wo italienische, chinesische, aber auch deutsche Küche geboten wird.

Auswahl

Die meisten "Restaurantes" auf La Palma und Hierro entsprechen nach mitteleuropäischer Vorstellung gutbürgerlichen Gaststätten. Restaurants gehobeneren Zuschnitts findet man bis auf vereinzelte Ausnahmen nur in namhaften Hotels. In einer "Bar", vergleichbar mit einer Kneipe, kann man etwas auf den kleinen Hunger tun: Hier gibt es meist eine große Auswahl an Tapas, also an pikanten Appetithäppchen, bestehend aus Fleisch, Fisch, Wurst, Käse, Schinken etc., die man in der Regel an der Theke zu sich nimmt. Ein "Bar-Restaurante" ist ein Mittelding zwischen "Bar" und "Restaurante": An der Theke werden Getränke und Tapas serviert, an den Tischen Gerichte und Menüs.

Kategorien

Das Mittagessen nimmt man normalerweise gegen 14.00 Uhr ein, das Abendessen gegen 21.00 Uhr.

Essenszeiten

In fast allen Restaurants sind die Gerichte auf der Speisekarte auch auf Deutsch erklärt. In ländlichen Lokalen kann es allerdings passieren, daß es gar keine Speisekarte gibt. Hier empfehlen die Wirtsleute bzw. das Personal die Spezialitäten des Hauses persönlich, bei Verständigungsproblemen wird der Gast meist in die Küche geleitet, um sich dort die vorbereiteten Speisen anzusehen.

Speisekarte, Rechnung

Einzelabrechnungen, auch bei Gruppenessen, sind unüblich. Am einfachsten ist es, den Rechnungsbetrag anschließend auseinanderzudividieren. Im Gesamtpreis sind zwar Bedienung, Gedeck und Steuern inbegriffen,

Restaurants

Rechnung
(Fortsetzung)

doch sollte man aufmerksamen Service mit 5 – 10% des Rechnungsbetrages honorieren.

Beschwerden

Ebenso wie Hotels und andere Betriebe müssen Restaurants und Bars ein "Libro de reclamaciones" auslegen, das dem Gast Einblick in die vom Fremdenverkehrsministerium genehmigte Preisliste gewährt. Ferner sind die Lokale verpflichtet, auf Wunsch Beschwerdeformulare ("Hojas de reclamaciones") auszuhändigen. Auf diesen Formularen können Beanstandungen auch in deutscher Sprache angegeben werden. Kontrolliert wird das Beschwerdebuch von den Ordnungsbehörden, die im Wiederholungsfall auch drastische Maßnahmen ergreifen. Zuerst einmal sollte man aber versuchen, die Dinge mit dem Personal bzw. den Inhabern des Lokals zu klären.

Restaurants auf La Palma

Barlovento

La Gaviota
Piscinas de la Fajana, Tel. 9 22 18 60 99
Von "La Gaviota" (Die Möwe) hat man einen herrlichen Blick über die Felsküste. Das Restaurant bei den Naturschwimmbecken von La Fajana ist aus Lavasteinen erbaut und innen hübsch eingerichtet. Fisch, Meeresfrüchte und Paellas, aber auch Fleisch und Nudelgerichte.

Breña Alta

Tres Chimeneas
Carretera de la Cumbre (an der Straße von Santa Cruz nach Los Llanos, auf der Höhe des alten Flughafens), Tel. 9 22 41 12 84
Rustikales Landhaus. Sehr gepflegte Küche mit kanarischen Spezialitäten (Fleisch, Fisch, aber auch viele vegetarische Gerichte), die leicht von der englischen Küche inspiriert sind. Vor allem bei den Nachspeisen kommt die englische Note zum Ausdruck (die Ehefrau des Wirtes ist Britin). Das Lokal gilt als eines der besten der Insel. Reservierung empfehlenswert.

Strandbar "7 Islas" in El Remo: Es gibt kaum einen besseren Ort auf La Palma, um bei schönem Wetter (!) den Sonnenuntergang zu genießen.

El Paso:
La Cascada
Carretera General de la Cumbre 22, Tel. 9 22 48 57 27
Im "Wasserfall", einem hübschen Lokal, ißt man gut, reichlich und relativ preiswert. Palmerische Küche, vor allem Gegrilltes von Schwein, Huhn und Kalb. Sehr aufmerksame Bedienung. Das Restaurant ist bei Einheimischen sehr beliebt.

El Remo:
"7 Islas"
Strandbar am Ortseingang
Nur wenige Gerichte stehen auf der Speisekarte, darunter aber herrlich frischer Fisch mit duftenden Kräutern und köstliche "papas arrugadas" mit Mojo-Sauce.

Fuencaliente

Llanovid
Tel. 9 22 44 44 28
Bei der gleichnamigen Weinkellerei (Bodega). Kanarisches und Internationales: Erwähnenswert sind die Eintöpfe.

Garafía

El Bernegal
am südlichen Ortsausgang, an der Straße nach Las Tricias,
Tel. 9 22 40 04 80

Restaurants

Das vielleicht beste Restaurant im Inselnorden mit geschmackvollem Ambiente und guter Küche. Auf der Karte stehen traditionelle kanarische Speisen, aber auch internationale Spezialitäten. Man könnte meinen, daß es hier im abgelegenen Norden, durchgehend warme Küche gibt, dem ist aber nicht so!

Garafía
(Fortsetzung)

Restaurante Briesta
Carretera Las Tricias, Tel. 9 22 40 02 10
Rustikales Lokal an der Straße zwischen Puntagorda und Llano Negro mit Holztischen und vielen Grünpflanzen. Am Wochenende herrscht Hochbetrieb, ansonsten ist "Briesta" Anlaufstelle für Wanderer und meist ausländische Ausflügler. Inseltypische Gerichte stehen auf der Karte – übrigens auch Gofio!

Las Manchas:
Secadero
an der Straße San Nicolás – Todoque, Tel. 9 22 49 20 28
Originelles Restaurant: Der runde Bau scheint nur aus lose aufeinander geschichteten Steinen zu bestehen. Innen erwartet den Gast dann jedoch eine moderne ansprechende Einrichtung, die Tische gruppieren sich rund um die große Bar. Hervorragend sind die Grillgerichte.

Restaurant "Secadero" bei Las Manchas

La Fontana
Tel. 9 22 43 47 29
Bei Touristen beliebtes Restaurant nahe der Hacienda de San Jorge. Internationale Küche, Fisch, Meeresfrüchte, auch Fleischgerichte. Hausgemachte Kuchen und Torten. Große überdachte Terrasse.

Los Cancajos

Ristorante Sadi
Urbanisación La Cascada, Tel. 9 22 18 14 63
Der italienische Zusatz "Ristorante" täuscht, internationale Gerichte, zubereitet aus frischen Zutaten, stehen auf der Karte. Von einigen Tischen auf der Terrasse hat man Meerblick.

El Hidalgo
Calle José Antonio 21, Tel. 9 22 46 31 24
Untergebracht ist das unter deutscher Leitung stehende Restaurant in einem restaurierten alten Haus mit begrüntem Innenhof. Kanarische und internationale Gerichte: Fleisch, Fisch, Vegetarisches, auch Pizzen. Abends sollte man reservieren.

Los Llanos
de Aridane

La Casona de Argual
Plaza de Argual, Argual, Tel. 9 22 40 18 16
Schon das Ambiente in dem kanarischen Herrenhaus aus dem 18. Jh. lohnt das Kommen. Sehr schön sitzt man auch im romantischen Innenhof. Kreative kanarische Küche. Ein Restaurant für besondere Gelegenheiten (auch wenn Feinschmecker nicht zu viel erwarten sollten!).

San Petronio
Zwischen Los Llanos und El Paso de abajo, Tel. 9 22 46 24 03
Italienische Küche, darunter selbstgefertigte frische Nudeln, Pizzen. Auch Crêpes und selbstgebackene Kuchen und Torten. Das Lokal liegt auf einem Hügel und bietet einen schönen Blick auf das Aridane-Tal. Kinderspielplatz und Minigolfanlage.

Restaurants

Puerto de Tazacorte
Playa Mont
am Hafen, Tel. 9 22 48 04 43
Entweder man kommt sehr zeitig oder sehr spät, sonst ist es reine Glückssache, einen Tisch zu bekommen (es sei denn, man hat reserviert). Das Restaurant gilt – da sind sich einheimische und ausländische Gäste einig – als bestes am Ort. Alle Speisen sind frisch und lecker zubereitet, vielfach übrigens mit Knoblauch üppig gewürzt! Allerdings ist Playa Mont nichts für kühle Tage: Man speist im Innenhof des "Kiosks" oder unter der Holzüberdachung – aber auf jeden Fall im Freien!

Puerto Naos
Mesón Don Quijote
Edificio La Palma Beach, Tel. 9 22 40 80 45
Kanarische und internationale Spezialitäten; die Küche ist nicht herausragend, aber der Service sehr freundlich und das Ambiente angenehm. Man kann auch draußen auf der Terrasse sitzen.

La Scala
Tel. 9 22 48 01 75
Freundlich ausgestattete Pizzeria. Die Pizzen sind riesig, sehr knusprig und äußerst lecker. Es gibt natürlich auch diverse Pastagerichte, Fisch und Fleisch.

Puntagorda
La Brasa
Cuatro Caminos. El Pinar 25
Im Ortsteil El Pinar gelegenes rustikales Lokal mit palmerischer Hausmannskost. Zu den Spezialitäten des Hauses zählen eine schmackhafte Grillplatte und deftige Suppen.

Puntallana
Casa Asterio
Carretera General La Galga 1, Tel. 9 22 43 01 11
Typische palmerische Küche mit guten Portionen zu moderaten Preisen. Großer Speisesaal mit offenem Kamin und Wandmalereien.

San Andrés
Mesón del Mar
Puerto Espíndola, Tel. 9 22 45 03 05
Gemütliches Restaurant mit ausgezeichneter Küche. Fangfrischer Fisch und andere Köstlichkeiten aus dem Meer. Hier versteht man sich auf die Zubereitung von Mojo.

San Nicolás
Bodegón Tamanca
Carretera General (an der Straße nach Fuencaliente), Tel. 9 22 46 21 55
Restaurant und Weinkeller in einer Höhle! Am Wochenende findet man wegen des großen Andrangs kaum einen Platz. Typisch palmerische Küche: Deftiges und Kalorienreiches. Sehr guter luftgetrockneter Schinken. Hier werden ausgezeichnete Weine gelagert.

Santa Cruz de la Palma
Alameda
Calle Pérez Camacho 3, Plaza de la Alameda, Tel. 9 22 42 08 65
Pizzen und Nudelgerichte. Es gibt auch österreichische Mehlspeisen und feurig-scharfes Rindsgulasch (die Besitzer sind Österreicher). Mittlere Preiskategorie.

El Faro
Avda. Marítima 27, Tel. 9 22 41 28 90
Kleines Speiserestaurant im ersten Stock. Spanische und internationale Gerichte: Fleisch, Fisch, Omelette- und Eierspeisen. Die Portionen sind reichlich, aber im Hinblick auf die Kochkunst mäßig.

El Chino
Calle Pedro Poggio 7, Tel. 9 22 41 67 24
Wer einen Abstecher in andere kulinarische Genüsse machen möchte... Wie wäre es mit Chinesisch? "El Chino" ist ein typisches Chinarestaurant

Restaurants

mit recht guten Spezialitäten und einem echten chinesischen Koch. Das Lokal, oberhalb der Plaza España, liegt etwas versteckt.

La Placeta
Placeta de Borrero
Tel. 9 22 41 52 73
Café, Bar und Restaurant in einem, an einem der schönsten Plätze der Innenstadt gelegen. Ideal für einen kleinen Imbiß oder eine Kaffeepause zwischendurch – zumal man auch draußen sitzen kann (vgl. S. 121).

Parilla Chipi-Chipi
Carretera de las Nieves
Tel. 9 22 41 10 24
In Velhoco oberhalb von Santa Cruz. Auf der Gartenseite hat das Lokal kleine Erker. Eines der schönsten Restaurants von La Palma. Spezialität: Grillgerichte.

Santa Cruz
de la Palma
(Fortsetzung)

Straßencafé an der Plaza de la Alameda

Restaurants auf El Hierro

El Guanche
La Panadería 1, Tel. 9 22 55 90 65
Zu rühmen sind vor allem die Tapas in dem einfachen Lokal.

Frontera

Casa Juan
Calle Gutiérrez Monteverde 23, Tel. 9 22 55 80 02
Auch bei Einheimischen beliebtes Lokal. Spezialitäten: Fischgerichte.

La Restinga

Mirador de la Peña
Carretera General Guarazoca, Tel. 9 22 55 03 00
Restaurant in dem von César Manrique errichteten Mirador: Wunderschöner Ausblick und edles Design. Wen stört es da, wenn die Küche einmal nicht so gut ist, das Restaurant ist Ausbildungsstätte der Hotelschule.

Mirador de la Peña

Restaurante El Muelle
Am Hafen, Tel. 9 22 55 15 15
Wenn eine Fähre im Hafen anlegt, dann pulsiert in diesem Lokal das Leben. Auch das Essen ist hier nicht schlecht, z.B. frisch aufgeschnittener Schinken. Ein paar Tische und Stühle stehen draußen.

Puerto de la Estaca

Cafetería San Luis
La Constitución 22, Tel. 9 22 55 15 60
Preiswertes Lokal mit kanarischer Küche.

Valverde

Bar Los Reyes
Licenciado Bueno 3, Tel. 9 22 55 11 52
Ausgezeichnete Tapas. Hier trifft sich jung und alt. Sehr geräumiges, aber auch lautes Lokal.

Rundfunk, Fernsehen

Deutsche Welle	Das Programm des Radiosenders Deutsche Welle ist mit einem Weltempfänger über Kurzwelle zu empfangen: die Nachrichten morgens um 8.00 Uhr am besten auf 9545 kHz im 31-m-Band, mittags auf 15245 im 19-m-Band und abends auf 17860 kHz im 16-m-Band.
Satellitensender	Viele Hotels, Bungalowsiedlungen, Apartmentanlagen und Kneipen sind mittlerweile mit Satellitenschüsseln ausgestattet, über die man auch zahlreiche deutschsprachige Satellitensender (Radio und TV) empfangen kann.
Reiserufe im Radio	In für Reisende oder Daheimgebliebene lebensbedrohlichen Situationen geben verschiedene Rundfunkstationen Reiserufe durch (u.a. deutschsprachige überregionale Sender). Der ADAC München übernimmt auch für Nichtmitglieder die Organisation unter der speziellen Reiserufnummer 0 89/76 76 26 53 (Tag und Nacht besetzt).

Sport

Zuschauersportarten	Als Zuschauersportarten sind für den Touristen die einheimischen traditionellen Sportarten von Interesse, wie die "lucha canaria" (Kanarischer Ringkampf), die "lucha del palo" (Kanarischer Stockkampf) und die "riña de gallo" (Hahnenkampf; → Kunst und Kultur).
Drachen- und Gleitschirmfliegen	Die auf La Palma herrschenden Starkwinde machen die "Isla bonita" zu einem wahren Eldorado für Drachen- und Gleitschirmflieger. Beliebte Fluggebiete sind der Südwesten der Insel, die Cumbre Nueva und die Abhänge oberhalb von Tazacorte und Puerto Naos. Die Starkwindverhältnisse La Palmas erfordern allerdings Erfahrung und Routine beim Drachen- und Gleitschirmfliegen. Die Südspitze und die Caldera eignen sich wegen unberechenbarer Wetterlagen nicht zum Fliegen. Auch für Laien gibt es eine Mitfluggelegenheit: im Tandemflug an der Seite eines erfahrenen Gleitschirmpiloten (von der Cumbre hinab zum Strand von Puerto Naos; Auskünfte an der Promenade von Puerto Naos).
Radfahren	Radfahren und Mountainbiking werden auf La Palma immer beliebter. Für Freunde des Zweirades hat die Insel genügend zu bieten: neben dem geteerten Straßennetz zahlreiche Geländestraßen und Waldwege im bergigen Inselinneren. Doch sollten Radfahrer wegen der teilweise enormen Steigungen, vor allem in der Nordhälfte mit den vielen Barrancos, Kondition mitbringen oder sich auf kurze Tagesetappen einstellen. Auf keinen Fall darf ein von zu Hause mitgebrachtes Fahrrad zu schwer sein, es sollte kräftige Bremsen und eine bergtaugliche Gangschaltung haben. Viele Touren im Bergland sind nur mit dem Mountainbike zu bewältigen. Das Fahren auf den Straßen ist nicht ganz ungefährlich, da man sich diese mit motorisierten Fahrzeugen teilen muß und dabei zuweilen ungewollt einander recht nahe kommt – Radwege neben den Straßen existieren nicht. Auf der Insel gibt es Fahrradverleihfirmen, Fahrradreparaturwerkstätten, und es werden auch geführte Rad- und Mountainbike-Touren angeboten. Bike'n'Fun Calle Calvo Sotelo 20, Los Llanos de Aridane Tel. und Fax 9 22 40 19 27 Bike Station Avda. Cruz Roja 3, Puerto Naos Tel. und Fax 9 22 40 83 55
Schwimmen	→ Strände

Einen Segelbootverleih gibt es auf La Palma bisher nicht, auch keine organisierte Mitsegelgelegenheit.

Sport (Fts.)
Segeln

Hohe Brandungen, ablandige Winde und scharfkantige Felsen machen La Palma und Hierro nicht unbedingt zu Surferparadiesen. Dementsprechend gibt es bisher auch keinen Bretterverleih.

Surfen

An den Küsten von La Palma und Hierro bietet sich Tauchern in den sauberen Gewässern des Atlantiks eine beeindruckende Unterwasserlandschaft mit steil abfallenden Canyons, Lavabögen, Spalten und Grotten sowie mit einer faszinierenden Meeresfauna – bei Sichtweiten von bis zu 50 m. Das beliebteste Tauchrevier liegt im Süden von La Palma, in den Riffen vor der Punta de Fuencaliente, sowie vor der Südspitze von Hierro bei La Restinga. Hier bekommt man u.a. Muränen, Barrakudas, Zackenbarsche, Seeschildkröten, Rochen, im Sommer auch Mantas und Thunfische zu Gesicht. Etwas weiter draußen sieht man gelegentlich auch Haie.
Von Mai bis Oktober zeigt sich der Atlantik, bei Wassertemperaturen von 22 bis 24 °C, von seiner ruhigen Seite. Im Winter (Wassertemperatur: 18 bis 21 °C) ist die See etwas rauher, viele Tauchplätze können dann zeitweise nicht angefahren werden. Tückische Strömungsverhältnisse und sich rasch änderndes Wetter – das ganze Jahr über – bilden für nichtroutinierte Taucher eine nicht zu unterschätzende Gefahr.

Tauchen

Die Tauchbasen auf La Palma und Hierro bieten auch Schnupperlehrgänge an:

Centro de Buceo
am Ortseingang von Puerto Naos
Tel. 9 22 40 81 39

Tauchertreff La Palma
Camino Las Tijaraferos 33
Los Llanos de Aridane
Tel. 9 22 46 42 73

Centro de Buceo "El Hierro"
Avda. Marítima 16
La Restinga
Tel. und Fax 9 22 55 70 23

Einige Hotels und Apartmentanlagen auf Hierro besitzen Tennisplätze, die meist nur Hotelgästen zugänglich sind. Daneben gibt es Tennisclubanlagen, die auch von auswärtigen Gästen genutzt werden können (einen eigenen Tennisschläger sollte man mitbringen):

Tennis

Polideportivo Miraflores
oberhalb des Hospital de las Nieves, Santa Cruz
Tel. 9 22 41 36 57

Club de Tenis Valle de Aridane
an der Straße von Los Llanos nach Puerto Naos
Tel. 9 22 48 02 03

→ dort

Wandern

Sprache

In den größeren Hotels auf La Palma kann man sich in Deutsch oder Englisch verständigen. Überall sonst – und vor allem auf Hierro – sollte man zumindest einige Brocken Spanisch sprechen.

Sprache

Kleiner Sprachführer Spanisch

Zur Erleichterung der Aussprache

c	vor »e, i« stimmloser Lispellaut, stärker als engl. »th«. Bsp.: gracias
ch	stimmloses deutsches »tsch« wie in »tschüs«
g	vor »e, i« wie deutsches »ch« in »Bach«
gue, gui/que, qui	das »u« ist immer stumm, wie deutsches »g«/»k«
j	immer wie deutsches »ch« in »Bach«
ll, y	wie deutsches »j« zwischen Vokalen. Bsp.: Mallorca
ñ	wie »gn« in »Champagner«

Kurzgrammatik

Es gibt zwei Artikel im Spanischen: der männliche Artikel lautet el (pl. los), der weibliche la (pl. las). Das Neutrum lo wird nur in bestimmten Verbindungen gebraucht, z.B. lo bueno, lo malo, lo mejor = das Gute, das Schlechte, das Beste.

Die Deklination geschieht mit Benutzung der Präposition de für den Genitiv und a für den Dativ, die im Singular des Maskulinums mit den Artikeln zu del und al zusammengezogen werden. Der Akkusativ wird bei Personen durch die Präposition a eingeleitet, z.B. Veo a Juan. = Ich sehe Juan.

Auf einen Blick

Ja./Nein.	Sí./No.
Vielleicht.	Quizás./Tal vez.
In Ordnung./Einverstanden!	¡De acuerdo!/¡Está bien!
Bitte./Danke.	Por favor./Gracias.
Vielen Dank!	Muchas gracias.
Gern geschehen.	No hay de qué./De nada.
Entschuldigung!	¡Perdón!
Wie bitte?	¿Cómo dice/dices?
Ich verstehe Sie/dich nicht.	No le/la/te entiendo.
Ich spreche nur wenig	Hablo sólo un poco de
Können Sie mir bitte helfen?	¿Puede usted ayudarme, por favor?
Ich möchte	Quiero /Quisiera /Me gustaría
Das gefällt mir (nicht).	(No) me gusta.
Haben Sie?	¿Tiene usted?
Wieviel kostet es?	¿Cuánto cuesta?
Wieviel Uhr ist es?	¿Qué hora es?

Kennenlernen

Guten Morgen!	¡Buenos días!
Guten Tag!	¡Buenos días!/¡Buenas tardes!
Guten Abend!	¡Buenas tardes!/¡Buenas noches!
Hallo! Grüß dich!	¡Hola! ¿Qué tal?
Ich heiße	Me llamo
Wie ist Ihr Name, bitte?	¿Cómo se llama usted, por favor?
Wie geht es Ihnen/dir?	¿Qué tal está usted?/¿Qué tal?
Danke. Und Ihnen/dir?	Bien, gracias. ¿Y usted/tú?
Auf Wiedersehen!	¡Hasta la vista!/¡Adiós!
Tschüs!	¡Adiós!/¡Hasta luego!
Bis bald!	¡Hasta pronto!
Bis morgen!	¡Hasta mañana!

Unterwegs Auskunft

links/rechts	a la izquierda/a la derecha
geradeaus	todo seguido/derecho
nah/weit	cerca/lejos
Wie weit ist das?	¿A qué distancia está?
Ich möchte mieten	Quisiera alquilar
ein Auto/ein Boot.	un coche/una barca (un barco).
Bitte, wo ist?	Perdón, ¿dónde está
der Bahnhof	la estación (de trenes)
der Busbahnhof	la estación de autobuses /la terminal?
der Flughafen	el aeropuerto?
Zum Hotel.	Al hotel

Sprache

Ich habe eine Panne.	Tengo una avería.	Panne
Würden Sie mir bitte einen Abschleppwagen schicken?	¿Pueden ustedes enviarme un cochegrúa, por favor?	
Gibt es hier in der Nähe eine Werkstatt?	¿Hay algún taller por aquí cerca?	
Wo ist bitte die nächste Tankstelle?	¿Dónde está la estación de servicio/ a gasolinera más cercana, por favor?	Tankstelle
Ich möchte Liter Normalbenzin. Super./ Diesel. bleifrei/ verbleit. mit Oktan.	Quisiera litros de gasolina normal. súper./ diesel. sin plomo./ con plomo. de octanos.	
Volltanken, bitte.	Lleno, por favor.	
Hilfe!	¡Ayuda!, ¡Socorro!	Unfall
Achtung!	¡Atención!	
Vorsicht!	¡Cuidado!	
Rufen Sie bitte schnell einen Krankenwagen. die Polizei. die Feuerwehr.	Llame enseguida una ambulancia. a la policía. a los bomberos.	
Haben Sie Verbandszeug?	¿Tiene usted botiquín de urgencia?	
Es war meine Schuld.	Ha sido por mi culpa.	
Es war Ihre Schuld.	Ha sido por su culpa.	
Geben Sie mir bitte Ihren Namen und Ihre Anschrift.	¿Puede usted darme su nombre y dirección?	
Wo gibt es hier ein gutes Restaurant? ein nicht zu teures Restaurant?	¿Dónde hay por aquí cerca un buen restaurante? un restaurante no demasiado caro?	Essen/ Unterhaltung
Gibt es hier ein Restaurant?	¿Hay por aquí una taberna acogedora?	
Reservieren Sie uns bitte für heute abend einen Tisch für vier Personen.	¿Puede reservarnos para esta noche una mesa para cuatro personas?	
Auf Ihr Wohl!	¡Salud!	
Bezahlen, bitte.	¡La cuenta, por favor!	
Hat es geschmeckt?	¿Le/Les ha gustado la comida?	
Das Essen war ausgezeichnet.	La comida estaba excelente.	
Haben Sie einen Veranstaltungskalender?	¿Tiene usted un programa de espectáculos?	
Wo finde ich einen Markt? eine Apotheke eine Bäckerei ein Fotogeschäft ein Einkaufszentrum ein Lebensmittelgeschäft	Por favor, ¿dónde hay un mercado? una farmacia una panadería una tienda de artículos fotográficos un centro comercial una tienda de comestibles	Einkaufen
Können Sie mir bitte empfehlen? ein Hotel eine Pension	Perdón, señor/señora/señorita. ¿Podría usted recomendarme un hotel? una pensión?	Übernachtung
Ich habe ein Zimmer reserviert.	He reservado una habitación.	
Haben Sie noch ein Einzelzimmer? ein Zweibettzimmer? mit Dusche/Bad? für eine Nacht/Woche? mit Blick aufs Meer?	¿Tienen ustedes una habitación individual? una habitación doble? con ducha/baño? para una noche/una semana? con vista(s) al mar?	

Sprache

Übernachtung (Fortsetzung)	Was kostet das Zimmer mit Frühstück? Halbpension?	¿Cuánto cuesta la habitación con desayuno? media pensión?
Arzt	Können Sie mir einen guten Arzt empfehlen? Ich habe Durchfall. Fieber. Kopfschmerzen. Zahnschmerzen.	¿Puede usted indicarme un buen médico? Tengo diarrea. fiebre. dolor de cabeza. dolor de muelas.
Bank	Wo ist hier bitte eine Bank? eine Wechselstube? Ich möchte DM (Schilling, Schweizer Franken) in Peseten (Pesos) wechseln.	Por favor, ¿dónde hay por aquí ... un banco una oficina/casa de cambio? Quisiera cambiar marcos alemanes (chelines, francos suizos) en pesetas.
Post	Was kostet ein Brief eine Postkarte nach Deutschland?	¿Cuánto cuesta una carta una postal para Alemania?

Zahlen:

0	cero	13	trece	50	cincuenta
1	un, uno, una	14	catorce	60	sesenta
2	dos	15	quince	70	setenta
3	tres	16	dieciséis	80	ochenta
4	cuatro	17	diecisiete	90	noventa
5	cinco	18	dieciocho	100	cien, ciento
6	seis	19	diecinueve	200	doscientos, -as
7	siete	20	veinte	1000	mil
8	ocho	21	veintiuno, -a	2000	dos mil
9	nueve		veintiún	10 000	diez mil
10	diez	22	veintidós		
11	once	23	veintitres	1/2	medio
12	doce	24	veinticuatro	1/4	un cuarto

Speisekarte – Menú

Allgemeines	desayuno almuerzo, comida cena camarero cubierto cuchara cucharita cuchillo tenedor taza plato vaso sacacorchos	Frühstück Mittagessen Abendessen Kellner Gedeck, Besteck Löffel Teelöffel Messer Gabel Tasse Teller Glas Korkenzieher
Desayuno / Frühstück	café solo café con leche cortado café descafeinado té con leche/limón infusión (de hierbas) chocolate	Espresso Milchkaffee Espresso mit einem Schuß Milch koffeinfreier Kaffee Tee mit Milch/Zitrone Kräutertee Schokolade

Sprache

zumo de fruta	Fruchtsaft	Speisekarte (Fortsetzung)
huevo pasado por agua	weiches Ei	
huevos revueltos	Rühreier	
pan/panecillo/tostada	Brot/Brötchen/Toast	
churros	fettgebackene Hefekringel	
mantequilla	Butter	
queso	Käse	
embutido/fiambres	Aufschnitt	
jamón	Schinken	
miel	Honig	
mermelada	Marmelade	
aceitunas	Oliven	Entremeses / Sopas Vorspeisen / Suppen
alcachofas	Artischocken	
almejas	Venusmuscheln	
ensaladilla rusa	russische Eier	
gambas al ajillo	Garnelen in Knoblauchsauce	
jamón serrano	luftgetrockneter Schinken	
pincho	Happen	
pulpo	Tintenfisch	
mejillones	Miesmuscheln	
morcilla	Blutwurst	
salchichón	spanische Salami	
salpicón de marisco	Meeresfrüchtesalat	
tortilla (a la) española	Omelett mit Kartoffeln (und Zwiebeln)	
tortilla (a la) francesa	einfaches Omelett	
caldo	Fleischbrühe	
gazpacho	kalte Gemüsesuppe	
sopa de ajo	Knoblauchsuppe	
sopa de pescado	Fischsuppe	
sopa de verduras	Gemüsesuppe	
huevo	Ei	Platos de huevos / Eierspeisen
duro	hartgekocht	
pasado por agua	weichgekocht	
huevos fritos	Spiegeleier	
huevos revueltos	Rühreier	
tortilla	Omelette	
frito	gebacken	Pescados y Mariscos Fisch und Meeresfrüchte
asado	gebraten	
ahumado	geräuchert	
a la plancha	auf heißer Eisenplatte gebraten	
cocido	gekocht	
anguila	Aal	
atún	Thunfisch	
bacalao	Kabeljau, Stockfisch	
besugo	Seebrasse	
bogavante	(europ.) Hummer	
calamares a la romana	panierte Tintenfischringe	
calamares en su tinta	Tintenfisch in eigener Soße	
camarón	Garnele	
cangrejo	Krebs	
dorada	Goldbarsch	
gambas	Garnelen	
langostinos	Riesengarnelen	
lenguado	Seezunge	
lubina	See-, Wolfsbarsch	
merluza	Seehecht	
ostras	Austern	
paella	Reisgericht mit Meeresfrüchten und/oder Fleisch	

Sprache

Speisekarte (Fortsetzung)	parrillada de pescado	Fisch-Grillplatte
	perca	Barsch
	pez espada	Schwertfisch
	pulpo	Krake
	rape	Seeteufel
	rodaballo	Steinbutt
	salmón	Lachs
	trucha	Forelle
Carne y Aves Fleisch u. Geflügel	asado	Braten
	buey	Rind, Ochse
	cabrito	Zicklein
	callos	Kutteln
	carnero	Hammel
	cerdo	Schwein
	chuleta	Kotelett
	cocido	Eintopf
	cochinillo	Spanferkel
	conejo	Kaninchen
	cordero	Hammel, Lamm
	escalope	Schnitzel
	filete ruso	Frikadelle
	guisado	Gulasch, Ragout
	hígado	Leber
	lomo	Lende
	parrillada de carne	Fleisch-Grillplatte
	pato	Ente
	pollo	Hähnchen
	solomillo	Filet, Lendenstück
	ternera	Kalb
	vaca	Rind
Ensalada y Verduras Salat und Gemüse	aguacate	Avocado
	berenjenas	Auberginen
	calabacín	Zucchini
	cebollas	Zwiebeln
	col de Bruselas	Rosenkohl
	coliflor	Blumenkohl
	escarola	Endivie(nsalat)
	espárragos	Spargel
	garbanzos	Kichererbsen
	guisantes	Erbsen
	hongos/setas	Pilze
	judías	grüne Bohnen
	lechuga	Kopfsalat
	lentejas	Linsen
	papas arrugadas	kleine Pellkartoffeln mit Salzkruste
	patatas	Kartoffeln
	patatas fritas	Pommes frites
	pepino	Gurke
	pimiento	Paprikaschote
	tomate	Tomate
	zanahorias	Karotten
Postres, queso y fruta Nachspeisen, Käse und Obst	albaricoques	Aprikosen
	arroz con leche	Milchreis
	cerezas	Kirschen
	ciruelas	Pflaumen
	flan	Karamelpudding
	fresas	Erdbeeren
	higos	Feigen
	macedonia de frutas	Obstsalat

manzana	Apfel	Sprache (Fortsetzung)
melocotón	Pfirsich	
melón	Melone	
naranja	Apfelsine	
natillas	Cremespeise	
pera	Birne	
piña	Ananas	
plátano	Banane	
queso	Käse	
queso de cabra	Ziegenkäse	
queso de oveja	Schafskäse	
sandía	Wassermelone	
tarta	Torte	
toronja	Pampelmuse	
uvas	Weintrauben	
bombón	Praline	Helados/Dulces Eis/Gebäck
café helado	Eiskaffee	
chocolate	Schokolade	
churros	fettgebackene Hefekringel	
copa de helado	Eisbecher	
dulces	Süßigkeiten	
galletas	Kekse	
helado variado	gemischtes Eis	
nata	Sahne	
tarta de frutas	Obstkuchen	
Bebidas alcohólicas	Alkoholische Getränke	Bebidas Getränkekarte
aguardiente	Schnaps	
botella	Flasche	
caña	kleines Glas Bier	
cava	im Champagnerverfahren erzeugter Sekt	
cerveza	Bier	
copa	Glas, Gläschen	
jarra	Karaffe, Krug	
litro	Liter	
(semi-)seco	(halb-)trocken	
vaso	Glas	
vino blanco	Weißwein	
(vino de) Jerez	Sherry	
(vino) rosado	Rosé	
(vino) tinto	Rotwein	
Bebidas no alcohólicas	Alkoholfreie Getränke	
agua mineral	Mineralwasser	
batido	Milchmixgetränk	
gaseosa	Sprudel mit Geschmack	
jugo de tomate	Tomatensaft	
leche	Milch	
zumo de naranja	Fruchtsaft	

Strände

La Palma ist keine ausgesprochene Badeinsel. Abgesehen von den Stränden bei Puerto Naos an der Westküste und Los Cancajos an der Ostküste gibt es nur kleine Badebuchten, von denen die meisten kiesig bis steinig sind. An einigen "Playas" gelangt man erst nach einer mitunter kraftraubenden Kletterpartie über Felsen ins Wasser. Doch die Mühe lohnt sich: Die Wasserqualität ist meist gut, außer in Hafennähe und wilden Strandsiedlungen.

Allgemeines

Strände

Strände auf La Palma

Charco Azul, La Fajana

An der Steilküste im Norden gibt es fast keine Sandbuchten, auch ist das Baden wegen der hohen Wellen nicht ungefährlich. Doch haben diese Wellen mancherorts in Millionen von Jahren große Becken in den Fels genagt und so Naturschwimmbecken geschaffen, die sich ständig mit frischem Meerwasser füllen. Schöne Felsbadeanlagen gibt es in La Fajana bei Barlovento und am Charco Azul bei San Andrés.

Charco Verde

Südlich von Puerto Naos erstreckt sich bei Charco Verde eine hübsche Badebucht mit schwarzem Sand. Sie ist leicht zugänglich und meist nicht allzu stark besucht.

Fuencaliente

An der Südwestspitze um Fuencaliente sind Playa Chica und Playa de la Zamora hübsche Sandbuchten. Meist menschenleer ist die weite Playa Echentive, ein Sand-/Kiesstrand.

Playa de los Cancajos

Die Playa de los Cancajos an der Ostküste wurde künstlich angelegt. Wellenbrecher sorgen dafür, daß hier gefahrloses Baden möglich ist. Auch gibt es einen Rettungsdienst.

Hübscher Badeplatz an La Palmas Nordostküste: Charco Azul

Puerto Naos

Dank seines 500 m langen schwarzen feinsandigen Strandes konnte sich Puerto Naos zum wichtigsten Ferienzentrum von La Palma entwickeln. Am Strand gibt es einen Rettungsdienst sowie einen Verleihservice (Liegen, Sonnenschirme, Tretboote). Auch Süßwasserduschen sind installiert.

Puerto de Tazacorte

Hübsch anzusehen ist der steinübersäte Lavasandstrand mit den Fischerbooten bei Tazacorte, zum Baden allerdings ist er nur bedingt tauglich.

FKK

FKK-Baden ist auf La Palma nur an der Playa de las Monjas, dem "Nonnenstrand" (eine Badebucht zwischen Puerto Naos und Charco Verde) er-

Strände

laubt. Andernorts und auch auf Hierro stößt die FKK-Kultur bei den Einheimischen auf wenig Gegenliebe. Auch "oben ohne" wird von den Palmeros nicht sehr geschätzt, mittlerweile an den meisten Stränden aber toleriert.

FKK (Fortsetzung)

Strände auf Hierro

Auf Hierro sind die meisten Strände nur schwer zugänglich. Leicht zu erreichen sind allerdings der schwarze Kieselstrand beim Parador Nacional und die kleine Badebucht bei Tamaduste (10 km nordöstlich von Valverde). Badestrände gibt es auch bei La Restinga im Inselsüden, in der Bucht von El Golfo bei Los Llanillos, wo man in einem Naturschwimmbecken Badefreuden nachgehen kann. Schönster aller Strände ist die Playa del Verodal mit feinem dunkelroten Sand. Allerdings weht hier meist ein heftiger Wind, und das Meer ist sehr tückisch.

Playa de las Monjas: FKK am Lavasandstrand

Gefahren

Das Baden an der Küste von La Palma und El Hierro kann mitunter äußerst gefährlich sein – auch an den offiziellen Badestränden! Baden Sie also nie allein! Häufig herrscht ein sehr starker Wellengang, vor allem im Winter prallen hohe Brandungswellen an die Strände. Außerdem können sich, bedingt durch die zerklüfteten Küsten, innerhalb kürzester Zeit die Strömungsverhältnisse ändern: Eine Strömung, die einen Schwimmer gerade noch landwärts zog, kann ihn nun auf das Meer hinaustreiben und ihm die Rückkehr ans Land erheblich erschweren. Auch gibt es tückische Unterwasserströmungen. Vor allem die Strände der Ostküste sollten mit größter Vorsicht und nur von guten Schwimmern genutzt werden.

Starke Brandung

Aufgrund einiger tragischer Badeunfälle ist in den letzten Jahren auf Initiative von Einheimischen und deutschen Einwanderern zwar ein Rettungs-

Flaggensymbole

Taxi

Strände
(Fortsetzung)

dienst aufgebaut worden (ausschließlich an den Touristenstränden von Puerto Naos und Los Cancajos), doch die Rettungseinrichtungen an den Stränden sind bisher äußerst dürftig. Achten Sie immer auf die Flaggensymbole des Wasserrettungsdienstes: rote Flagge: absolutes Badeverbot (es droht Lebensgefahr!); gelbe Flagge: Baden nur für geübte Schwimmer empfehlenswert; grüne Flagge: Baden möglich (trotzdem Kinder nie unbeaufsichtigt lassen!).

Taxi

Die meisten Taxis sind mit Taxameter ausgestattet; für längere Strecken gelten in der Regel festgelegte Tarife. Wartezeiten werden extra berechnet. Um Unstimmigkeiten zu vermeiden, sollte man sich vor Fahrtantritt nach dem Fahrpreis erkundigen. Die Taxifahrer müssen die jeweils gültigen, offiziellen Preislisten mitführen.

Taxiruf

Auf La Palma
Los Llanos de Aridane: Tel. 9 22 46 27 40
El Paso: Tel. 9 22 48 50 03
Santa Cruz (El Puente): Tel. 9 22 41 12 02
Fuencaliente: Tel. 9 22 44 40 43

Auf Hierro
Valverde: Tel. 9 22 55 07 29 oder 9 22 55 11 75

Telefon

Auslandsgespräche

Für Telefongespräche ins Ausland hat man die Möglichkeit, von einer – meist offenen und daher lauten – Telefonzelle aus mit Münzen oder Karte zu telefonieren. Münzfernsprecher nehmen normalerweise sämtliche Pesetenstücke an. Dieselben Apparate funktionieren auch als Kartentelefone; Karten (tarjeta telefónica) erhält man für 1000 oder 2000 Pesetas.
Bei längeren Gesprächen ist es angenehmer, von einer der öffentlichen Telefonzentralen (teléfono público) aus zu telefonieren, die es allerdings nur in größeren Ortschaften gibt. Telefonate aus Hotels und aus dem eigenen Ferienapartment können mitunter um das Dreifache teurer sein als Gespräche von öffentlichen Fernsprechern. Samstagnachmittags, sonntags und nachts sind die Telefonate deutlich billiger.

Telefonnetzkennzahlen

Vorwahl von den Kanarischen Inseln
nach Deutschland: 00 49
nach Österreich: 00 43
in die Schweiz: 00 41
Nach der 00 muß man einen schrillen Pfeifton abwarten, wählt dann die Vorwahl des Landes, die Ortsvorwahl ohne die 0 und schließlich die Rufnummer des gewünschten Teilnehmers.

Vorwahl von Deutschland, Österreich und der Schweiz
nach Spanien: 00 34

Im April 1998 wurden alle Telefonnummern in Spanien auf neun Stellen erweitert. Die bisherige Vorwahl der einzelnen Provinzen ist seitdem in der Rufnummer des jeweiligen Teilnehmers enthalten. Bei Gesprächen innerhalb Spaniens muß also keine Vorwahl mehr gewählt werden, bei Gesprächen aus dem Ausland lediglich die Ländernetzkennzahl 00 34 und dann die Rufnummer des gewünschten Anschlusses.

Telefonauskunft   Tel. 003

Trinkgeld

Im allgemeinen ist in den Rechnungen ein Bedienungsgeld inbegriffen (Inklusivpreise); dennoch erwarten Hotelangestellte, Kellner, Taxifahrer u.a. ein zusätzliches Trinkgeld von etwa 5 bis 10% des Rechnungsbetrages.
Im Restaurant und in der Bar wird das Trinkgeld ("propina" oder "bote") auf dem Tisch zurückgelassen. In der Regel kommt es in die Gemeinschaftskasse des Personals.

Trinkwasser

Zum Waschen und zum Zähneputzen kann man Leitungswasser unbedenklich benutzen. Als Trinkwasser, zum Kaffee- oder Teekochen sollte man aber auf Quellwasser aus Plastik- oder Glasflaschen zurückgreifen.

Veranstaltungskalender

Auf La Palma und Hierro wird gern und viel gefeiert. Jeder Ort hat seine eigene Fiesta – ein Fest zu Ehren des oder der jeweiligen Schutzheiligen. Vor allem in den Sommermonaten wird immer irgendwo gefeiert. Diese Fiestas laufen mehr oder weniger stets nach dem gleichen Schema ab. Begonnen wird mit dem religiösen Teil, einem Gottesdienst und einer anschließenden Wallfahrt (romería) auf feierlich geschmückten Straßen und mit Dorfbewohnern in prachtvollen Trachten. Dann folgen weltliche Veranstaltungen und Vergnügungen: Folkloregruppen mit Tanz und Gesang, Jahrmarkt, Sportveranstaltungen, wie die "lucha canaria". Den Höhepunkt bildet die "verbena", ein nächtlicher Tanzball, der meist bis in die frühen Morgenstunden dauert. Nicht selten endet das Fest mit einem großen Feuerwerk. Fällt der Tag des Heiligen mitten in die Woche, dann wird die Fiesta in der Regel am vorausgehenden oder nachfolgenden Wochenende begangen, um so mindestens zwei Nächte feiern zu können; mitunter dauert ein solches Volksfest mehrere Tage.

Fiestas

Im folgenden werden nur die bedeutendsten Feierlichkeiten auf La Palma und El Hierro berücksichtigt.

Am Vorabend von Los Reyes (Dreikönigsfest) findet in Santa Cruz, Los Llanos und El Paso ein Dreikönigsritt statt, drei als die Heiligen Drei Könige verkleidete Männer reiten durch die Stadt. Im Anschluß daran gibt es, ähnlich wie andernorts am Heiligen Abend, für die Kinder eine Bescherung.

5. Januar

Fiestas del Almendro en Flor (Mandelblütenfest) in Puntagorda: Folklore, Sportveranstaltungen, Dichterlesungen, Pferderennen, kunstgewerbliche Ausstellungen, Musik, Tanz, Weinstände, Kulinarisches etc.

Ende Januar/ Anfang Februar

Der Karneval wird auf La Palma ausgiebig gefeiert. Er gestaltet sich in farbenprächtigen Umzügen mit bunten, phantasievollen Kostümen. Bis in die frühen Morgenstunden wird gesungen und getanzt nach den heißen Rhythmen von Salsa, Samba und Merengue. Den Auftakt des Karnevals bildet der "Concurso de Murgas", ein Wettbewerb unter Straßenmusikanten. Hier gibt der Lärm den Ton an! Ausgestattet sind die "murgas" mit Trommeln, Pauken und nicht näher definierbaren Blasinstrumenten, die vor allem eins sein müssen: ordentlich laut! Auch der Sprechgesang dazu ist nicht gerade ein Ohrenschmaus. Hauptsache, mit dem Gesang und den meist frechen, gereimten Texten, in denen über Prominente, Politiker und Ereignisse des Jahres hergezogen wird (nur das spanische Königshaus darf nicht auf die Schippe genommen werden), läßt sich das Publikum in

Januar/Februar Karneval

Veranstaltungskalender

Immer ein Ereignis: Viehmarkt in San Isidro (am 15. Mai). Er endet mit einer Rinderprämierung.

Karneval (Fortsetzung)	Wallung bringen und lassen sich vor allem die Stimmen der Juroren gewinnen. Neben den Texten und der musikalischen Untermalung muß aber auch die Choreographie überzeugen. Einer der Höhepunkte des kanarischen Karnevals ist die Wahl der Karnevalskönigin. Es gibt allerdings keinen Karnevalsprinzen. Auch Konfetti wird nicht gestreut, dafür bestäubt man sich gegenseitig mit süßlichem Talkumpuder oder, wenn der nicht mehr auf Lager ist, mit Mehl, so daß am Ende der tollen Tage die ganze Insel weiß gepudert ist. Am Aschermittwoch ist noch lange nicht alles vorbei. Dann nämlich wird der Karneval in einem feierlichen Trauerzug zu Grabe getragen. Bei der "Beerdigung der Sardine" wird eine Sardine aus Pappmaché in Wal-Format durch die Stadt gezogen. Begleitet wird der überdimensionale Pappkamerad von einer Schar ganz in Schwarz gehüllter "alter Klageweiber", von "Priestern" und "Bischöfen", die der Zeremonie betend und segnend beiwohnen. Natürlich stecken als besonderer Gag auch in der Trauerkleidung der "alten Weiber" fast ausschließlich Männer, die so dem karnevalistischen Treiben sein letztes närrisches Geleit geben. Den Höhepunkt des Umzugs bildet das Verbrennen der Sardine, wobei sich die in ihr eingebauten Feuerwerkskörper krachend entladen. Lokale Hochburgen des Karnevals auf La Palma sind Santa Cruz und Los Llanos. Auch in Los Sauces wird die Sardine feierlich "zu Grabe getragen".
März/April	Vielerorts: Semana Santa. In der Osterwoche finden zahlreiche Prozessionen und andere religiöse sowie weltliche Feierlichkeiten statt.
3. Mai	Fiesta de la Cruz in Santa Cruz, Breña Alta und Breña Baja: Gefeiert werden die Eroberung der Insel und die Gründung von Santa Cruz de la Palma. Große Straßenprozession mit abschließendem Feuerwerk.
15. Mai	Viehmarkt in San Isidro (Ortsteil von Breña Alta).

Veranstaltungskalender

Das größte Inselfest ist die "Bajada de la Virgen de las Nieves", die alle fünf Jahre (das nächste Mal 2005) feierlich begangene "Herabkunft der Jungfrau vom Schnee" (→ *Baedeker Special,* S. 124/125).
In vielen Orten wird Fronleichnam (Corpus Christi) gefeiert: mit Prozessionen über prachtvolle Teppiche aus Blumen. Am farbenprächtigsten ist die Prozession in Mazo.
Juni
(alle fünf Jahre)

Viehmarkt in San Antonio del Monte, einem Teilort von Garafía, verbunden mit einem weinseligen Jahrmarktstreiben, das mit einer Rinderprämierung endet.
12./13. Juni

San Juan Bautista (Fest zur Sommersonnenwende und zu Ehren Johannes des Täufers) in Puntallana mit nächtlichem Johannisfeuer, Folklore, Pferderennen.
24. Juni

Fiesta de los Remedios in Los Llanos: alle zwei Jahre (die "ungeraden"): Umzug von thematisch gestalteten Wagen. Großes Kunstfest am Vortag.
2. Juli
(alle zwei Jahre)

Bajada de la Virgen de los Reyes auf Hierro: In einer feierlichen Prozession (im Jahr 2005, 2009 ...) wird die Statue der Inselschutzheiligen vom Santuario Nuestra Señora de los Reyes nach Valverde gebracht (Länge des dabei zurückzulegenden Weges: 28 km). In den anschließenden vier Wochen finden zahlreiche Musik-, Tanz- und Kanarische Ringkampfveranstaltungen statt.
1. Sonntag im Juli
(alle vier Jahre)

Fest der Schutzheiligen Santa Carmen in Tazacorte mit abendlicher Bootsprozession und Feuerwerk über dem Meer.
16. Juli

Santiago-Fest in Valverde (Hierro). Festtag zu Ehren des Schutzheiligen von Spanien und von Valverde.
25. Juli

Fiesta del Sagrado Corazón Jesú (Fest des Heiligen Herzens Jesu) in Breña Alta: mit Blumenteppichen gechmückte Straßen und Plätze, handgeschnitzte biblische Figurengruppen.
Ende Juli

La Vendimia, Fest der Weinlese, in Fuencaliente: größtes Weinfest der Insel. Folklore, Musik, Tanz, Konzert- und Theatervorstellungen, Sportveranstaltungen, Kinderfeste.
14. – 30. August

Alle drei Jahre (2003, 2006 ...) begeht El Paso zu Ehren der Virgen del Pino ein Fest: In einer feierlichen Prozession wird die Jungfrau von der Pinie von der Ermita del Pino nach El Paso hinuntergetragen. Wenn sie drei Wochen später, am 1. September, wieder zurückgebracht wird, findet im Wald hinter der Einsiedlerkirche ein Picknick mit Tanz statt. Höhepunkt: ein Pferderennen von nur zwei Pferden hinauf zum Reventón-Paß.
August
(alle drei Jahre)

Anläßlich der Fiesta de la Candelaria findet in Tijarafe die Fiesta del Diablo (Teufelsfest) statt: symbolische, nächtliche Teufelsverbrennung, ein nicht ungefährliches Feuerwerksspektakel auf der Plaza des Dorfes.
7./8. September

Sankt-Michaels-Fest in Tazacorte: Erinnerungsfeier zur Landung des Inseleroberers Alonso Fernández de Lugo am 29. September 1492: Folklore, Tanz, Festgelage.
28./29. September

Fiesta de la Virgen del Rosario in Barlovento: Nachstellung der berühmten Seeschlacht von Lepanto im Jahr 1571, bei der zwei christliche Schiffe eine muselmanische Festung auf den Hügeln der Stadt angreifen. Die Schlacht endet mit dem Sieg der Christen und der Taufe der Türken in der Dorfkirche von San Andrés. Zweitgrößtes Inselfest.
1. Sonntag im Oktober

Fiestas de la Virgen del Rosario in Valverde (Hierro), Fest zu Ehren der Schutzheiligen.
10. Oktober

Verkehrsvorschriften

Veranstaltungen (Fts.); 1. November	Todos los Santos (Allerheiligen). Gleichzeitig Weinfest in allen Dörfern von Hierro.
11. Dezember	Sankt Martinstag: Öffnung der Fässer des neuen Weins mit Weinproben in Mazo und Fuencaliente. Umzüge, Tanz.

Verkehrsvorschriften

Rechtsverkehr	Auf den Kanarischen Inseln besteht wie auch auf dem spanischen Festland und dem übrigen kontinentalen Europa Rechtsverkehr.
Höchstgeschwindigkeiten	Höchstgeschwindigkeiten innerhalb geschlossener Ortschaften 50 km/h, auf Überlandstraßen 80 km/h (wenn höhere Geschwindigkeiten erlaubt sind, ist dies entsprechend ausgeschildert), Mindestgeschwindigkeit 40 km/h (Kennzeichnung nur auf Straßenbelag).
Vorfahrt	Vorfahrt hat grundsätzlich das von rechts kommende Fahrzeug (Ausnahmen sind entsprechend beschildert). Im Kreisverkehr hat das Fahrzeug Vorfahrt, das sich bereits im Kreis befindet.
Überholen	Beim Überholen muß in Spanien während des gesamten Vorganges der Fahrtrichtungsanzeiger zuerst nach links und dann wieder nach rechts betätigt werden. Beim Überholen und vor Kurven ist Hupen (bei Dunkelheit Lichthupe) obligatorisch. Überholverbot besteht 100 m vor Kurven sowie auf Straßen, die nicht auf mindestens 200 m zu überblicken sind.
Sicherheitsgurte	Sicherheitsgurte müssen während der Fahrt auf den Vorder- und Rücksitzen angelegt werden.
Alkoholgenuß	Die Höchstgrenze für den Blutalkoholgehalt liegt bei 0,5 Promille. Vorsicht: Hohe Strafen!

Wandern

Wandergebiet	La Palma ist ein Wanderparadies mit vielfältigen Landschaftsformen: Waldlandschaften und tiefeingeschnittene Schluchten im Norden, Vulkankrater im Süden, die riesige Caldera de Taburiente im Zentrum, eine alles in allem faszinierende Bergwelt. Von Wanderungen durch unterschiedliche Klima- und Vegetationszonen, durch Bananen- und Weinfelder, durch Kiefern- und Baumheidewälder über alpines Gelände bis hin zu Touren in nahezu unberührten Berglandschaften wird lauffreudigen Naturfreunden so ziemlich alles geboten. Hauptwandergebiete sind die Caldera, die Cumbre Vieja, die Cumbre Nueva und die Lorbeerwälder im Inselnorden.
Beste Zeit für Wanderungen	Die geeignetste Zeit für Wanderungen auf La Palma sind die Monate April bis Juni sowie Oktober/November; dann ist es nicht zu heiß, und die Wetterlage bleibt einigermaßen stabil. Doch auch im wetterunbeständigeren Winter können Wanderungen ihren Reiz haben, wenn man z.B. im Dezember und Januar tagelang völlig klare Sicht hat.
Wandertouren	Einige besonders reizvolle Wandertouren wurden bei den Reisezielen von A bis Z beschrieben (→ Parque Nacional de la Caldera de Taburiente; → Fuencaliente). In Informationsstellen der spanischen Naturschutzbehörde ICONA (Besucherzentrum in El Paso) kann man sich vor einer Wanderung mit einem vielseitigen Infomaterial wie Karten, Bücher und Videos (siehe auch → Literaturempfehlungen) versorgen sowie Auskunft über Wanderwege, Campingmöglichkeiten und geführte Wandertouren (auch in deutscher Sprache) erhalten. Regelrechte Wanderferien kann man bei ver-

schiedenen Reiseveranstaltern im Heimatland buchen. Tagestouren in Begleitung von Ortskundigen werden u.a. angeboten von:

La Palma Trekking
c/o Viajes Pamir
Calle O'Daly 8, Santa Cruz
Tel. und Fax 9 22 43 45 40
Bei den Diavorträgen des Veranstalters (im Hotel Taburiente und Hacienda San Jorge in Los Cancajos bzw. Sol Elite in Puerto Naos) kann man sich über mögliche Wandertouren informieren.

La Palmatour
Tel. 9 22 41 72 84, Fax 9 22 41 28 43
Ebenfalls regelmäßige Diavorführungen im Hotel Taburiente und im Hotel Sol Elite.

Wandern (Fortsetzung)

Längere Wanderungen sollte man nur mit einer guten Ausrüstung durchführen. Da fast die gesamte Oberfläche der Insel aus vulkanischem, also geröllaiem, bröckeligem oder scharfkantigem Gestein besteht, sich andererseits viele Waldrouten nach Regenfällen in glitschige Wege verwandeln, ist gutes Schuhwerk unbedingt erforderlich, am besten ein knöchelhoher Wanderschuh mit Profil. Wegen der teilweise intensiven Sonneneinstrahlung sind eine Kopfbedeckung und ein Sonnenschutzmittel ebenfalls wichtig, wegen der häufig auftretenden Wetterumschwünge (Regen, Nebel, Kälte) sollte man zusätzlich einen Regenschutz und warme Kleidung (Jakke, Pullover) bei sich führen. Reichlich Verpflegung und ausreichend Trinkwasser (inklusive Salztabletten oder ein paar Gramm Salz, weil die Wanderungen hier schweißtreibender sein können als anderswo) sind natürlich auch unverzichtbare Bestandteile der Ausrüstung.

Ausrüstung

Sich allein auf Schusters Rappen zu begeben, kann eine gefährliche Angelegenheit werden. Teilweise fehlen noch viele Wegmarkierungen, es mangelt auch an verläßlichen Wanderkarten. Man kann sich daher leicht verlaufen; wenn man in die Dunkelheit gerät, werden alle Wege lebensgefährlich; und wenn man sich verletzt (z.B. bei einem Ausrutscher), darf man nicht auf schnelle Hilfe hoffen (oft begegnet man bei einer Wanderung stundenlang keinem Menschen). Am sichersten ist es, in einer Wandergruppe mit Führer bzw. Führerin zu laufen.

Nie allein wandern!

Zeit

Auf den Kanarischen Inseln gilt die Westeuropäische Zeit (WEZ = MEZ – 1 Std.). Da von April bis Oktober die Sommerzeit eingeführt wurde, muß der mitteleuropäische Tourist das ganze Jahr über bei der Ankunft auf den Kanaren seine Uhr um eine Stunde zurückstellen.

Zeitschriften, Zeitungen

Die führenden deutschen Tageszeitungen und Magazine sowie deutschsprachige Zeitschriften aus der Schweiz und aus Österreich sind auf den Inseln ein bis zwei Tage nach Erscheinen erhältlich.

Ausländische Zeitungen

La Palma hat keine eigene Tageszeitung. Die Einwohner der Insel lesen bevorzugt "Canarias 7" und "Diario de Avisos", kanarische Zeitungen, die auf Teneriffa und Gran Canaria hergestellt werden.

Spanische Tageszeitungen

Einige lokale Blätter informieren in deutscher Sprache über aktuelle Ereignisse und Veranstaltungen. Hierzu gehören das zweisprachige, monatlich

Lokale Anzeiger

Zollbestimmungen

Zeitschriften (Fortsetzung)
erscheinende "Infomagazin La Palma" (spanisch/deutsch; kostenlos) und der alle 14 Tage erscheinende "Wochenspiegel", der sich schwerpunktmäßig mit der Provinz Santa Cruz de Tenerife auseinandersetzt.

Zollbestimmungen

EU-Binnenmarkt
Die Mitgliedstaaten der Europäischen Union (EU), darunter auch Spanien, Deutschland und Österreich, bilden einen gemeinsamen Wirtschaftsraum, den EU-Binnenmarkt, in welchem der Warenverkehr für private Zwecke weitgehend zollfrei ist. Innerhalb der EU-Länder gelten lediglich noch gewisse obere Richtmengen: für Reisende über 17 Jahren 800 Zigaretten, 400 Zigarillos, 200 Zigarren oder 1 kg Rauchtabak, 10 l Spirituosen, 20 l andere alkoholische Getränke bis 22% Alkoholgehalt, 90 l Wein (davon max. 60 l Schaumwein) oder 110 l Bier.

Wiedereinreise nach Deutschland und Österreich
Da die Kanarischen Inseln nach wie vor innerhalb der EU einen gewissen Sonderstatus einnehmen und hier verschiedene Zölle und Steuern nicht bestehen, gelten bei der Wiedereinreise nach Deutschland und Österreich die Höchstmengen für den Warenverkehr mit Nicht-EU-Ländern: Zollfrei sind Reiseandenken bis zu einem Gesamtwert von 180 Euro; ferner für Personen über 15 Jahre 500 g Kaffee oder 200 g Pulverkaffee, 100 g Tee oder 40 g Teeauszüge, 50 g Parfüm oder 0,25 l Toilettenwasser sowie für Personen über 17 Jahre 200 Zigaretten oder 100 Zigarillos oder 50 Zigarren oder 250 g Rauchtabak, 2 l Wein oder andere Getränke bis zu 22 % Alkoholgehalt sowie 1 l Spirituosen mit mehr als 22 % Alkoholgehalt.

Wiedereinreise in die Schweiz
Für die Schweiz gelten folgende Freimengengrenzen: 250 g Kaffee, 100 g Tee, 200 Zigaretten oder 50 Zigarren oder 250 g Tabak, 2 l Wein oder andere Getränke bis zu 22% Alkoholgehalt sowie 1 l Spirituosen mit mehr als 22% Alkoholgehalt. Souvenirs dürfen in die Schweiz bis zu einem Wert von 100 sfr zollfrei eingeführt werden.

Register

Acosta Pérez, Domingo Manuel 52
Altkanarier 38
Analphabetenrate 24
Anreise 132
Apartmentanlagen 142
Apotheken 132
Arbeitslosenquote 24
Architektur 47
Argual 93
Aridane-Tal 92
Armut 36
Ärztliche Hilfe 132
Atlantis 12
Auskunft 133
Ausländeranteil 24
Aussichtspunkt siehe Mirador
Auswanderungswellen 23
Ausweise 152
Autobusverkehr 134
Autohilfe 135
Autovermietung 150
Ayuntamiento 12

Baden 166
Badestrände 165
Bajada de la Virgen de las Nieves 124
Banane 20
Bananenanbau 26, 36
Bankautomaten 142
Barlovento 60
Barranco del Agua 96, 97
Barranco de las Angustias 100, 103, 106
Barrancos 14
Benzin 148
Besiedlung 38
Besucherzentrum des Nationalparks 69
Bevölkerung 22
Biosphärenreservat 96
Birigoyo 70
Bodegas Teneguía 71
Braem, Harald 53
Breña Alta 62
Breña Baja 62
Bürgermeisteramt 12
Busse 134

Cabildo Insular 12
Caldera de Taburiente 100
Camping 135
Cardón 16
Casas Roque Faro 58
Cascada de la Desfondada 106
Castellano 24

Centro de Recuperación del Lagarto Gigante (Hierro) 84
Centro de Visitantes 69
Charco Azul 115
Charco Verde 110
Christ, Hermann 52
Codesco 20
Corpus Christi 97
Cubo de la Galga 113
Cueva Bonita 108
Cueva de Belmaco 99
Cumbre Nueva 63
Cumbre Vieja 63
Cumbrecita 101

Deseada 65
Deutsche Welle 158
Diebstahl 148
Diplomatische Vertretungen 147
Dos Aguas 106
Drachen- und Gleitschirmfliegen 158
Drachenbaum 18
Dragos Gemelos 62
Duraznero 63, 65

Eidechsenstation (Hierro) 84
Einkäufe 136
Einwohnerzahlen 22
El Calvario 75
El Canal y Los Tilos 96
El Golfo (Hierro) 84
El Hierro 77
El Molino 99, 136
El Paso 65
El Pilar 63-64
El Pinar (Hierro) 89
El Remo 110
El Roque 112
El Time 94, 108
Elektrizität 137
Emigration 23, 37
Endemische Pflanzen 16
Energie 27
Entfernungen 10, 11
Entstehung des Archipels 12
Ermita Virgen del Pino 70
Eroberung 32, 34
Essen 137
Euro 142
Europäische Union 25

Fährverkehr 140
Faro de Orchilla (Hierro) 85
Fauna 21

Fayal-Brezal-Formation 19
Feiertage 141
Feigenkaktus 20
Felsgravuren 41, 75, 76
Felsinschriften 41, 75, 76
Ferienzentren 143
Fernsehen 158
Fiestas 49, 169
Fische 22
Fischerei 27
Flora 16
Flughafen 29
Flugverkehr 141
Folklore 49
Franceses 61
Freizeitparks 141
Fremdenverkehrsämter 134
Fronleichnam 97
Frontera (Hierro) 84
Fuencaliente 70

Gallegos 61
Garafía 74
Gazmira, Francisca de 34, 43
Geld 142
Geologie 12
Geschäfte 136
Geschäftszeiten 151
Geschichte 31
Getränke 139
Gofio 39, 138
Guaguas 134
Guanchen 38
Guinea (Hierro) 84

Hafen 29
Hahnenkampf 50
Haifische 22
Handel 27
Haustiere 22, 153
Herabkunft der Jungfrau vom Schnee 124
Hernández, Manuel Díaz 43
Hierro 77
Höchstgeschwindigkeiten 172
Holzbalkone 48
Hot Spots 12
Hotels 142
Hoya del Morcillo (Hierro) 89
Hoyo de Mazo 97, 99
Hoyo Negro 63, 65
Hoyo Solórzano y Sotomayor, Cristóbal del 43

Industrie 27
Information 133

Register

Insekten 22
Inselrat 12
Internet 133
Irichen 29

Jedey 59
Juego del palo 50

Kanarenstrom 14
Kanarienvogel 21
Kanarische Dattelpalme 18
Kanarische Inseln 10
Kandelaberwolfsmilch 16
Karneval 169
Kastilisch 24
Keramik 42, 136
Kiefernwald 19
Kleidung 147
Klima 14
Konsulate 147
Kraftstoff 148
Krankenhäuser 133
Krankenversicherungsschutz 133
Kreditkarten 142
Kriminalität 24, 148
Kulturpark La Zarza und La Zarcita 76
Kulturpflanzen 20
Kunst 47
Kunstausstellungen 151
Kunstgeschichte 48
Kunsthandwerk 49, 136

La Caleta (Hierro) 90
La Cumbrecita 101
La Dehesa (Hierro) 85
La Fajana 61
La Fajana (Felsinschriften) 69
La Pared Vieja 63
La Restinga (Hierro) 89
La Tosca 61
La Zarcita 76
La Zarza 76
Lagarto gigante 86
Laguna de Barlovento 60
Landesnatur 14
Landflucht 23
Ländlicher Tourismus 29
Landwirtschaft 25
Las Caletas 72
Las Casas (Hierro) 89
Las Indias 58, 72
Las Manchas 70
Las Mimbreras 60
Las Nieves 126
Las Puntas (Hierro) 85
Las Tricias 112
Le Clerc, François 36
Literaturempfehlungen 148
Llano del Jable 63

Llano Negro 75
Lorbeerwald 18, 96, 113
Los Brecitos 103
Los Canarios 72
Los Cancajos 90
Los Letreros (Hierro) 89
Los Llanos de Aridane 92
Los Sauces 95
Los Tilos 18, 96
Lucha canaria 50
Lugo, Alonso Fernández de 34, 44

Malpaso (Hierro) 88
Malvasier 25, 33, 71
Mandelbaumblüte 68, 110
Märkte 149
Maroparque 127
Mazo 97
Medizinische Versorgung 132
Meeresfauna 22
Méndez, Manuel González 43
Mietwagen 150
Mirador de Franceses 107
Mirador de Isora (Hierro) 90
Mirador de Jinama (Hierro) 84
Mirador de la Concepción 126
Mirador de la Peña (Hierro) 84
Mirador de las Chozas 102
Mirador de las Indias 58
Mirador de las Playas (Hierro) 89
Mirador de San Bartolomé 112
Mirador de Tanajara (Hierro) 89
Mirador El Time 94, 108
Mitbringsel 136
Mojo 138
Montaña Quemada 63
Monte Breña 62
Montez, Maria 45
Mountainbiking 158
Mudéjar-Stil 49
Mumifizierung 41
Museen 150
Musik 50
Mythologie 31

Nachtleben 151
Namensherkunft 11
Nationalpark Caldera de Taburiente 100
Naturraum 12
Naturschutzgebiete 29
Niederschläge 15
Notrufe 151

Observatorio Astrofísico 103, 104
Öffnungszeiten 151
Opuntie 20

Palmen 18
Palmex Cactus 95
Panne 135
Papas arrugadas 138
Paradies der Vögel 69
Parador 142
Pared de Roberto 107
Parlament 11
Parque Cultural La Zarza y La Zarcita 76
Parque Nacional de la Caldera de Taburiente 100
Parque Paraíso de las Aves 69
Passat 14
Pérez Vidal, José 45
Pérez y Pérez, José Miguel 45
Petroglifos de Fajana 69
Petroglyphen 41, 75, 76
Pflanzen 16
Pico Birigoyo 70
Pico de la Cruz 107
Pico de la Nieve 107
Piratenüberfälle 36
Piscinas del Fajana 61
Playa Chica 73
Playa de Bombilla 110
Playa de las Monjas 110
Playa de los Cancajos 90
Playa de Nogales 113
Playa de Taburiente 103
Playa de Zamora 73
Playa del Pozo 100
Playa del Sueco 100
Playa del Verodal (Hierro) 85
Playa Echentive 74
Playa Nueva 110
Polizei 152
Porto 152
Post 152
Postsparkasse 142
Pozo de la Salud (Hierro) 85
Provinzen 11
Pueblo Parque 95
Puertito de Santo Domingo 75
Puerto de Tazacorte 107
Puerto Espíndola 115
Puerto Estaca (Hierro) 90
Puerto Naos 109
Punta Banco 73
Punta Cumplida 61
Punta de Fuencaliente 74
Punta de Orchilla (Hierro) 85

Register

Punta Larga 73
Puntagorda 110
Puntallana 112
Puros 66

Radfahren 158
Refugio El Pilar 63, 64
Reisedokumente 152
Reisezeit 153
Religion 24
Reptilien 21
Restaurants 153
Retama 20
Rieseneidechsen 86
Riña de gallo 50
Ringkampf, Kanarischer 50
Rio Taburiente 106
Roque de los Muchachos 103, 107
Roque de Teneguía 72
Roque Idafe 100
Roques Bonanza (Hierro) 90
Roques de Salmor (Hierro) 84
Rother, Almut 52
Rundfunk 158
Ruta de los Volcánes 64

Sabinar (Hierro) 88
Sabinosa (Hierro) 85
Saint Vincent, Jean-Baptiste Georges Marie Bory de 51
San Andrés 114
San Andrés y Sauces 95
San Antonio 72
San Antonio del Monte 76
San Isidro 62
San Juan 63
San Nicolás 70
San Pedro 62
Santa Cruz de la Palma 115
Santa Cruz de Tenerife 11
Santo Domingo de Garafía 74
Santuario de Nuestra Señora de las Nieves 126
Santuario de Nuestra Señora de los Reyes (Hierro) 85
Santuario de Nuestra Señora de las Angustias 94
Säugetiere 21
Schiffsverkehr 29
Schmugglerhafen 129
Segelbootverleih 159
Seidenraupenzucht 27, 69
Sklaverei 33
Souvenirs 136
Soziale Probleme 24
Speisekarte 162
Spezialitäten 138
Sport 158
Sportarten, traditionelle 50
Sprache 24, 159
Sprachführer 160
Stockkampf 50
Straßennetz 29
Strände 165
Stromnetz 137
Surfen 159

Tabak 66
Tabakverarbeitung 68
Taburiente 106
Tageslänge 16
Tagoror 40
Taibique (Hierro) 89
Tamaduste (Hierro) 90
Tanausú 35, 45
Tankstellen 148
Tapas 138
Tauchen 159
Taxi 168
Tazacorte 127
Teatro Chico 49, 121
Telefon 168
Temperaturen 15
Teneguía 72
Tennis 159
Theater 49
Tierwelt 21
Tijarafe 129
Tilo 96
Todoque 70
Toledo, Gregorio 46
Torriani, Leonardo 51
Tourismus 28
Tracht 50
Trinkgeld 169
Trinkwasser 169
Turismo Rural 29, 142

Umweltschutz 29
Urlaubszentren 28

Valverde (Hierro) 80
Vegetationszonen 16
Veranstaltungskalender 169
Verkehr 29
Verkehrsvorschriften 172
Verwaltung 11
Villa de Mazo 97
Vögel 21
Vogelpark 69
Volcán de San Antonio 72
Volcán de San Martín 65, 70
Volcán de Teneguía 72
Volkstanz 50
Vulkanismus 13
Vulkanroute 64

Währung 141
Wale 22
Wanderführer 149
Wandern 172
Wasserversorgung 27
Wein 139
Weinbau 33, 71
Wirtschaft 25
Wolkenwasserfall 15

Zeit 173
Zeitungen 173
Zelten 135
Zierpflanzen 20
Zigarrenherstellung 66
Zitate 51
Zollbestimmungen 174
Zwillingsdrachenbäume 62

Verzeichnis der Karten und graphischen Darstellungen

Lage der Kanaren 10
Kanarische Inseln: Provinzeinteilung 12
Klima: Passatzirkulation 15
Routenvorschläge 57
Hierro: Inselkarte 82/83
Los Llanos de Aridane: Stadtplan 93
Parque Nacional de la Caldera de Taburiente: Übersichtskarte 102
Santa Cruz de la Palma: Stadtplan 118
Interinsulare Verkehrsverbindungen: Fluglinien und Fährverkehr 140
Touristische Höhepunkte hintere Umschlaginnenseite

Bildnachweis

Borowski: S. 3, 7 (unten links), 7 (unten rechts), 11, 13, 17, 18, 19, 25, 39, 41, 47, 48, 61, 64, 67, 71, 75, 76, 78, 85, 88, 91, 98, 99, 101, 108, 109, 111, 113, 120, 122, 123, 127, 136, 144, 146, 149, 154, 155, 157, 166, 167, 170.
Centro de Recuperación del Lagarto Gigante: S. 87.
Gronau/Friedrichsmeier: S. 68, 125.
IFA-Bilderteam (Lecom): S. 1.
Mauritius (Torino): S. 8/9.
Otto: S. 43, 73, 94, 105, 106, 116/117.
Roth/Friedrichsmeier: S. 6 (2 x), 6/7, 7 (oben), 23, 26, 54/55, 96, 104, 114, 128, 130/131.
Strobel: S. 81.
ZEFA (Krecichwost): S. 5.

Titelbild: IFA Bilderteam (Krämer) – Landschaft an der Westküste

Hintere Umschlagseite: Borowski – Strand von Puerto Naos

Impressum

Ausstattung:
71 Abbildungen
10 Karten und graphische Darstellungen, 1 große Inselkarte

Text: Birgit Borowski, Achim Bourmer

Bearbeitung: Baedeker-Redaktion (Birgit Borowski)

Kartographie: Franz Kaiser, Sindelfingen
Mairs Geographischer Verlag (Inselkarte Hierro und beiliegende große Inselkarte)

Chefredaktion: Rainer Eisenschmid, Baedeker Ostfildern

2. Auflage 2003

Urheberschaft: Karl Baedeker GmbH, Ostfildern
Nutzungsrecht: Mairs Geographischer Verlag GmbH & Co. , Ostfildern

Sprachführer: In Zusammenarbeit mit Ernst Klett Verlag GmbH,
Redaktion PONS Wörterbücher

Der Name *Baedeker* ist als Warenzeichen geschützt.
Alle Rechte im In- und Ausland sind vorbehalten.
Jegliche – auch auszugsweise – Verwertung, Wiedergabe, Vervielfältigung, Übersetzung,
Adaption, Mikroverfilmung, Einspeicherung oder Verarbeitung in EDV-Systemen ausnahmslos
aller Teile dieses Werkes bedarf der ausdrücklichen Genehmigung durch den Verlag
Karl Baedeker GmbH.

Druck: Mairs Graphische Betriebe GmbH & Co. KG., Ostfildern
Printed in Germany
ISBN 3-89525-904-7   **Gedruckt auf 100% chlorfreiem Papier**

Verlagsprogramm

Städte in aller Welt

- Amsterdam
- Athen
- Barcelona
- Berlin
- Brüssel
- Budapest
- Dresden
- Florenz
- Frankfurt/M.
- Hamburg
- Hongkong
- Istanbul
- Köln
- Kopenhagen
- Lissabon
- London
- Madrid
- Moskau
- München
- New York
- Paris
- Prag
- Rom
- San Francisco
- St. Petersburg
- Singapur
- Stuttgart
- Venedig
- Weimar
- Wien

Reiseländer

- Ägypten
- Australien
- Baltikum
- Belgien
- Brasilien
- China
- Dänemark
- Deutschland
- Dominikanische Republik
- Finnland
- Frankreich
- Griechenland
- Großbritannien
- Indien
- Irland
- Israel
- Italien
- Japan
- Jordanien
- Kanada
- Kenia
- Kuba
- Malaysia
- Marokko
- Mexiko
- Namibia
- Nepal
- Neuseeland
- Niederlande
- Norwegen
- Österreich
- Polen
- Portugal
- Schweden
- Schweiz
- Skandinavien
- Spanien
- Sri Lanka
- Südafrika
- Syrien
- Thailand
- Tschechien
- Tunesien
- Türkei
- Ungarn
- USA
- Vietnam

Regionen · Inseln

- Algarve
- Andalusien
- Bali
- Bodensee
- Bretagne
- Burgund
- Chicago · Große Seen
- Costa Blanca
- Costa Brava
- Djerba · Südtunesien
- Elba
- Elsass · Vogesen
- Florida
- Franken
- Franz. Atlantikküste
- Fuerteventura
- Gardasee
- Gomera
- Gran Canaria
- Griechische Inseln
- Harz
- Ibiza · Formentera
- Istrien · Dalmat. Küste
- Istrien · Kvarner Bucht
- Italien · Norden
- Italien · Süden
- Ischia · Capri · Procida
- Italienische Adria
- Italienische Riviera
- Kalifornien
- Kanada · Osten
- Kanada · Westen
- Kanalinseln
- Korfu ·
- Ionische Inseln
- Korsika
- Kos
- Kreta
- Kykladen
- La Palma
- Lanzarote
- Loire
- Lombardei · Mailand · Oberital. Seen
- Madeira
- Malediven
- Mallorca
- Malta
- Mecklenburg-Vorpommern
- Menorca
- Oberbayern
- Provence · Côte d'Azur
- Rhodos
- Rügen
- Sachsen
- Salzburger Land
- Sardinien
- Schleswig-Holstein
- Schottland
- Schwäbische Alb
- Schwarzwald
- Seychellen
- Sizilien
- Südengland
- Südtirol
- Sylt
- Teneriffa
- Tessin
- Toskana
- Türkische Mittelmeerküste
- Umbrien
- USA · Nordosten
- USA · Südstaaten
- USA · Südwesten
- Usedom
- Washington DC · Capital Region
- Zypern

Kleine Städteführer Deutschland und Schweiz

- Augsburg
- Bamberg
- Basel
- Berlin
- Bonn
- Bremen
- Freiburg
- Hannover
- Konstanz
- Leipzig
- Lübeck
- Mainz
- Nürnberg
- Regensburg
- Trier
- Wiesbaden